"工匠精神"、环境绩效与企业债务融资

"Craftsman Spirit", Environmental Performance and Corporate Debt Financing

万仁新 著

中国财经出版传媒集团

经济科学出版社

Economic Science Press

北京

图书在版编目（CIP）数据

"工匠精神"、环境绩效与企业债务融资/万仁新
著. -- 北京：经济科学出版社，2024.8
ISBN 978 - 7 - 5218 - 5912 - 6

Ⅰ.①工…　Ⅱ.①万…　Ⅲ.①企业债务 - 企业融资 -
研究　Ⅳ.①F275.1

中国国家版本馆 CIP 数据核字（2024）第 101890 号

责任编辑：卢玥丞　赵　岩
责任校对：杨　海
责任印制：范　艳

"工匠精神"、环境绩效与企业债务融资
万仁新　著

经济科学出版社出版、发行　新华书店经销
社址：北京市海淀区阜成路甲 28 号　邮编：100142
总编部电话：010 - 88191217　发行部电话：010 - 88191522
网址：www. esp. com. cn
电子邮箱：esp@ esp. com. cn
天猫网店：经济科学出版社旗舰店
网址：http：//jjkxcbs. tmall. com
北京季蜂印刷有限公司印装
710×1000　16 开　14 印张　230000 字
2024 年 8 月第 1 版　2024 年 8 月第 1 次印刷
ISBN 978 - 7 - 5218 - 5912 - 6　定价：54.00 元

前　　言

在 2018 年 5 月全国生态环境保护大会上习近平总书记指出，生态文明建设是关系中华民族永续发展的根本大计。这是顺应人们对美好生态、美丽中国向往而为的战略安排。当前的生态环境问题是经济发展过程中伴生的问题，是由企业生产经营所致。由此看来，企业不仅是经济发展的主力军，也是环境污染问题的"麻烦"制造者。为此，李克强总理在 2018 年全国生态会上指出，要推动绿色发展，推进资源全面节约和循环利用，从源头上防治环境污染，加强生态文明建设。在当前生态文明建设时期、政府环境管制趋严的背景下，环境污染不但诱发了企业经营发展过程中的生存危机，还引致了环境风险。这将增加污染型企业在环境管制方面的不确定性，继而提高风险溢价，导致企业资本成本的提升。比如债务资本成本的上升，同时不确性的增加也会影响债权人投资的意愿，这些均影响企业的债务融资能力。具体来说，一是投资者关注污染型企业的环境风险，该风险源于环境管制的手段和路径。二是投资者研判企业环境风险及其所引致的经营风险并形成预期，从而影响企业融资。如债权人研判企业履行环境责任的表现而形成风险预期，进而影响企业的债务融资规模和债务资本成本。这表明企业履行环境责任及其表现具有债务融资方面的经济后果。为此，本书考察的是，企业污染防治过程中践行的"工匠精神"，对其债务融资的影响及作用路径，以明晰污染防治外部性内部化的机理和环境治理困境突破的方式。

企业开展污染防治及其经济后果，不仅引起了企业实务界的重视，同时也引发了学术界对环境责任后果的关注，并展开了较深入的探讨。这些研究主要体现在以下几个方面：一是履行环保责任对资本成本的影响。更多的文献，是研究对股权资本成本的影响。如污染型企业在严格的环境管制下，面临着环境诉讼的风险，增加了未来现金流量的不确定性和投资者对企业环境责任的敏感性，这种影响在企业环保投资与股权资本成本之间呈现倒"U"型关系。投资者投资于企业资本，随即也承担了企业污染环境的责任风险，对此索要较高的风险溢价，继而使得碳排放强度越强的企业，其股权资本成本也越高。二是环保信息披露对融资的影响。有学者对信号传递理论角度研究后发现，环保信息披露水平可降低融资约束。如披露环境信息较多的企业，可获得较大的债务融资规模，且债务成本也低，并且相比于非货币性环境信息，货币性环境信息将显著地降低债务融资成本。这些研究较为深入，本书深受启发，但也发现了不足。具体来说，这些研究在衡量环境信息披露时，考虑的是信息披露定量和定性等形式，是否披露信息以及信息披露量的多少等因素，并以此作为信息披露的水平或质量引入研究。众所周知，污染型企业所披露的环境信息，蕴含了环境绩效好与差的异质性。现有研究忽视了环境绩效好与差的不同，对企业债务融资正向、负向影响上的异质性，同时也未考虑企业污染防治行为影响其债务融资的作用机理。

企业履行环境责任，体现了利他、不伤害他人的环境道德。因此，污染型企业披露的环境信息，蕴藏了有关道德水平高低和能力强弱等方面的信息，这些信息具有异质性。一般来说，道德风险和偿债能力是影响企业债务融资的两个重要因素，并有着自身的作用机理。具体到污染型企业的债务融资，也是如此。具体来说，一是企业污染防治活动体现了道德水准。在环境管制趋严的背景下，企业污染防治中专注于"工匠精神"的践行，形成了企业遵规守约、求好利他的环境道德之重要内容，其对债务融资产生重要影响。二是污染减排呈现了绿色声誉类的环境绩效。企业污染防治所取得的降耗减排，降低了环境风险，产生了污染减排类的环境绩效，赢得了绿色声誉，从而增强了偿债能力。三是降耗增效展现了盈利能力类的环境绩效。企业污染防治中专注于降耗减排技术、绿色产品等的研发，促进降耗增效，提升了盈利能力类的环境绩效，从而提升了偿债能力。由此看来，企业污染防治中践行的"工匠精神"，专注于保护环境，体现了利他、不伤他人的环境道德；专注于污染减排，降低环境风险，取得污染减排声誉的环境绩效；专注于绿色工艺、绿色产品、降耗减排技术的研发，赢得客户的青睐，提升了盈利能力类的环境绩效。这些环境道德、环境绩效均有助于增强企业债务融资能力。鉴于此，为了考察"工匠精神"对债务融资的影响及作用机理、路径，本书分三个部分来探讨，先研究"工匠精神"对企业债务能力的影响，再依次考察污染减排声誉、盈利能力两个环境绩效，在前述影响过程中各自的中介效应，以明晰作用路径，具体如下所述。

第一部分主要考察企业污染防治中践行的"工匠精神"，对债务融资能力的影响。"工匠精神"体现了做好做优、利他的高尚道德。这是由其在历史演进中孕育并持续发展而形成的品格。春秋战国《周礼·考工记》中的"百工之事，皆圣人之作也"，把工匠比作圣人；到东汉时代的《说文解字》中记载的"'工'，巧饰也"，这体现了工匠尚巧和尚好，以利他；再到宋代朱熹精辟地概括提出"治之已精，而益求其精也"。据此，体现"精益求精"的"工匠精神"源于此，同时也蕴藏了持续求精求好、利他的高尚道德。随着社会的进步，"工匠精神"也与时俱进，有着时代的特质和内涵。在近代工业时期，"工匠精神"是从业人员在工作过程中表现的精益求精、精雕细琢和专注的敬业状态，以利他。正是这种敬业地追求，推动了社会的发展，助推了科学的进步。具体到污染型企业，在环境治理中践行的"工匠精神"，具体表现为精益求精于污染防治技术、环保工艺、绿色产品的研发，持续专注于环保投资、污染减排新技术的购置，保护生态环境。这些外露了污染型企业遵规守约、利他、不伤害他人的道德，并影响了企业债务融资能力。本部分通过实证分析表明，企业污染防治中积极践行的"工匠精神"，向外界传递了遵规守约、利他、不伤害他人的较高道德水平，从而提升了企业债务融资能力。研究显示，企业污染防治中积极践行的"工匠精神"，扩大了债务融资规模和降低了债务融资成本，为自身带来了经济利益，从而将企业污染防治的外部性内部化了，突破了环境治理的困境。

在研究了企业污染防治中践行的"工匠精神"对企业债务融资能力的

影响后，又进一步分别探究了地方政府环境治理意愿和社会道德各自在前述影响中的调节作用。首先，地方政府环境治理意愿。地方政府环境治理，其意愿具体表现为污染型企业违规排放的受查处的概率和被惩处的力度。在当前经济下行压力的背景下，需要稳增长、稳就业、保民生。若严格执行环境治理政策，驱赶不达标的重污染企业，将影响就业和民生；放松管制，环境又受到污染，从而形成企业污染防治的困境。因此，地方政府环境治理意愿在"工匠精神"影响债务融资过程中起调节作用。其次，社会道德。社会道德构成了企业驻地营商环境的重要内容，教化并激励企业遵规守约且有道德的开展污染防治，影响污染防治中的"工匠精神"的践行，其在"工匠精神"影响债务融资过程中同样起调节作用。本部分通过实证分析显示，地方政府环境治理意愿和社会道德分别在"工匠精神"影响企业债务融资的过程中，具有正向调节促进作用。这进一步拓展了环境治理的研究视角，为突破环境治理困境、完善污染防治管理体制，提供有益的参考与借鉴，丰富了企业污染防治经济后果的研究。

第二部分主要探究污染减排类的环境绩效，中介于企业污染防治中践行的"工匠精神"与债务融资能力之间。根据中介效应理论，分下列三个步骤来考察前述中介效应，第一步为上述第一部分的考察，后两个步骤是本部分所关注的，首先研究企业污染防治中践行的"工匠精神"，对企业污染减排类的环境绩效之影响；其次检验污染减排类的环境绩效之中介效应。

一是考察企业污染防治中践行的"工匠精神"对企业污染减排的影响。企业污染防治中所践行的"工匠精神"，具体表现为持续专注于环保投资、污染减排新技术的购置，精益求精于污染防治技术、绿色工艺、绿色产品的研发，形成污染防治能力，影响企业污染减排的环境绩效。本书通过实证分析表明，企业层面践行的"工匠精神"，形成了污染防治的设施物质基础和主要力量，有力地提升了污染减排类的环境绩效。企业污染防治的压力，通过考核传递给员工，引致员工层面践行"工匠精神"，即精益求精于绿色工艺、绿色技术、绿色产品的研发，释放和提升了污染防治设备的污染防治能力，助推了污染减排类的环境绩效之提升，并且企业层面和员工层面工匠精神产生交互作用，共同提升了企业污染减排类的环境绩效。进一步分析还发现，企业污染防治中的"工匠精神"对污染减排的环境绩效的提升，在国有企业和非国有企业之间没有显著的异质性。但是，相比于非国有企业，国有企业因自身的政治关联优势，在环境评优评级中能获得较好评价。本书考察污染防治中的"工匠精神"对企业污染减排类的环境绩效的影响，延展了污染防治的研究视野。

二是检验污染减排类的环境绩效之中介效应。企业污染防治中践行的"工匠精神"提升了污染减排类的环境绩效。但是，污染减排类的环境绩效之好坏，体现了企业环境风险的大小，反映了企业绿色声誉能力，外露其偿债能力，具有相应的经济后果，是影响企业债务融资的关键因素之一。污染防治绩效中的好与坏，对债务融资存在正向、负向影响上的差异性，同时企业污染减排类的环境绩效影响其债务融资，有着自身独特的作用。实证分析表明，污染减排类的环境绩效在"工匠精神"影响债务融资的过程中，起着中介效应作用，即"工匠精神"提升企业债务融资能力的影响作用，部分是通过污染减排类的环境绩效实现的。

第三部分主要探究盈利能力类的环境绩效，中介于企业污染防治中践行的"工匠精神"与债务融资能力之间。根据中介效应理论，分三个步骤来验证，第一步为上述第一部分的考察，后两个步骤是本部分所关注的。首先研究企业污染防治中践行的"工匠精神"对盈利能力的影响；其次考察盈利能力的中介效应。

一是企业污染防治中践行的"工匠精神"对盈利能力类的环境绩效之影响。企业污染防治中践行的"工匠精神"，如专注于降耗减排技术、绿色工艺、绿色产品等的研发，趋向于降耗增效的逐顶竞争，为企业提升盈利能力类的环境绩效奠定了基础。实证分析表明，企业在污染防治中所践行的"工匠精神"对企业盈利能力类的环境绩效有正向促进作用。不过，该促进作用受到地方政府环境治理意愿和社会道德的调节作用。其中地方政府环境治理意愿趋强，则驻地企业在污染防治中积极践行"工匠精神"，其绿色竞争优势更凸显，助推了盈利能力的提升。另外，社会道德构成企业驻地营商环境的重要内容，教育并激励企业在开展污染防治中做好做优，积极践行"工匠精神"，进一步促进了盈利能力的提升。实证分析显示，地方政府环境治理意愿和社会道德，各自均在"工匠精神"影响企业盈利能力的过程中，具有正向调节促进作用。本书研究污染防治中的"工匠精神"对企业盈利能力的影响及其调节作用，拓展了污染防治的研究视线。

二是检验盈利能力类环境绩效的中介效应。企业污染防治中践行的"工匠精神"提升了企业盈利能力类的环境绩效。一般来说，盈利能力的强弱，体现了企业竞争力的大小，表明了其偿债能力，具有相应的经济后果，是影响企业债务融资的关键因素之一。也就是说，盈利能力能够提升企业债务融资能力。实证分析表明，盈利能力在"工匠精神"影响债务融资中起着中介效应作用，即"工匠精神"提升企业债务融资能力的作用，部分是通过盈利能力实现的。

目　　录

第一章　导　　论

第一节　研究背景与意义

一、选题背景

党的二十大报告指出，推动绿色发展，促进人与自然和谐共生是中国式现代化的重要本质，要"深入推进环境污染防治，持续深入打好蓝天、碧水、净土保卫战"①。这是顺应人们对美好生态、美丽中国向往而为的战略安排。为此，习近平总书记在 2018 年 5 月全国生态环境保护大会（以下简称"2018 年全国生态会"）做出重要部署并指出，生态文明建设是关系中华民族永续发展的根本大计。此战略部署的基础是深入认识并吸取中国工业过去长期沿袭"三高"粗放模式，如高增长、高耗能、高污染。也就是说，过去经济高速增长的同时引致了严重的环境污染。可见，当前的生态环境问题伴生于经济发展过程。众所周知，早在 2010 年，中国的经济总量超过日本，成为全球第二大经济体，这是改革开放推动经济发

---

① 习近平：高举中国特色社会主义伟大旗帜　为全面建设社会主义现代化国家而团结奋斗——在中国共产党第二十次全国代表大会上的报告［EB/OL］. 新华社，2022 – 10 – 25.

展的成果①。中国经过 70 年的发展特别是 40 多年来的改革开放，中国的经济成绩喜人，增长较快，1978 年国内生产总值（GDP）为 0.3679 万亿元②，2018 年迅速突破 90 万亿元大关，GDP 年均增长约 9.6%，经济总量占世界的比重由 1978 年 1.75% 提升至 2018 年的 15.3%③。后期持续增长，如 2019 年国内生产总值（GDP）接近 100 万亿元④，2020 年突破 100 万亿元⑤，至 2022 年达到 120 余万亿元⑥。中国发展经济的成就巨大，是"三高"粗放模式下取得的，同时也带来了严重的环境污染问题。

当前环境状况不容乐观，这见于近年的环境状况。如 2017 年《中国生态环境状况公报》显示：338 个地级及以上城市中，城市环境空气质量超标，占比高达 70.7%；十大流域河流中仍有 136 个处于劣 V 类水质断面状况，占比 8.4%；用于饮用水源地的地表水未达标率仍有 9.5%、地下水较差级及以下占比 66.66%；2016 年，全国二氧化碳平均浓度为 404.4ppm，较常年（391.71ppm）偏高 12.69ppm，比全球平均水平（403.3ppm）高 1.1ppm。甲烷和氧化亚氮的平均浓度分别为 1 907ppb 和 329.7ppb，比全球平均水平（1 853ppb、328.9ppb）分别高 54ppb 和 0.8ppb。相比于 2017 年，2018 年，城市环境空气质量超标，占比达到 64.2%，城市酸雨的比例为 37.6%，较上一年度上升 1.5 个百分点。后续环境生态虽有好转，但污染数据仍然占据高位。如 2020 年，城市环境空气质量超标，达 40.1%，出现酸雨的城市占比为 34.0%；2021 年城市环境空气质量超标的占比，达到 35.7%，城市酸雨的占比高达 30.8%；2022 年城市环境空气质量超标的比例为 37.2%，出现酸雨的城市比例为 33.8%，较于前一年度上升 3.0

①② 波澜壮阔四十载 民族复兴展新篇——改革开放 40 年经济社会发展成就系列报告之一 [EB/OL]. 国家统计局网，2018-08-27.

③ 政府工作报告——2019 年 3 月 5 日在第十三届全国人民代表大会第二次会议上 [EB/OL]. 新华社，2019-03-16.

④ 2020 年政府工作报告——2020 年 5 月 22 日在第十三届全国人民代表大会第三次会议上 [EB/OL]. 中华人民共和国中央人民政府网，2022-5-22.

⑤ 政府工作报告——2021 年 3 月 5 日在第十三届全国人民代表大会第四次会议上 [EB/OL]. 中华人民共和国中央人民政府网，2021-03-05.

⑥ 政府工作报告——2023 年 3 月 5 日在第十四届全国人民代表大会第一次会议上 [EB/OL]. 中国政府网，2023-03-05.

个百分点。这是源于污染物的排放。如 2017 年，全国能源消费总量 44.9 亿吨标准煤，煤炭消费量占能源消费总量的 60.4%；2019 年，中国制造业能源消费总量为 25.86 亿吨标准煤，约占全国能源消耗总量的 55%，占全国能源活动二氧化碳排放总量的 36%；《中国环境统计年鉴 2021》的数据显示，2020 年二氧化硫、氮氧化物和颗粒物的工业排放量占社会排放总量的比例分别为 79.6%、40.9% 和 65.6%。排放的污染物是造成生态环境问题的元凶。

生态环境问题历史欠账较多，环境污染代价较大。2019 年全球约 667 万人死亡源于空气的污染（GBD 2019 Risk Factors Collaborators，2020）。冰冻三尺，非一日之寒，根据中国工程院和环境保护部 2011 年的测算，20 世纪 80 年代以来，伴生于经济发展中的环境破坏受损成本占 GDP 的比重，大约为 3%~8%；进入 21 世纪后的环境污染没有得到改善反而加重，环境破坏受损成本接近 GDP 的 10%，其中，土地退化占 1.1%，水污染占 2.1%，空气污染占 6.5%。为此，中国付出巨大的环境治理方面的代价。如 2017 年的中国生态环境成本达到 2.9 万亿元，占据当年 GDP 的比例约为 3.5%（董战峰等，2020）。环境破坏受损不仅是表现在经济方面，而且其引致的空气污染也影响公众百姓的健康。每年因空气污染诱发的肺心病患者 21.3 万人，慢性支气管炎患者达 150 万人（曲卫华等，2015），影响了人们的健康水平，从而导致医疗保险支出的增加（张鹏飞，2019）。基于污染对健康负面影响的担忧，人们迁离污染城市（Xue et al.，2021）。这刺激了污染城市人才的流出，入驻生态环境友好城市（李磊和王天宇，2023）。为了满足人们对美好生活的企盼，我国近年及时出台了许多有关环境治理的法律法规，加强了生态环境的防治，但形势仍然严峻，生态文明建设正处于压力叠加、负重前行的关键期。

空气污染严重，屡次出现雾霾天气，是盲目追求 GDP、破坏环境的后果。生态环境关乎百姓的健康，关系民生的重大社会问题，公众对企业环境责任的认识随着社会经济发展变化而变化（李国平等，2014），也就是说，随着经济发展和城镇化，公众逐步关注生态环境。"十三五"期间，我国城镇化、工业化继续推进，城镇化率达到 60%。城镇化的过程中，社会公众开始有意识地通过一定的渠道表达自身对环境问题和环境治理的诉求（郑思齐等，2013），热切盼望着加快提升生态环境质量的步伐，期盼绿水青山、蓝天白云、繁星闪烁。这种人民日益增长的优美生态环境需要与当前环境治理不协调、不充分的矛盾表现仍然突出。习近平总书记在2018年全国生态会上强调，要把解决突出生态环境问题作为民生优先领域，建设生态文明，功在当代、利在千秋，关系人民福祉，关乎民族未来。后续得到进一步强化，党的二十大指出，促进人与自然和谐共生是中国式现代化本质的重要内容。因此，企业界开展生态环境防治和学术界展开环境治理研究，是深入贯彻习近平生态文明思想的重要行动，更是当务之急。

上述环境现状及其所引致的政府管制趋严态势，必然对污染型企业产生重要影响。于是，污染型企业要迎接政府环境治理监管，要加强环保投资，以开展污染防治。企业开展污染防治需要资金投入，从而导致企业的融资。不过，间接融资在我国当前融资市场中占主导地位（余晶晶等，2019），也就是说，债务融资是企业的主要融资渠道。具体到污染型企业，其急盼发展绿色信贷金融。气候债券倡议组织（CBI）发布的数据表明，截至2018年3月我国的绿债发行规模达到428亿元，位于世界第二。从结构上看，中国银保监会的数据显示，我国2018年上半年的绿色股权、绿色基金、绿色保险、绿色非金融债券等，绿色金融大概能占到全球总量的1/4，绿债发行体量占全球同期体量的12.5%。我国绿色信贷余额截至2017年底达到8.53万亿元，在同期信贷总量中占比9%。由此看来，绿色信贷金融的发展有待提升。因此，在当前加强生态文明建设时期，如何缓解污染型企业融资难融资贵的问题，关系到建设美丽中国的进程，是值得研究和考察的热点课题。

二、研究的问题与意义

（一）研究的问题

企业是环境问题的麻烦制造者。80%以上的污染物由企业所排出（沈红波等，2012），这表明造成环境污染主要由企业生产经营所致（沈洪涛等，2017）。根据"谁污染谁治理"的原则，党的十九大报告提出"提高污染排放标准，强化排污者责任"[①]，党的二十大进一步强调，推动绿色发展，促进人与自然和谐共生[②]。为此，企业理应担当环境治理的责任。国家制定强制性的环保政策和法规，刚性要求企业污染排放达标，使得企业在国家意志面前"不敢"污染，这是发挥政府主导作用的结果。但是，政府环境管制还没达到企业"不想"污染的效果。当前企业环保投资不足普遍存在（张琦等，2019），且被动投资、缺乏主动性，环保投资效率低下（何凌云等，2013），造成企业这种不愿意环保投资及效率低下的原因是多方面的。为此，这就需要发挥企业主体作用，为持续提升自身的环境治理能力提供动力。因此，如何引导企业环保投资，以夯实环境治理的物质基础；如何找到自身动力激发企业持续治理污染、提高环保投资效率的意愿、促进污染防治外部性内部化的实现路径，以促使企业主动防治污染、突破环境治理困境、建设美丽中国，这是值得研究的问题，急需从理论上予以探究和经验数据上予以验证。本研究拟考察企业履行环境责任而开展污染防治、提升环境绩效，保护环境，愿意为其环境负责，能为自身带来各种无形或有形的利益（Hansen & Mowen，2006），如提升债务融资能力，产生内在动力，突破环境治理困境，从而将环境外部性内部化，积极治理环境，从根本上解决"不想"污染的问题提供有益探索。

综上所述，本书研究的问题主要是，企业污染防治中践行的"工匠精神"对债务融资的影响作用及其作用运行机制。具体来说，分以下几部分依次考察，其一，企业污染防治中践行的"工匠精神"能否提升债务融资能力，及企业驻地的政府环境治理意愿、社会道德等相关外部因素，在提升与否的影响中扮演什么样的角色作用；其二，污染减排类的环境绩效在前述提升作用中发挥了什么角色；其三，盈利能力类的环境绩效在前述提

---

　　① 习近平：决胜全面建成小康社会　夺取新时代中国特色社会主义伟大胜利——在中国共产党第十九次全国代表大会上的报告［EB/OL］. 新华社，2017 - 10 - 27.

　　② 习近平：高举中国特色社会主义伟大旗帜　为全面建设社会主义现代化国家而团结奋斗——在中国共产党第二十次全国代表大会上的报告［EB/OL］. 新华社，2022 - 10 - 25.

升作用中发挥了什么角色。经过研究揭示前述作用机制，据此拟提出企业污染防治外部性内部化、环境治理困境突破的政策建议，以期实现企业从"不敢"污染过渡到"不想"污染质的转变。

（二）研究意义

1. 现实意义

助推生态文明建设，促进绿色发展。人与自然环境共生共存，相互依赖，自然环境离开人类，缺乏灵气；人类离开环境，无法生存。人与环境息息相关，人类活动污染环境，则环境破坏人类健康，并且污染的环境将无情地反抗人类。如当前空气污染，心肺之患，成为公众身心健康的痛点；水污染直接影响群众日常的生活，成为公众身心健康的痛点。2018年全国生态会指出，良好生态环境是最普惠的民生福祉，这是强调要把解决生态环境问题作为民生优先领域。尽管政府加大对污染治理的力度，但是当前的环境状况仍不容乐观。工业企业是实体经济的支柱，同时也是污染废物排放的大户。如2015年的大气污染物，全年的粉尘、氮氧化物（NOx）和二氧化硫（SO_2）排放中，工业部门分别占到80.1%、63.8%和83.7%[1]。美国耶鲁大学和哥伦比亚大学每两年一次联合发布的全球各国环境治理绩效排名显示，2008年中国在149个国家和地区中排名第105位，2014年在178个国家和地区中排名第118位[2]。中国的环境绩效排名在一定程度上表明了环境现状不容乐观，污染较严重。面对环境污染的现状，世界各国通过制定相关制度，限制企业排放污染物的数量、制定污染排放标准和征收环境保护税等手段，减少污染，保护环境。但是，由于企业隐性经济（Hidden Economy）的存在，企业安排隐性经济活动，以逃避国家监管行为，增加了政府主管部门对污染治理管理的难度，从而会削弱环境规制对污染治理的作用，政策效果受损。如企业遵守国家环境规制而降低其生产效率，国家加强环境监管时，隐性经济规模将会扩大，从而带

---

① 国家统计局能源司. 中国环境统计年鉴2016［M］. 北京：中国统计出版社，2016.

② Yale Center for Environmental Law and Policy. International earth science information network（CIESIN），2008 Environmental performance index［EB/OL］. Yale University，2008.

来环境的破坏。因此，企业在环境治理过程中，关键是其治理的心态，是否积极参与环境治理。如何发挥企业在生态环境保护中的主体作用，从"不敢"污染到"不想"污染的转变，推动绿色发展，从源头上防治环境污染，考察其履行环境责任不仅向社会提供良好环境的公共产品，而且也给自身带来长远利益，改变以往对"环境问题是外部性"判断，将其问题的外部性内部化，这是值得进一步研究的现实问题。具体现实意义如下：

第一，有利于提升企业绿色竞争力。企业积极开展污染防治，助推绿色环保壁垒的形成，提升企业绿色形象，培育和塑造无形的品牌，增强其企业竞争力，有利于企业提升债务融资能力。企业履行环保责任，提升其环境绩效，持之以恒参与生态文明建设和生态环境保护，让中华大地山更绿、水更清、天更蓝、环境更优美，让人民生活更美好。由此看来，污染型企业迎合政府和公众等利益相关者对美好生态环境的需求，树立良好的污染减排声誉，在污染治理过程中开展节能降耗的技术研发，以及绿色产品的开发，构筑起天然的"环保壁垒"，从而取得竞争优势，降低了经营风险，为其创造更多的财务绩效，将提高其借款能力，这有利于企业债务融资，从而缓解融资难、融资贵的问题。

第二，有利于国家生态环境政策的落实。国家把生态环境保护上升为国家意志，政府加强了对生态环境的防治，以满足人们对美好生态环境的期盼。习近平总书记在 2018 年全国生态会上指出，加强制度和法治建设，抓好已出台改革举措的落地，及时制订新的改革方案，深入实施"水十条""土十条"，加强治污设施建设，切实依法处置、严格执法，增加企业生态环境的违法成本，以倒逼企业参与生态环境建设①。党的二十大进一步指出，深入推进环境污染防治。为此，近年来政府工作报告多次强调生态建设的持续性。如 2017 ~ 2018 年两年的政府工作报告中指出，加快改善生态环境，特别是提升空气质量，建设天蓝、地绿、水清的美丽中国，实现人民群众的迫切愿望。2022 ~ 2023 年强调，加强生态环境综合治理；深入打好污染防治攻坚战；生态环境保护任重道远，深入推进环境污染防

---

① 习近平出席全国生态环境保护大会并发表重要讲话 [EB/OL]. 新华社，2018 - 05 - 19.

治。党和政府环境政策的落实，需要企业履行环保责任，加强自身的污染治理，提升环境治理绩效，降耗增资，提升企业财务能力，即将环境治理的外部性内部化，引导企业发挥污染防治的主体作用，压实企业污染防治责任，致使国家生态文明建设落到实处。

第三，有利于市场引导型的柔性政策落实。国家除了颁布刚性生态环境保护政策外，还出台了柔性治理政策。2007 年 7 月，原国家环境保护总局、中国银行业监督管理委员会和人民银行三部门出台"绿色信贷"政策，被视为绿色差异化信贷策略，商业银行将企业环境责任的履行情况作为其信贷决策的重要依据之一，为企业在环境表现方面的信贷划出了分水岭，积极履行环境责任的绿色企业将获得数量较多、成本较低的贷款；高污染高能耗的企业（以下简称"两高"企业）将会陷入融资难、融资贵的局面，以此引导资金流向绿色发展的企业，引领可持续发展。该政策倒逼"两高"企业加强绿色技术研发、促进环保投资，履行环保责任，提高环境治理绩效，培育绿色品牌和绿色竞争力，从而提升债务融资能力，以获得绿色信贷，降低信贷成本。

第四，助推中国传统文化自信。通过验证污染治理中"工匠精神"作用，发展、丰富和完善"工匠精神"，以充实传统文化的时代内涵，提升文化自信。"工匠精神"，不仅要传承，更要培育与实践，并使之赋能、使能于经济实体的生态文明建设。本课题的研究将丰富中国优秀传统文化，以满足新时代的要求，建设绿水青山的美好环境。这有利于传承、发展中国优秀传统文化，贯彻落实党的十九大报告提出的形成"国家、民族发展中更基本、更深沉、更持久的力量"之战略，特别是落实党的二十大提出的"推进文化自信自强，传承中华优秀传统文化，坚守中华文化立场"，以助推"国家文化软实力和中华文化影响力"的提升。

第五，增强制度自信。非正式制度性的"工匠精神"文化，经过实践中不断发展和丰富时代内涵，完善"工匠精神"文化，并作为正式制度的补充，从而促进政府环境管制政策等正式制度更好的落实，也促使企业污染防治的长效机制的形成，更好地实现党和国家提出的生态建设目标。本书的研究，以期发挥"工匠精神"，形成政府环境治理政策落实的长效机制，实现党的二十大报告提出的"站在人与自然和谐共生的高度谋划发展，建设美丽中国"的伟大梦想，增强制度自信。

　　回顾过去，环境问题历史欠账较多，人们对环境状况焦虑；眺望未来，美好生态环境绘好，公众对蓝图充满期盼；把握现在，唯有履行环境责任，建设生态文明；对接过去与未来，需要发挥企业污染治理的主体作用。企业发挥其主体作用，履行环境责任，提升自身在污染防治过程中的自觉性、自愿性，并为之提供持续驱动力。这些均日益受到党、政府和公众的重视、关注。那么，企业开展污染防治、发挥"工匠精神"、提升环保绩效，是否会影响以及如何影响企业的债务融资？是帮助企业构筑"环保壁垒"、提高环保声誉，增强其债务融资能力，还是成为企业发展路途中的障碍，拖企业的后腿？政府有关污染防治的执法强度、社会道德，是否会调节污染防治中践行的"工匠精神"对债务融资的影响？本书以沪深两市污染型企业为样本进行研究，通过理论分析和实证考察拟试图回答这些问题，即研究企业污染防治中践行的"工匠精神"对其债务融资的影响及其作用机制，以期实现其应用价值，助推生态文明，促进绿色发展。

2. 理论意义

　　与现有研究相比，本书进一步拓展了环境治理的研究视线，改变以往文献关于"环境问题是外部性"的判断。梳理过去文献关于环境问题的形成及其恶化后，发现环境问题具有外部性，人类活动对环境破坏，尤其是企业的生产经营活动对环境破坏为最大，如影响着百姓的健康，生态环境问题与每个人息息相关，并且企业不用为此直接承担责任，也不愿意开展污染防治活动。这引起了党、政府和公众的高度关注，从而环境保护上升为国家意志，加强了管理。因此，企业理应成为生态环境防治的主体，在国家生态战略引领下，主动承担更多的环境保护责任，履行生态文明建设的相关义务。如何发挥企业在生态环境保护中的主体作用，激发其积极性、主动性是当前学术界关心的问题。企业保护生态环境的驱动力来源在哪；如何将环境问题的外部性内部化，企业履行生态环境保护责任，是否能够为其带来经济利益，如提升企业融资能力，提高其融资规模和降低融资成本，从而改变"环境问题是外部性"的认识，这是一个值得深入研究的问题，有待进一步考察。

综观当前现有文献的研究，鲜有学者关注和探索企业环境治理的经济后果问题，尤其企业污染防治中践行的"工匠精神"对其融资能力的影响。但是，企业污染防治中践行的"工匠精神"，能否以及如何影响其融资能力，和其影响过程中的作用机制是什么，是本书研究的主要内容。该研究具有重要的理论意义，具体如下：

其一，延伸企业污染防治的研究视野，拓展企业污染防治经济后果的认识。现有企业环保投资的研究文献，主要侧重于企业环保投资的影响因素、地域环保投资减排的绩效，较少研究企业微观方面的污染防治中践行的"工匠精神"对企业自身的影响，尤其对企业债务融资的影响。与现有研究文献不同的是，本书研究企业污染防治中践行的"工匠精神"与其融资之间关系，即企业污染防治中践行的"工匠精神"是提升其债务融资能力、还是降低其债务融资能力？并探究污染减排和盈利能力等环境绩效在前述影响路径中的中介作用，是否有助于企业债务融资、能否成为其履行环境责任的内在利益驱动力，从而将环境问题的外部性内部化？对这些问题的研究，拟进一步丰富污染防治的经济后果研究领域的学术文献内容，并延伸污染防治的研究视线。

其二，丰富绿色金融、绿色发展机制的文献。本书探究企业污染防治中践行的"工匠精神"如何影响其融资的同时，也探讨地方政府环境治理意愿、社会道德在企业污染防治中践行的"工匠精神"对其融资能力影响中的作用，拓展了绿色发展机制的认识。我国地域辽阔、发展不平衡，各地区经济发展水平、文化差异较大，地方政府基于自身特点、政府官员的政治升迁所采取的经济与环境组合战略也会有所不同。如经济实力较弱的地区往往生态环境较好，可是面临较大的经济增长压力，很可能会牺牲优美的生态环境，以发展经济，走先发展后治理的老路；而经济实力较强的地区则可能面对更重的环境历史欠账的压力，在生态环境保护方面也会付出更多努力，对环境污染治理的管制要强些。同理，道德因素也是如此。前述这些不同的经济、道德水平与环境组合战略形成本地区的外部治理，作为传输通道，影响企业污染防治中践行的"工匠精神"对其债务融资作用，形成企业环境治理机制。

其三，丰富正式制度与非正式制度交融的理论文献。从政府主管部门主导环境治理的角度来看，面对当前环境状况和未来美好生态环境的目标，探索如何引导企业发挥其环境治理的主体作用，并对接企业污染防治过程中精神文化的内在驱动力。政府主管部门可以据此在正式制度安排方面，除了经济利益外，需要考虑精神文化这种非正式制度的作用，并成为正式制度的重要补充。

本书将儒家文化中"工匠精神"的践行嵌于企业污染防治的分析框架，揭示社会道德作用于企业污染防治中"工匠精神"践行的长效机理，并考察精神文化自律机制作用，明晰"工匠精神"、社会道德等非正式制度，均影响企业污染防治的社会价值取向和判断，有利于形成、完善和落实污染防治的正式制度，即非正式制度进一步促进了正式制度落实。这些研究，揭示了非正式制度与正式制度在企业污染防治中的实践、完善和交融的机理。这为企业持久执行环境法规、突破环境治理困境的贡献边际制度理论，从而为精神文化道德的培育、形成和正式制度的落实提供理论依据和经验证据，揭示两种制度实践的中国场景，助推道路自信、制度自信和文化自信。

第二节　研究思路、方法与结构

一、研究思路与方法

（一）研究思路

企业污染防治的经济后果是多方面的。本书拟讨论的经济后果主要聚焦于企业污染防治中践行"工匠精神"对其债务融资的影响，即企业污染防治中的"工匠精神"是如何影响其债务融资的，其作用机制是如何运行。由于各地区面对经济发展任务和生态环境保护压力不同，其区域道德水平、环境监管规制等外部治理的强度也是有差别，因此，本书进一步探讨这些外部治理，在企业污染防治中践行的"工匠精神"与其债务融资关系中是否有调节的影响作用。本书的拟研究的具体思路如下：

其一，梳理现有文献与分析基础理论，形成研究基础，拟确定研究主题。全面考察企业污染防治研究和企业债务融资研究的文献成果及前沿研究动态，尤其是洞察企业污染防治对于其经济后果的影响机制、不同理论派别的见解与争鸣、重叠与互补，形成本书的理论基础与研究背景，并结合我国当前生态环境现状及其保护的战略，提出本书拟研究的核心问题，即我国企业污染防治中践行的"工匠精神"如何影响债务融资？围绕该研究问题，本书进一步深化研究问题，分成三个具体问题展开研究。一是考察企业污染防治中践行的"工匠精神"对其债务融资的影响，并重点分析地方政府环境治理意愿和社会道德分别在前述影响中的调节机制。二是探究污染减排类的环境绩效在前述影响路径中的中介效应，并分析企业污染防治中践行的"工匠精神"提升污染减排的环境绩效机理及其在不同产权企业中的异质性。三是探讨企业盈利能力类的环境绩效在前述"工匠精神"影响债务融资能力路径中的中介效应，并在考察中介效应过程中，重点分析地方政府环境治理意愿和企业驻地社会道德，分别在"工匠精神"提升盈利能力中的作用机制。据此拟回答本书研究关注的问题。

其二，变量指标的度量和样本数据的获取。变量指标的度量是实证检验的基础，因此变量指标度量的合理性、系统性显得尤为重要。但是有关变量指标由于各方面的原因还需要改善，如我国的环境信息披露尚未建立统一标准，上市公司对环境信息的披露也各异，呈现多样化、缺乏可比性的特点。对此，国内的实证文献研究对此也大多是简化处理。不过，企业污染防治中的环保投资及其污染减排绩效的信息数据在国外的相关企业报告中进行了较为清晰、完整的披露。本书在研读、借鉴大量的国内外文献成果后，将拟定合理、系统的度量方案，以更好地描述统计主要变量，为模型的建立奠定基础，以使实证结果更加稳健、更有说服力。拟订完度量方案后，后续将搜集、筛选本书的统计样本及收集、整理本文数据。依据度量方案，从多个数据库的官方网站、证券交易所官方网站、上市公司的官方网站等下载相关年度报告，从中整理、核实企业污染防治、企业债务融资、企业污染减排的环境绩效、环境监管规制以及其他控制变量的相关研究数据。

其三，汇总样本数据，构建计量模型并回归。根据基础理论、研究的问题以及理论分析以构建实证计量模型，利用 Stata 统计软件验证计量模型，采用相应的计量经济分析方法，如固定效应模型或随机效应模型、工具变量、倾向得分匹配法等，统计回归得到模型的结果并对其开展分析，验证本书主题所提出的假设。通过分析模型的回归结果，洞察企业污染防治中践行的"工匠精神"是否影响其债务融资，这种影响是否受到地方政府环境治理意愿和企业驻地的社会道德的调节，这种影响是否分别受到污染减排、盈利能力的中介作用，以及这两种中介作用各自的影响机理是什么，并根据理论分析和实证检验得到本书的研究结论、贡献与不足，以提出相应的政策建议。

（二）研究方法

本书拟采用规范理论分析和实证检验相结合的研究方法，具体采用文献分析法与实证检验法。文献分析法主要梳理国内外文献的研究成果，归纳总结成熟的基础理论，并对其展开分析、逻辑推理，进而从理论上提出研究假设；实证研究主要是从量化的角度统计分析本书的研究主题，并展开比较分析，进而从经验数据角度为本书的研究假设提供有力的数据验证。通过文献分析方法和实证检验方法的同时应用、"并驾齐驱"，以推进本书的研究，并增强研究过程和结论更具有科学性、可靠性和说服力。具体而言，阐述如下：

其一，文献分析法。现有研究的文献成果为后续研究奠定了理论基础，对这些文献进行分析、研究，了解现有文献成果的脉络、掌握研究的前沿动态，资以借鉴和吸收，进一步展开本书的研究，延伸研究视野，丰富研究文献。本书梳理国内外现有相关研究的文献成果，并对其进行系统研读、归纳、逻辑推理，将其分别应用于制度背景与文献综述、企业污染防治中对其债务融资影响的作用机理分析，以及后续三部分中假设的提出，以奠定本书的理论研究以及实证研究的基础。

其二，实证检验法。实证检验需要样本数据，本书将展开数据搜集、筛选和整理，以实现计量模型的回归与分析。首先，利用统计软件对三部分涉及样本数据进行描述性统计，并分析样本变量数据的特征分布和变化趋势；其次，通过运用统计软件对不同的计量模型进行回归，分析回归结果，以探究企业污染防治践行的"工匠精神"如何影响其债务融资、影响过程中的作用机理和作用路径如何，验证本书后续三部分研究所提出的假设，从而得出本书研究的结论。

二、本书结构安排

下面简要概述本书的结构安排。

第一章，导论。主要介绍选题背景和研究意义、研究思路和研究方法。

第二章，制度背景与文献综述。其一，重点介绍了企业污染防治和绿色金融等制度背景，重点回顾了制度背景成为污染型企业开展污染防治的平台和动力。其二，介绍了当前制度背景下企业开展污染防治结构、行业特征和地区分布特征及其债务融资等方面的差异，突出其异质性，这将增加本书的研究价值。其三，本书从企业污染防治的动机、影响因素，再到企业污染防治的经济后果等方面，回顾企业污染防治的研究成果，进而分析企业污染防治的业绩。其四，回顾了企业污染防治的经济后果之一的债务融资，即分别从企业融资的方式和债务融资的原因、企业债务融资成本的影响因素等方面重点回顾。其五，从社会责任、信息披露理论等外生因素方面回顾了污染型企业债务融资的影响因素。

第三章，企业污染防治影响债务融资的作用机理。首先，分别从共生理论、契约论和企业本质论诠释企业开展污染防治的动力源泉及其作用机理，以奠定本书研究的理论基础。其次，分别基于制度背景与现状、工匠精神与行为、环境绩效与调节、外部治理等分析企业污染防治作用于债务融资机理。

第四章，"工匠精神"与企业债务融资能力。污染物由企业生产过程引致，只要在生产中耗用资源和消耗能源，必然会污染环境。因此，企业污染防治是一个永恒的话题，并且需要精益求精、持续专注、敬业坚守的"工匠精神"，开展污染防治以遵守国家环境管制政策。由此看来，企业污染防治中践行的"工匠精神"，体现其遵规守法、崇尚做好做优和利他的道德水平。不过，污染防治中的"工匠精神"有两个层面，一是企业层面的"工匠精神"，二是员工层面的"工匠精神"。但是，较之于员工层面的"工匠精神"，企业层面的"工匠精神"表现为资本化的环保投资，是形成企业污染防治能力的主要力量，其呈现的防治能力及其信息最能为外部相关利益者直接获得和关注，是用来研判企业污染防治中道德水平的主要依据。对此，本部分仅就企业层面践行的"工匠精神"，考察其对债务融资的影响。同时，还进一步分析地方政府环境管制意愿和企业驻地的社会道德等外部因素，分别在前述影响中的调节作用。本章的研究具有重要意义，"工匠精神"和社会道德可以促进污染防治的外部性内部化，形成企业内生动力，从而突破环境治理困境。

第五章，"工匠精神"、污染减排与企业债务融资。企业污染防治中践行的"工匠精神"，形成了企业污染防治能力，促进了污染减排，其污染减排的环境绩效体现了企业环境风险、环境竞争力和绿色声誉，从而形成绿色竞争力，增强偿债能力。由此看来，企业污染减排的环境绩效，即好与坏，将影响债务融资的能力。对此，本部分考查的是污染减排的中介效应，即重点分析"工匠精神"对企业债务融资能力的提升作用，部分是通过污染减排的环境绩效实现的。在考察中介效应过程中，还进一步探讨了企业践行的"工匠精神"对污染减排的影响及其作用机理。企业层面践行的"工匠精神"促成了企业污染防治能力的形成，对企业污染减排的环境绩效产生了提升作用，并且该提升作用受到员工层面"工匠精神"的调节。也就是说，员工层面的"工匠精神"，外表现为环保技术学习、研发、应用，从而释放了企业层面"工匠精神"所形成的环保设施的防治能力，并共同提升了企业污染减排的环境绩效。本章的研究具有重要意义，"工匠精神"可以促进污染防治的外部性内部化，形成企业内生动力，突破环境治理困境，自主积极开展污染防治，以解决从"不敢"污染到"不想"污染的过渡路径。这有利于丰富环境治理研究，并助推传承、培育、发扬中国"工匠精神"的传统文化，进一步夯实传统文化的文献，以坚定文化自信。

第六章，"工匠精神"、盈利能力与企业债务融资。较之于员工层面的"工匠精神"，污染防治中企业层面践行的"工匠精神"，具体表现为购置污染防治设备、节能降耗技术、绿色工艺生产线，以降耗增效。这些最为市场和客户所关注，从而形成绿色壁垒和竞争力，提升企业盈利能力类的环境绩效，最终增强污染型企业的偿债能力。为此，本部分考查的是盈利能力的中介效应，即重点分析企业层面的"工匠精神"对企业债务融资能力的提升作用，部分是通过盈利能力的环境绩效实现的。同时，污染防治中企业层面"工匠精神"的作用，会受到政府环境治理意愿、社会公德等外部治理因素的影响，从而产生企业污染防治效果的异质性，即盈利能力受到影响。为此，本部分在探讨盈利能力中介效应的过程中，还进一步考察地方政府环境管制意愿和企业驻地的社会道德等外部因素，分别在企业层面"工匠精神"与盈利能力关系中的调节作用。本章的研究具有重要现实意义，进一步将非正式制度的"工匠精神"和社会道德，嵌于正式制度落实的环境治理中，发现了一些重要结论。这些结论有利于明晰环境治理外部性内部化的新路径，揭示企业污染防治中形成的内生动力，从而突破环境治理困境，自主积极开展污染防治，以探索从"不敢"污染到"不想"污染的过渡路径。这些研究完善了环境治理的制度理论文献，有利于增强制度自信、道路自信。

第七章，研究结论、启示与建议。

图1-1为本书的研究思路。正如图1-1所示，本书总体研究思路是主要考察企业污染防治践行的"工匠精神"影响其债务融资作用路径和机理，其中作用路径为图1-1中的上下两条路径，均采用中介效应予以检验。为了进一步明晰路径中的机理，在路径探究中还运用了调节效应。

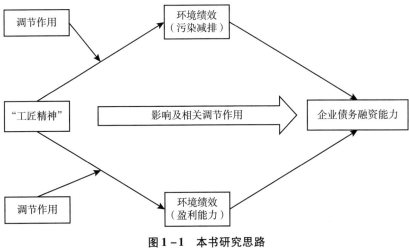

图 1 - 1 本书研究思路

第二章　制度背景与文献综述

第一节　制度背景与现状分析

一、企业污染防治的制度背景与现状分析

（一）企业污染防治的制度背景

《环境绩效指数报告（2016）》披露，中国快速的工业化和经济增长引致 50% 以上的公众，生活在污染的空气中；20% 的人死亡，直接或间接由污染的空气引致。这些显示了大气污染严重影响百姓的身体健康。这是缘于我国环境治理绩效欠佳，其在 180 个国家中处于后位，列于 109 位。环境污染成了国人关注的问题，且在社会环境关切点中位于第二位（2018）。这表明公众对环境污染提出了强烈的诉求，也是我国社会主要矛盾变化的外在表现之一。对此，党和政府非常重视，并提出"人民对美好生活的向往就是我们的奋斗目标"，始终坚持"以人民为中心"的发展思想，且在党的十八大以来付诸实践。特别是在 2021 年党中央、国务院关于"做好碳达峰碳中和工作的意见"中指出，到 2025 年，重点行业能源利用效率大幅提升，单位国内生产总值能耗比 2020 年下降 13.5%；单位国内生产

总值二氧化碳排放比 2020 年下降 18%，绿色低碳循环发展的经济体系初步形成。[①] 生态问题持续得到重视。党的二十大指出，推动绿色发展，促进人与自然和谐共生，成为中国式现代化的重要内容[②]。具体到污染防治，也是如此，加强污染治理、建设美好家园。

党的二十大指出，人与自然和谐共生是现代化的重要内容，是党在新时代的中心任务之一[③]。其要求牢固树立和践行绿水青山就是金山银山的理念，提出了国家治理体系与治理能力现代化，环境污染治理也是国家治理体系和治理能力现代化的重要组成部分。这些治理理念的提出很及时且重要，具有现实意义。如当前环境污染治理问题是政府公共治理中突出的问题，对此，党中央与国家高度重视，并将污染防治列为全面建成小康社会的三大攻坚战之一，通过不同方式的制度安排以治理环境污染、建设生态文明，并相继趋严实施、落实。如法律修订与出台、环保政策的发布、财政政策的颁布、机构改革、监管并约谈等，具体来说如下。

1. 完善环境法规

为建设美丽中国，党和政府相继出台、完善相关环境治理的法规。2014 年修订的《中华人民共和国环境保护法》和 2014 年、2018 年先后修订的《中华人民共和国大气污染防治法》，均是为了更好地推进生态文明建设；2015 年党中央、国务院先后颁布的《关于加快推进生态文明建设的意见》《生态文明体制改革总体方案》，也作出了全面部署。相关部门在此之前也积极摸索实践，环境保护部于 2013 年颁布了全面且严厉的《大气污染防治行动计划（2013—2017）》，要求在 2017 年大气污染有较大的改善，对 PM 2.5 设置更严的限制，以促进降低空气污染水平，提升大气质量。2021 年出台了《中共中央、国务院关于完整准确全面贯彻新发展理念做好碳达峰碳中和工作的意见》，提出了阶段性目标，如绿色低碳循环发

---

① 中共中央 国务院关于完整准确全面贯彻新发展理念做好碳达峰碳中和工作的意见［EB/OL］. 新华社，2021 - 10 - 24.

②③ 习近平：高举中国特色社会主义伟大旗帜 为全面建设社会主义现代化国家而团结奋斗——在中国共产党第二十次全国代表大会上的报告［EB/OL］. 新华社，2022 - 10 - 25.

展的经济体系，至 2025 年初步形成、2030 年取得显著成效、2060 年全面建成。环境方面的法规持续完善，强化了污染防治的管理。

2. 出台配套政策

治理生态环境，政府不仅制订法律、法规和方案等政策，而且还付诸行动。一是财政投入。如政府加大了环保事业的财政投入，从 2000 年开始，中央财政用于节能环保的项目和污染治理的企业等支出，累计 1 800 多亿元，以加大污染防治补贴力度，并且节能减排专项资金在财政预算中呈现逐年增长趋势（盛丽颖，2011；田华等，2010；刘晨阳，2011）。此后，随着雾霾天气等环境问题爆发，环境管制也趋严，投入也增强。2007 年将环境保护支出正式列入国家财政支出中，并且环保支出也快速增长，从 2007 年的 1 000 亿元增长至 2015 年 4 800 亿元，平均年增长速度 21.73%[①]。环保事业的投入，是污染防治配套政策的重举措。二是环保部门重构。为了更好开展环境治理，根据 2018 年十三届全国人大通过的《国务院机构改革方案》，自然资源部和生态环境部分别成立，以提升机构的管理能力，为加强环境监管、统筹协调治理提供条件，从而强化了管理。如环境保护部及各地环保督察中心，根据《环境保护约谈暂行办法》对全国多地的单位行政领导约谈，推进污染防治。三是环境信息披露的优化。如生态环境部 2021 年 5 月颁布了《环境信息依法披露制度改革方案》，进一步优化了碳排放信息披露制度。

当前环境管制趋严的制度背景，为污染型企业实施污染防治差异化战略提供了空间，积极开展污染防治的企业，取得较好的环境治理绩效，将给企业带来环境方面的竞争优势，从而有利于获得较好的经济后果，如提升债务融资能力。

（二）污染型企业防治现状分析

1. 企业污染防治的结构特征

企业是环境问题的主要制造者。《中国环境公报》数据显示，88% 的

---

① 中华人民共和国统计局. 中国统计年鉴 2016 [M]. 北京：中国统计出版社，2016.

二氧化硫和68%的氮氧化物均由工业企业生产。根据《中华人民共和国环境保护法》中"谁开发谁保护，谁污染谁治理"的规定，企业在生产经营中追求财富最大化的同时，也要承担社会责任，致力于污染防治。环保投资是企业污染防治的重要措施，也是形成自身污染防治能力的关键。因此，环保投资对于企业污染防治、提升环境绩效起着至关重要的作用。这受到了学者们的持续关注，并展开了环保投资问题的相关研究，形成了较丰富的成果。有学者认为企业环保投资分为以下七类（唐国平等，2013）：清洁生产支出、污染治理支出、环保设施的投入与提升支出、环保技术的研发与提升支出、生态保护支出、环境税费和其他。在这七类当中，各自并不是雨露均沾，都有自身的特征。近2/3的企业开展了环保设施的投入与提升支出，占环保投资总额51.95%；1/3多的企业进行了污染治理；近1/4的企业开展了环保技术的研发与提升支出、清洁生产支出；剩下的投入较少①。从这些结构特征可看出，大多数企业的环保投资重在污染物生成后的治理，即生产末端的治理，而源头性的防治投入不足。另外，从规模上看，环保投资总额分别占总资产、营业收入、总投资的比例均偏低，大多数企业环保投资规模平均值低于中位数，即处于低水平。虽然从总体上看，我国环保投资占GDP的比例呈上升趋势（余红辉，2019），但是加强环境执法会抑制环保投资的增加（张平淡等，2019）。

上述对企业污染结构异质性和其引致原因的分析，为下文的研究提供了有益启发，探讨环境治理困境突破，激励企业开展污染防治是大有可为。

2. 企业污染防治的行业特征

行业不同的企业，各自能耗高低不同、污染排放有差异，形成污染防治能力的环保投资也有自身的特征。其具体特征如下：一是重污染型企业的环保投资远超非重污染型企业的环保投资（唐国平等，2013）。企业环保投资规模与其污染程度相关，污染排放量较大的企业，其需求的环保投

① 唐国平，李龙会. 企业环保投资结构及其分布特征研究——来自A股上市公司2008—2011年的经验证据［J］. 审计与经济研究，2013, 28（4）: 94–103.

资规模也大。不过，环保投资所需资金的筹措，与企业驻地的金融环境密切相关，如货币政策宽松的地区，当地的重污染企业的环保投资规模较大（吕明晗等，2019）。二是成熟性行业的环保投资规模最大，成长性行业的环保投资规模次之，衰退性行业的环保投资规模最小。不同行业均有自身的生命周期，不同阶段周期中的市场环境和财务状况各不相同，相应的企业生产经营活动和投融资行为表现也不同，进而引致企业环保投资规模各有差异。三是绿色绩效低于行业期望水平的企业，会增加环保投资（朱丽娜等，2022）。这主要源于政府等利益相关者的关注所带来的合法性压力，污染防治不合规，容易引起周边人们的投诉，继而受到政府环境主管部门的处罚，企业为了生存、发展，需要迎合监管的要求而增加环保投资。这些差异有利于企业实施环境差异化战略，以取得环境竞争方面的优势，并实现相关经济利益。这为环境治理外部性内部化、环境治理困境的突破提供了可能。

3. 企业污染防治的地区分布特征

我国改革开放 40 多年，也是区域经济发展不平衡的 40 多年。在这 40 多年，东南部沿海地区改革开放较早，先行先试，经济发展较快，与其他地区相比，东南区域经济发达。除了经济有差异外，资源禀赋、市场化进程以及生态承载能力也具有差异和不平衡性。企业所处地区的异质性引致企业环保投资等污染防治的不同。东部区域与中部区域企业、中部区域与西部区域企业之间的环保投资有着显著性差异，如经济欠发达的西部、中部等地区环保投资规模较大，而经济发达的东部地区环保投资规模略低（唐国平等，2013）。从区域市场进程化程度视角来看，市场进程化程度不同区域的企业环保投资存在着显著性差异（唐国平等，2013）。这种差异不仅体现在经济、市场化进程不同的区域，还体现在法制健全性差异和官员异动的区域。如地方政府环境规制"逐顶竞争"（薄文广等，2018）、设置了专门环境法庭（翟华云等，2019）和环保厅长变动（胡珺等，2019）的区域，企业环保投资显著增加，高于其他地区。地区经济发展的差异引致地方政府环境管制意愿的异质性，这为本书考察地方政府环境管制的调节作用提供了有意义的研究场景。

二、企业债务融资的制度背景与现状分析

（一）企业债务融资的制度背景

污染型企业的环境风险和债务融资需求，促进了我国绿色金融的兴起与发展。污染型企业从事污染防治，需要大量的债务融资。为了建设生态文明，开展污染防治，中国每年需要 2 万亿元的环保投资，然而政府财政只能承担当中的 10% ~ 15% （Gilbert & Zhao，2017）。显然，企业需要承担剩余的大部分，这就增加了债务融资需求。因此，若大量信贷资金流入了能耗高、污染重的企业，同时蕴含了一定的风险（Dong et al.，2019；文书洋和刘锡良，2019）。为了防范风险，中国人民银行、中国银监会和国家环保总局于 2007 年联合颁发了《关于落实环保政策法规防范信贷风险的意见》，呼吁金融机构协调配合好信贷管理与环保两者事宜，切实防范相关风险以严格执行环保信贷。这表明，绿色信贷成为污染防治的重要市场经济手段，同时也标志着绿色信贷政策正式启动。此后，绿色信贷管理逐渐发展成熟。中国银监会于 2012 年发布《绿色信贷指引》，具体明确了金融业绿色信贷的原则和标准，为银行有效开展绿色信贷、助推污染防治，提供了可操作性指引。为了进一步推进节能减排、支持污染防治，中国银监会与国家发展改革委于 2015 年又联合发布《能效信贷指引》，鼓励金融机构向节能减排绩效较好的企业，提供信贷资金支持，引导更多银行机构提供绿色信贷。随后，结合供给侧改革的推进，《中共中央关于制定国民经济和社会发展第十三个五年规划的建议》于 2015 年正式颁布，其中一项重要的任务就是"发展绿色金融"，并列为供给侧结构性改革的重要内容之一。可见，绿色金融政策不断发展并趋于完善。

尽管绿色金融相关政策渐趋完善，但是当前众多污染型企业用于环境治理的环保投资仍然不足（He & Liu，2018），环保技术和环保设备无法及时得到升级和更新，致使排放的污染物不能得到及时的无公害处理，无法满足污染防治和生态文明建设的需要。其原因是多方面的，如环境信息不

对称、资金供给缺乏（Soundarrajan & Vivek，2016；李晓西，2017）、融资难融资贵等。对此，为了缓解环境治理资金短缺的困境，推进生态文明的建设，党中央、国务院 2015 年及时发布了《生态文明体制改革整体方案》，首次提出"建立中国的绿色金融体系"。该方案发布后，中国人民银行、财政部等七部委积极行动，于 2016 年联合印发了《关于构建绿色金融体系的指导意见》，明确了绿色信贷是绿色金融体系的重要内容之一，并得到了加强。2017 年政府工作报告中进一步强调"发展绿色金融"是今后深化金融体制改革的重要内容。如后续 2018～2020 年的政府工作报告相继强调，推动大中型商业银行普惠金融事业部的设立，加强普惠金融服务，对普惠型小微企业贷款应延尽延等。这表明，绿色发展金融得到进一步支持和强化。

上述发展绿色金融渐趋完善的制度背景，为污染型企业积极践行环境差异化战略，提供了催化剂，激励企业开展污染防治，以获得绿色金融市场上优惠，有助于突破环境治理困境。这为本书的研究提供了考察场景。

（二）我国重污染行业债务融资现状分析

环境风险是绿色金融市场运行中的重要因素之一。绿色金融起源于污染防治的需要，是银行金融机构资源配置与环境责任的结合，也是金融机构承担环境责任的表现。众所周知，环境责任是社会责任一部分，早期有学者提出，企业不仅承担股东财富增加的责任，还要承担社会责任（Bowen & Johnson，2013）。因此，企业是否承担社会责任，其环境方面的风险是金融机构在信贷决策时特别关注的因素之一（Harvey，1995）。这是因为银行在信贷决策时，需要考虑污染型企业类的客户，其环境风险所引致的企业自身竞争力、持续发展性和偿债能力，否则银行会受损失（Weber et al.，2010）。

中国绿色金融市场规模发展较大。在全球企盼绿色可持续发展的基调下，各国均在努力探索绿色信贷，以助推健康发展，我国也是如此。中国的绿色金融市场也得到了快速的发展，根据绿色金融委员会发布的数据，我国绿色信贷余额截至 2017 年底达到 8.53 万亿元，在同期信贷总量中占比 9%，同比增长了 1.02 万亿元①；气候债券倡议组织（CBI）发布的数据表明，截至 2018 年 3 月我国的绿债发行规模达到 428 亿元，列位于世界第二。从结构上看，中国银保监会的数据显示，我国 2018 年上半年的绿债发行体量占全球同期体量的 12.5%，再加上绿色股权、绿色基金、绿色保险、绿色非金融债券等，我国的绿色金融大概能占到全球总量的 1/4②。在生态文明建设的背景下，绿色金融发展的动力源于市场主体驱动，其快速增长劲头归因于政府的主导，从而形成巨大的绿色金融市场发展规模。

绿色信贷发展迟滞。虽然总体规模发展较快，但是绿色信贷仍然供给不足（鲁政委和方琦，2018）。这是因为，与传统信贷相比，绿色信贷有自身特点，信贷业务有多方参与，不仅有银行金融机构和实体企业借贷两方，还涉及地方政府、环保部门和金融监管部门。原因是多方面的，具体如下：一是机制不完善。我国绿色信贷供给不足引致绿色信贷发展滞后，主要源于制度机制不完善，主要表现为，碳市场建设落后、中介服务缺位、"漂绿"问题凸显，从而激励、约束和规避风险机制不健全（曾煜和陈旦，2016），引致绿色金融配套体系不完善，绿色信贷供给乏力。二是风险与收益因素。绿色信贷需要绿色认证，回收周期长且成本高，引致银行从事绿色信贷的动力不足（鲁政委和方琦，2018）。这表明风险难管理、不确定性强，以及投资收益低是绿色信贷供给不足的因素之一。三是存在博弈问题。在绿色金融配套体系不完善背景下，金融机构与实体企业存在合谋，绿色信贷未达到预期效果（曹洪军等，2010），污染防治效果受损。可见，仅靠市场中的经济手段无法有效解决污染防治问题。四是环境信息不对称。环境信息披露不充分和匮乏，制约了绿色金融的发展（Guo，2014）。这缘于金融机构缺乏对污染型企业污染防治的了解，从而难以评估环境风险，对绿色信贷较为谨慎，形成供给不足。

除了绿色信贷供给不足外，当前污染型企业债务融资的现状不佳，一

---

① 中国人民银行研究局. 中国绿色金融发展报告（2017）［M］. 北京：中国金融出版社，2018：4.
② 中国绿债市场 2018 年规模增长显著　贴标绿债总发行量达 2826 亿元［EB/OL］. 金融时报–中国金融新闻网，2019 – 02 – 27.

是债务期限结构不合理。债务期限错配抑制了企业投资；二是传统金融无法解决甚至加剧债务期限错配的问题（王康仕等，2019）。因此，需要寻找新的突破口，这将增加本书研究的价值。

第二节 文 献 综 述

企业是污染排放物的主要来源，环境污染物中的80%由企业的生产活动所排放（沈洪涛等，2017）。因此，在政府对生态环境进行严格监管的主导下，如何发挥企业环境治理的主体作用，显得尤为重要。企业落实生态文明建设政策、开展污染防治、提升其污染治理绩效，是实现地方环境治理目标和国家环境保护目标的微观基础。社会公众对美好生态环境的期盼、政府制定环境防治的政策，还是得依靠企业开展污染防治、提升污染治理绩效来落实和实现。企业履行环境责任，改善环境现状，能够建设美好生态环境，有利于提升社会福祉，这是学界和公众的共识。但是污染防治对企业自身是否有利，如在政府对环境严格监管下，企业开展污染防治、提升污染治理绩效对其债务融资的影响，该影响是直接关系到其履行环境责任之自愿性、内在驱动力和环境问题的外部性内部化的重要因素之一，这是值得探究的课题。

众多学者对企业污染防治利益方面的动机及其影响因素、环境绩效在污染防治与其经济后果中的调节作用，从不同视角展开了相关的研究，具体文献梳理如下。

一、"工匠精神"文献回顾

（一）"工匠精神"的发展

精益求精、专注的"工匠精神"，属于意识形态类。其影响主体的机理是，意识来源于主体实践，又指导主体实践。"工匠精神"的这种特质，是在中国古代孕育并持续发展而形成的。"工匠"之词，最早记载于《庄子·马蹄篇》中"夫残朴以为器，工匠之罪也"①。"工匠"二字的解释，东汉的《说文解字》记载："'工'，巧饰也"②，其中"巧，技也"，"饰，㕻也"。可见，工的本义是应用技能给物增光添彩，核心是技能的掌握与运用。"匠，木工也"③，即掌握技术之人、有"工"之人。"工匠"的技艺水平受到人们的高度评价，如早在春秋战国时期的《周礼·考工记》，就记载"百工之事，皆圣人之作也"④，这时期把工匠比作圣人。记载儒家文化的《礼记·大学》曰："如切如磋者，道学也；如琢如磨者，自修也"⑤。东汉的《说文解字》记载："'工'，巧饰也"，工匠能够"审曲面㔟，以饬五材，以辨民器"⑥，"以其精巧工于制器"⑦。这些均体现了工匠对于技能的应用尚精和尚巧。后来儒家代表人物朱熹对工匠尚巧、尚精概括为"治之已精，而益求其精也"，即"精益求精"的"工匠精神"。"工匠精神"一直推动着中国文明的进步，助推社会的发展。如工匠弘扬"工匠精神"，勇于突破现状、精益求精、自我革新，尚精尚巧的反复试验，发明了造纸术、指南针、火药、印刷术，出现了虞驹作舟、奚仲造车，薄如蝉翼、轻如烟雾的丝织品。这是"工匠精神"核心"精益求精"中的敢于自我否定、实现自我超越、永不自满等的积极结果。

工匠一词在西方国家产生、发展及意思的形成，与中国类似，也是与手工劳动及其技能密切相关。如德语表述为 handwerker，英语为 craftsman，法语为 artisanal。它们均涉及劳动技术。德语用 handwerk（手工）表示匠人的劳动，英语中的 craft 演变为技能，法语 artisanal 则是手艺的意思。不过，在西方发达国家中，德国和日本是坚守与传承"工匠精神"的榜样（陈

---

① ［战国］庄子. 庄子［M］. 南昌：江西美术出版社，2018：164.

② ［汉］许慎. 说文解字［M］. 北京：中国华侨出版社，2016：147.

③ ［汉］许慎. 说文解字［M］. 北京：中国华侨出版社，2016：374.

④ ［西周］周公旦. 周礼［M］. 桂林：漓江出版社，2022：430.

⑤ 杨天宇，译注. 礼记译注：下册［M］. 上海：上海古籍出版社，2016：976 – 977.

⑥ ［西周］周公旦. 周礼［M］. 桂林：漓江出版社，2022：428.

⑦ 中国历代考工典：第1卷：考工总部汇考一·考工记［M］. 南京：江苏古籍出版社，2003：4.

华文，2015）。正如百年匠心看德国，千年匠心看日本，他们的品牌产品能够屹立于全球之峰，家族企业历经百年不倒，这得益于"工匠精神"的坚守与传承。德国的"工匠精神"表现为专注与创新，专注让百年老店经历坎坷而不倒，创新让百年老店历久弥新。这源于德国的变革。具体来说，德国在工业革命过程中为了追赶英法，仿制、冒充英法制造的产品并倾销英法等国，因粗制滥造而受到猛烈批评。特别是 1887 年英国政府修改的《商标法》，要求德国对其产品必须注明"德国制造"。这倒逼了德国注重产品质量，发展技术教育、培育并传承了精益求精的精神。日本的"工匠精神"体现为传承与创新。唐朝贞观年间，日本向中国学习政治制度和各行各业的技艺，明治维新后，引进欧洲工业技术，这些技术在日本落地生根，并得到传承和创新，从而产生许多百年老店。由此可见，"工匠精神"为创造创新提供了动力源。因此，正是"工匠精神"中的技艺之筋骨和传承之风骨，支撑着这些民族品牌和百年老店经久不衰。

在近代工业时期，"工匠精神"是从业人员在工作过程中所体现的精益求精、精雕细琢的敬业状态（庄西真，2017）。现代时期的"工匠精神"将融入到企业人力资源管理（李晓博等，2018），形成企业资本，即"工匠精神"资本化（郭会斌等，2018）。综观现有文献，"工匠精神"的特质就是对技术知识和技术应用，不满于现状、勤于钻研、精益求精、专注创新技术、提升能力（郭会斌等，2018），即体现为能干（有能力干）且愿干（愿意干）。因此，"工匠精神"，要在坚守、贵在传承、重在实践。这为企业污染防治提供了精神上的内在驱动力量。

（二）"工匠精神"的后果

"工匠精神"作为一种意识形态，具有意识的一般特征，产生相应的后果。意识是非正式制度的核心（孔泾源，1992），能够影响主体的行为。这种影响企业、个人的行为（胡珺等，2017）具体表现为，促进了创业行为（郑馨等，2017），并且与正式制度合力产生交互促进的效应，推动社会发展（陆铭和李爽，2008）。

"工匠精神"也是如此，这得到了有关学者的验证。如"工匠精神"

表现为愿意干和坚持干，这种爱岗敬业的精神使得员工专注工作、知行合一、严谨细致、精心操作，从而形成企业制造的灵魂（肖群忠等，2015），精益求精的"工匠精神"表现于外的专业创新能力，这种自我否定的创新形成企业资本从而影响企业绩效（郭会斌等，2018）。其具体机理是，"工匠精神"中精益求精和笃定执着的特性，引致员工在工作中形成高度的使命感，激发员工的责任心、正向的主动性（高中华，2022），并实现技术创新（彭花和杨确，2022）和新产品的开发，并应用于生产，从而提升企业绩效。具体到企业污染防治中践行的"工匠精神"，即精益求精于污染防治技术的创新、应用，持续专注于环保投资，用于节能降耗，从而保护环境。这是缘于，企业环保投资是企业层面在污染防治中践行"工匠精神"所表现的专注程度（张培培，2017），愿意开展环境治理的表现，同时也是"工匠精神"资本化的体现（郭会斌等，2018），即实物资本化，从而形成污染防治能力的主力，也为外界利益相关者最为关注，如绿色信贷决策时的金融机构。

2018 年 10 月新修订的《中华人民共和国公司法》中第五条规定，公司从事经营活动必须遵守社会公德、商业道德，以承担社会责任。这意味着企业在污染防治中，履行环境责任、积极践行精益求精的"工匠精神"，以遵守环境规制，是承担社会责任的表现，是一种遵规守约的契约精神，这种不违规不违约的契约精神也是一种道德行为。它是金融机构信贷决策时考虑的重要因素，继而影响企业债务融资。

上述文献研究成果，为本书考察企业污染防治中践行的"工匠精神"对企业环境绩效、债务融资的影响机理，提供了良好基础。

二、企业污染防治文献回顾

1. 企业污染防治的动机

企业污染防治是履行环境责任的行为，企业环境责任是其社会责任的一部分。有学者认为，企业社会责任有强制性和自愿性之分（Carroll，1999；Jamali，2007；Schwartz & Carroll，2003）。由此可知，企业污染防治的动机也有两种，一种是自愿性，希望能获得相应的利益；另一种是强制性，迎合政府监管部门检查的需要。

第一，企业自愿性污染防治，获得相应的利益。企业履行环境责任，在治理污染和保护环境等方面取得成效，即企业污染减排的环境绩效，满足了公众对美好环境的需求，将会提升其在社会中的绿色企业形象和品牌知名度，有利于其发展壮大和提升竞争力。也就是说，企业就污染治理以积极性姿态向外界释放出信号，展现自身正面形象，强化潜在投资者和社会公众的信心（陈东和邢霖，2022），从而获利。如企业履行社会责任，会正向影响其长期财务绩效（朱乃平，2014）。众所周知，社会责任包括了环境责任，企业履行环境责任，致力于减少自然资源的消耗和污染物的排放，才可持续发展（Georges Enderle，1998）。实施环境策略从而取得内部优势和外部优势，其内部优势体现为资源充分利用、污染减排、回避环境法规制裁，其外部优势体现为环境形象、公众认可、声誉提高，取得销售增长（Azzone & Manzini，1994）。从外部收益性看，环保策略先行的企业修起了行业环保壁垒，顺而取得竞争优势（Nehrt，1998）。具体来说，环保策略从以下几个方面增强竞争力：一是自身价值得到提高。企业履行环保责任，污染减排的环境绩效越好，其市值越高（Klassen & McLaughlin，2001；Konar & Cohen，2001）；二是成本优先战略顺势而成。污染减排的环境绩效越好，节能降耗，其成本越低（Sharma & Vredenburg，1999），从而赢得成本优先战略；三是财务绩效趋好。污染减排的环境绩效越好，降耗增效，提升其盈利能力，则财务绩效越好。企业污染防治、治理环境，履行环境等社会责任具有相应的经济后果，其企业竞争力的增强，主要体现在：财务绩效的提高、财务风险和违法风险的降低（吴德军和唐国平，2012；李文茜，2017）。

第二，企业逼迫性污染防治，迎合政府监管部门的要求。企业履行环境责任，占用资金、增加耗费，不能直接带来经济利益，具有外部性，因此，污染型企业缺乏积极性，从而形成环境治理困境的状态。委托代理理论认为，管理层是代理人，股东作为投资者，是委托人，管理层接受股东的委托并管理企业，负责日常的经营管理，股东监督管理者是否按照股东的意愿开展经营行为，由于信息不对称导致的代理冲突和契约的不完备，管理层会扩大自身的利益，而不是企业股东的利益。基于该理论，管理层不可能完全履行包括环境责任在内的社会责任（Friedman，1962）。可见，当前企业环保投资不足，其中的一个重要原因是管理层，表现为管理层的私人收益小于企业环保投资（刘媛媛等，2021）。具体来说，一是环保投资的数额大，由无形资产、固定资产等组成（唐国平等，2013），变现能力差，无法直接带来收益，影响企业经营绩效；二是环保投资"挤占"了生产投资，致使企业生产能力下降（刘媛媛等，2021），从而引致企业盈利能力受到削弱，并影响企业经营绩效。可知，基于企业经营业绩的管理层薪酬激励制度，致使管理层对企业环保投资决策的扭曲，结果环保投资不足。这表明，以经营业绩为基础的薪酬激励，难以有效缓解企业环投资决策的代理问题，从而出现市场失灵的现象。

　　企业不主动履行环境责任，是市场失灵的表现，这需要政府管制。政府各种监管的外部治理，对企业的内部管理决策产生重要影响（曾伟强等，2016），同样也影响企业的污染防治。这是因为，政府建立的政治制度、法律规则和主导的文化，是企业生产、交易和分配的外部治理背景（North，1990），是企业微观决策行为的基础（崔艳娟等，2018）。政府通过制定法律、加强监督等手段，严格管制企业履行环境责任的行为，对违规者予以处罚，会使企业为了规避政治成本，迫使企业展开环境治理（Menguc，2010）。如 2015 年《中华人民共和国环境保护法》实施后，促进了企业环保投资水平的提升（刘媛媛等，2021）。另外，政府应用财政补贴、贷款优惠等经济手段间接管制企业污染防治（Cherry，2012），引导企业在经营中开展清洁生产，诱导其主动迎合政府的环境监管、履行环境责任（Daw Kins，2011），提高污染减排的环境绩效。有许多学者分别从执法监督、财政支出、排污权交易、政治关联、政策调控（沈洪涛等，2017；姜楠，2018；胡彩娟，2018；陈东等，2018；金碚，2014）等方面，研究了政府环境治理对企业污染防治的影响。可见，环境规制是一种缓解经济主体引致的环境污染负外部性等市场不完善问题的可行方式（刘媛媛等，2021）。

这些研究文献表明，国家有关环境治理制度，无论其是强制性的法规还是鼓励性政策，对企业履行环境责任的微观决策行为都会产生联动效应。

2. 企业污染防治的影响因素研究

企业污染防治的影响因素，一直受到学术界关注，他们分析和考察的角度各有不同，如社会和政策因素、企业自身因素、市场外部因素等，具体梳理如下：

一是社会和政策因素。污染防治受到诸多因素的影响。如媒体关注、环境管制对企业污染防治的影响（王云，2017；唐国平等，2013）；政治关联对污染防治有显著的正向影响（陈东等，2018）。当前政府环境监管制度的不断完善和其执法力度的持续加大，提高了对企业的环保投入新标准。企业为了规避环境税费和环境罚款，无法回避环境治理问题，不得不重视自身的污染治理与环保投入，加大污染防治，以切实遵守环境政策新标准、高要求（Gray & Deily，1996），以及求得合法性生存资源。由此看来，监管部门的环境治理执法强度，促进了企业的污染防治。但是，唐国平等（2013）研究表明，在环境治理执法较松的时期或地区，企业缴纳的环境罚款和环境税费低于污染防治支出额时，则会导致企业不愿意履行环境责任，则污染防治效率较低。不过持相反观点的学者认为，企业是社会的经济主体，主宰着经济，若履行社会责任，将会影响甚至主导资本主义社会的文化、政治等正式或非正式制度的形成，这将对资本主义社会的政治和经济制度产生威胁（Roe，1991），并对该自由社会的基础产生破坏（Friedman，1962）。这表明，资本主义社会制度影响企业承担社会责任中的污染防治。不过，这正是我国社会主义国家以人民为中心的反面教材。同时也表明，企业在污染防治中遵规守约、做好做优污染防治、利他、不伤害他人之道德的重要性。这为研究环境治理困境的突破、污染防治的外部性内部化，提供了有价值的线索。

二是企业自身因素。企业是归股东所有的，企业权力的行使都是为了股东的利益（Berle，1932），企业第一要务就是股东优先，为其创造财富（Friedman，1962），其社会责任就是为股东赚取利润，市场中其他问题由政府去解决（Friedman，1970），在股东至上的基调下，企业的污染防治会受影响。但也有学者从企业履行社会责任角度进行研究污染防治。如有学者应用上市公司的数据检验并发现，企业污染防治因其产权不同而有差异，国有企业比民营企业投入更多的环保资金，且具有显著差异（唐国平和李龙会，2013）。除了产权因素外，管理层也会影响企业污染防治。具体来说，重污染行业中的企业，管理层权力趋于集中，企业污染防治支出额度则越低（田双双，2015）；高管政治网络对企业污染防治规模有显著的负向作用（李强，2016）；企业管理当局的能力与其污染防治额呈现"U"型关系（李虹，2017）。可见，管理层在企业污染防治中发挥重要角色，也表明企业环境治理的状态反映了管理层的动向。企业为了"绿色信贷"的优惠，企业履行环境责任，主动开展环境治理以减少污染物的排放达到绿色信贷的要求，从而进行污染防治（倪娟等，2016），减少或避免环境罚款甚至关停的风险，以维护股东的利益。这为后续分析异质性提供了启发。

三是市场外部因素。企业的利益从时间的远近来看，可以分近期利益和远期利益，企业履行社会责任有助于增加其远期利益，以期其利益最大化（Johnson，1971）。基于该理论，企业为了增加其远期利益，履行社会责任时，重点需考虑履行哪些社会责任，应怎样履行社会责任（Lee，2008）。一些学者从战略管理与社会责任相契合角度，认为企业履行社会责任是获得市场竞争优势的战略方式（Porter & Kramer，2006）。也就是说，来自市场利益相关者的压力，影响企业管理者对环境战略的选择，从而影响企业污染防治。这得到相关文献的验证，如竞争的市场能够促进企业污染防治，对其污染治理支出规模具有正向关系（Luken & Rompaey，2008），并且在市场竞争压力下，企业为了避免"鞭打快牛"现象，并不想成为污染防治的先锋，担心企业成为市场的焦点后，市场"逼迫"其投入更多的环保资金，超出自身实际的需要，造成企业成本上升和短期业绩下降的不利影响，从而不会过度地开展污染防治（李强，2016）。具体到资本市场，对污染型企业的环境治理提出了要求。由此看来，绿色金融的兴起与发展成为必然趋势。这是缘于当前商业银行是我国企业债务融资的重要渠道，企业的大部分外部融资均来自商业银行，上市公司也是如此

（修静等，2015；姚立杰等，2010）。若污染型企业环境风险较大，则其融资受到影响。如李克强总理在 2017 年、2018 年的《政府工作报告》中也指出，当前企业融资难融资贵的问题较突出。为此，污染型企业降低环境风险，才能较好获得信贷资源。然而在实践中，各企业的表现各异，如有的企业只是履行了法律规定的最基本的社会责任，有的企业则自愿履行最大限度、更多的社会责任（Zenisek，1979）。这表明，污染型企业在履行环境责任时，具有异质性，这为本书提供了有意义的素材。

3. 企业污染防治的经济后果研究

企业污染防治的经济后果，一直是学术界关注的课题。企业开展污染防治，提高污染减排的环境绩效，是在履行环境责任。不过，企业履行责任后，会产生什么样的经济后果，是对企业有利还是不利，是增强企业竞争力还是削弱竞争力？对于这个问题的争论，在学术界形成了两种不同的观点，形成了两种的不同学派（Hassel et al.，2005）：其一是"成本相关说"，认为企业持续履行环境责任，致力治理环境、提高污染减排的环境绩效，需要持续不断的资金支出，这会占用资金、增加成本，从而产生机会成本、降低利润、减少经济利益、降低市场价值，导致削弱企业竞争力；其二是"价值创造说"，认为企业坚持履行环境责任，其环境绩效得到提升，赢得公众较好评价，获得污染减排的声誉，增强了企业竞争力，最终提升了盈利能力。

在当前生态环境防治政策下，企业履行环境责任，展开污染防治，并向外界传递环境绩效方面的信息，从而产生不同的经济后果，有着不同的影响，大体分为以下两类。

一是积极的影响。企业污染防治促进了产业、技术的提升。如污染防治能够促进环保产业的发展（何凌云等，2013）；企业为减少污染而加强技术研发创新，提高了其竞争力（Porter，1991）；影响工业技术的升级，但是"因源而不同"（原毅军等，2015）。这些对企业产生积极影响，具体梳理如下。

企业污染防治促进了自身财务绩效的提高。企业履行环境责任而从事的污染防治在当期难以带动利润的增长，但是这种早期投资有利于企业未来长远的成长（Nerth，2005）。这是因为，企业从污染防治开始到取得环境绩效，直至获得公众的认可和声誉，需要一定的时间，具有滞后性。也就是说，企业持续污染防治，其环境绩效逐渐提高，经过信息传递，不断获得公众的认可，其产品受到市场的青睐，该后续的认可和青睐能给企业产生经济效益（李虹等，2016）。如企业履行环境责任，重视除股东外的其他利益相关者的利益，会提高其声誉，增加其财务绩效（Cornell & Shapiro，1987）。这表明企业社会责任正向影响财务绩效（Van Beurden & Gossling，2008）。其绩效来源于：企业履行社会责任导致其在公众中的认知度和忠诚度的增加，不仅维持了老客户，还吸引了新客户（Kotler & Lee，2005）；降低了风险（Sun & Cui，2014），如法律风险；增强其竞争优势（Porter & Kramer，2006）。同时，其环境绩效逐渐地提高，向外传递社会责任感的信息，企业从而获得良好信任和声誉。对环境敏感的企业，更重视对其环境方面的声誉，将声誉视为无形资产（叶陈刚等，2015），以期带来经济利益。声誉和信任是企业与利益相关者建立良好互动关系的纽带和基础，有助于产生社会效益，为企业长远利益夯实了基础（李虹等，2016）。

企业污染防治促进其竞争力的提升。企业是否履行社会责任及其履行达到的程度，是影响其竞争地位的重要因素之一（Porter，2008）。企业竞争力包含两因素，即应对政府管理的能力和应对市场需求的能力，称为"双能力理论"（唐晓华等，2011），而企业污染防治及其取得的环境绩效兼有这两个因素的特点，体现了企业应对政府有关环境规制的管理和市场公众对企业清洁生产品牌的需求。企业履行环境责任，取得了较好的污染减排的环境绩效，则很好地应对了政府对企业环境污染的监管和满足市场公众对清洁生产的关注，将提高其竞争力。具体路径为：企业加强污染防治，如节能技术的投入，提高能源利用率，降低资源消耗（Corrado & Clini et al.，2008），或加强技术研发和升级，变废为宝，把废弃物也当成资源利用，以从源头上解决环境污染和破坏的问题（金碚，2009）。同时，企业履行环境责任的过程，也是研发节能降耗新技术并应用于污染防治的过程，也是工业技术进步、提升竞争力的过程。因此，在环境管制趋严的背景下，污染型企业需要面对环境问题和公众的关注，避免违规而受罚，促使自身应对环境管制，做出有利于提高竞争力的投资计划与安排（金碚，2014），以提升绿色品牌知名度。

企业履行环境责任有助于获得投资。污染型企业开展防治，迎合了具有环保意识的投资方愿望。基于市场分割理论（Merton，1987），市场中有两种类型的投资者，一种是注重环保的投资者，另一种是不注重环保的投资者；同时市场上有三种类型的企业，其一是有环保责任履行意识的企业，其二是没有环保责任履行意识的企业，其三是环保责任履行的意识从无到有逐渐增强的企业。注重环保的投资者，不会向环保责任履行不力的企业投资（Heinkel et al.，2001），偏向投资于环保责任表现良好的企业。相关学者研究也证实了这一点，如叶陈刚（2015）通过资本市场的经验数据研究发现，环境信息披露质量与股权融资成本显著负相关。这表明，企业积极开展污染防治，取得良好的污染减排的环境绩效，有较大动力向外披露环境信息，降低其资本成本。

经过梳理企业环境责任的影响机制的相关文献后发现，虽然这些路径不同，但最终结果却相同，即企业积极履行环境责任，降低了风险、提升了财务绩效，结果是增强了竞争力、带来了经济利益，具有经济后果。

二是消极影响。庇古（Pigou，1920）认为环境污染是一个外部性问题。首先，污染排放具有负外部性。这是因为，企业排污对生态环境产生了破坏，不用向外部的社会直接付费，从而产生消极的环境治理思想，导致企业不愿意开展污染防治，生态环境建设不主动。其次，污染防治具有外部性。缘由是，企业开展环境治理，解决环境污染问题，不能为其带来直接的经济利益，也无法直接向社会外部收取治理费用，即污染防治费用无法得到补偿。其最终结果是，企业自身在环境治理方面缺乏动力。这是缘于，企业履行社会责任、开展污染防治需要占用大量物力和人力，难以在短期内获取经济利益，导致成本无法直接收回，这与利润最大化目标相矛盾，会削弱竞争力（Bragdon & Marlin，1972）。这得到相关学者的验证，如政府对企业的环境行为严格的监管会增加企业经营成本、延迟其生产方面的投资，从而导致其丧失市场竞争力（Arouri ct al.，2012）。

上述积极影响和消极影响，在生态环境防治中具体表现为长远利益和短期利益，如何处理两者关系或者两者兼顾以及如何兼顾，这是值得深思的问题，同时也为本书提供了研究空间。

4. 环境绩效

盈利能力和污染减排均是企业环境绩效的重要内容。众多文献对此展开了较丰富的研究。如涉及企业污染防治问题的污染减排的业绩，如环境质量业绩和经济效益等财务业绩均属于环境绩效的内容（许家林等，2004）。也就是说，企业开展污染防治，影响到企业外部的污染物排放和企业内部的财务绩效，都属于污染防治的业绩（宋建波等，2013），即环境绩效。由此可见，环境状态和经济效益就成为企业环境绩效评价指标体系的关键指标（彭满如等，2017），并用于绿色治理绩效的评价分析（李维安等，2019）。

环境绩效是企业履行环境责任、开展污染防治所取得的结果，其在企业环境治理体系中的不同环节扮演不同角色。企业开发绿色环保产品，积极防治污染，节能降耗、减少污染排放，取得污染减排的环境绩效，同时也赢得公众的好评，从而获得声誉，提升了企业竞争力，并且降耗增效有利于创造价值，以提升企业盈利能力（Hassel et al.，2005）。由此看来，环境绩效是企业在开展污染防治后而取得的，是企业为了遵守环境管制或是实施差异化环境战略，从而在治理污染、保护环境过程中，达到良好的业绩，使得其产出结果最大化。对此，国外学者较早提出投入产出模型（Leontief W.，1936），后来将经济与生态环境结合，在考虑了污染物的产生与消除后，进一步构建了环境投入与产出模型（Leontief W.，1973）以考核污染防治绩效。国内有学者立足国情，从产业、部门等较宏观的角度探讨节能减排的效率问题，分别设计了相关的投入与产出理论模型（廖明球，2011）和探讨了环境投入产出模型在环境压力核算中的应用（梁赛等，2016），以考察环境绩效。这表明，企业履行环境责任、开展污染防治活动，将会取得积极的环境绩效。

不过，无论是污染减排的环境绩效的提升，还是盈利能力的环境绩效的增强，均对污染型企业产生积极的影响。也就是说，企业污染防治中所取得的环境绩效有着自身的经济后果。如企业的环境绩效，在其披露的环境信息与信用评级之间有显著的调节作用，有利于信用评级（武光恒等，2016）。借鉴现有研究成果的分析思路，本书从投入产出的另一角度探讨污染防治效率，考察污染减排、盈利能力等污染治理的环境绩效，在企业污染防治与其债务融资关系中扮演什么样的角色。在这里，投入指的是污染防治，产出指的是环保绩效及其经济后果。

三、企业债务融资文献回顾

当前学者们对企业债务融资的动因及其影响因素展开了较丰富的研究，具体如下。

（一）企业债务融资的动因

债务融资和股权融资都是企业重要的融资方式。众所周知，企业融资的直接动因是企业资金不足、缺乏。因此，企业为了满足生产经营对资金的需要，从而产生对外融资的需求。不过，依据"啄食顺序理论"（Myers et al.，1984），企业融资决策时偏好于选择债务融资方式。这是缘于债务融资具有抵税效应和杠杆作用。可知，相比于股权融资，债务融资有着自身优势。另外，根据权衡理论，企业权衡负债带来的破产风险和避税收益，并据此确定负债规模（Miller，1977），从而影响债务融资的多少。不过，当前融资难融资贵也影响企业债务融资，直接作用于债务融资规模和融资成本。也就是说，信贷资金供给不足时，影响企业债务融资成本的高低和债务规模的大小。众所周知，债务融资规模是企业取得借款数额的多少，债务融资成本是企业为了获得债权人的资金所付出的代价，它们的高低反映了企业债务融资的能力和难易程度，直接影响到企业的经营和发展。这些均是企业债务融资的动因。

（二）企业债务融资成本的影响因素

1. 法律政策风险因素

众所周知，法律政策是影响企业债务融资成本的重要因素。具体来说，不同国家或地区存在不同的司法效率，该司法效率差别影响债务成本，效率高的国家或地区，企业债务成本较低，具体表现为利率较低（Laeven & Majnoni，2005）。甚至在同一国家或地区，其不同地域的司法效率也存在差别，同样影响债务条款的制定（Jappelli et al.，2005）。具体到环境法规，也是如此。如企业违规产生的碳风险不确定性，影响债务融资成本，并且企业作为环境污染的主要来源，在当前生态环境保护高压态势下，面临违反环境规制的法律风险（周志方等，2017）。企业因污染防治不达标而违反国家环境法律政策，将受到政府主管部门的罚款、通报，甚至取缔，这将影响企业的生存、发展和竞争力，导致其融资能力受损，从而影响企业债务融资成本。同时，诉讼风险会导致企业未来的经营不稳定，如企业违法而遭受的大额罚款支出，加剧了其未来的流动性风险。相关文献研究发现，流动性风险（liquidity risk）会影响企业债务融资的结构和融资的成本（Chen et al.，2007；Longstaff et al.，2005；Gatev & Strahan，2009）。因此，企业减少或回避潜在的流动性风险，能够达到降低融资成本的目的（Klock et al.，2005）。因此，若企业排放污染物不符合要求而受到主管部门的处罚，会产生流动性风险，也会影响企业的债务融资成本。

2. 企业自身因素

企业高管的学术经历倾向于规避风险，如降低其信息披露风险和债务契约风险，降低了债务融资成本，并且更容易获得金融机构的贷款（周楷唐，2017）。究其原因，主要在于高管的学术期间亲身受过严谨的学术研究训练，使其较容易应用专业的知识判断和分析事物，且表现出谨慎、理性的逻辑思维和专业、保守的行为（Francis et al.，2015）。可见，具有学术经历的企业高管，对待污染防治较为理性、对待环境违规较为谨慎，环境信息披露较为专业。这些规避风险的做法，影响企业债务融资。也有学者认为，企业内部控制不健全产生了其风险的不确定性，导致其债务融资成本上升，同时内部控制的改善又降低了其债务融资成本（林钟高等，2017）。除此之外，还有诸多学者从盈利能力、成长性等公司财务特征（Yu，2005，2009；Minnis，2011；魏志华等，2012）和董事会独立性与规模、高管团队特征等公司治理结构（Elyasiani et al.，2010；Karjalainen，2011；Bradley & Chen，2011；陈汉文和周中胜，2014；张丽琨和姚梅芳，2016）两个维度考察企业的债务融资成本。企业环境绩效通过影响其环境信息披露调节信用评级（武恒光等，2016），企业履行环境等社会责任能提升其财务绩效和企业价值、降低财务风险和违法风险（吴德军和唐国平，2012；李文茜，2017）。这些因素均影响了企业的债务融资。

3. 社会责任因素

企业自主制作和发布社会责任，向外展示积极、正面的社会责任履行业绩和担当（张璇等，2019），反映了企业对相关风险的控制和管理能力，减少社会责任方面的信息不对称，有利于树立企业良好的社会形象。如企业对安全、环保等社会责任的重视，遭遇处罚和诉讼的风险也就较低，该形象有助于维护和改善企业与利益相关者间的关系。具体来说，企业容易获得政府、消费者、债权人等的长期信任、支持和青睐，特别是有助于减少债权人对企业风险的感知，从而提升企业债务融资能力。这得到了相关文献研究的支持。资本市场经验数据实证表明，积极履行社会责任的企业，其贷款利率较低（史敏等，2017），否则就要承担较高的融资成本。如美国企业的样本数据，验证了社会责任绩效不佳的企业，其承担着较高的债务融资成本（Goss & Roberts，2011）。这是因为，企业履行社会责任，具体表现为利他、不伤害他人的道德，容易获得外部利益相关者的肯定。这表明，作为社会责任一部分的企业环境责任，若是由企业履行好了，同样也是其利他的道德水平表现，可以获得较好的声誉，从而影响其债务融资能力。

上述文献的梳理发现，这些现有研究成果对于本书的考察提供了启发。

四、企业污染防治对债务融资影响的文献回顾

企业污染防治是履行社会责任的重要表现，也是社会道德的实践（周原冰，1984），体现了污染型企业的道德水平。众所周知，道德风险是影

响债务融资的基础性因素，如有学者认为社会道德水平有利于提升企业债务融资能力，降低债务融资成本（王夫乐，2019）。相反，道德不好，容易产生问题，负面效果严重，如道德风险引致了2008年美国次贷危机（Dowd，2013）。不过，企业社会责任的承担受到社会道德水平和城市文明程度的影响。这缘于文明城市建设旨在提高市民的文明程度和整体素质，相关社会责任政策的导向也发生变化，由法律、经济的单一维度向经济、环境和社会的多维度转变（肖红军等，2021），特别强调精神文明、政治、经济和生态的协调发展。可见，文明城市创建对企业社会责任感的提升具有促进作用，催生企业道德血液（王雅莉等，2022）。具体来说，一是城市文明发展培育了企业正确的义利道德观，为企业家和管理层履行社会责任提供了内在动力；二是城市文明发展培养了公众市民的正向价值观，形成良好道德，致使社会整体对企业社会责任的监督得到了强化，如城市文明重塑共情友善、公平正义的价值观，激发社会公众责任意识，从而监督企业履行责任；三是城市文明发展革新了地方政府的治理观，丰富了地方政府对企业社会责任的制度供给，促进社会道德的形成、落实；四是文明城市评比、创建促进地方政府环境规制力度的提升，促进社会道德的落实。城市空气污染指数是文明城市测评的主要指标，从而促进企业履行社会责任。同时，企业污染防治不达标，受到政府部门的处罚或者取缔，影响其还本付息的能力，这将会降低企业债务融资能力，不利于债务融资。这表明企业污染防治对其债务融资产生重要影响，也引起了学界的关注，但是研究文献不多，且结论不尽相同，甚至还存在一些争议。

现有研究文献中，学者们从不同视角研究了企业污染防治对债务融资的影响。具体如下：一是外生性因素视角。外生性因素是影响污染型企业债务融资能力变化的重要力量。现有文献研究表明，雾霾事件引致企业债务融资能力下降，这是因为雾霾事件发生，环保民意增强，推动了政府环境管制政策更加严厉，引致企业环境责任风险增大，从而融资能力下降（盛明泉等，2017）。除此之外，良好的公德有利于提升企业债务融资能力（王夫乐，2019），具体到污染型企业，其开展污染防治是遵守公德的表现，这种公德表现有利于债务融资。二是社会责任视角。社会责任对污染型企业债务融资能力有着重要影响。相比于非污染型企业，社会责任对债务融资的影响在重污染企业中更显著（王晓颖等，2018）。三是信息披露视角。众多学者应用信息披露理论角度诠释环保信息披露对融资作用（吴红军等，2017）。现有研究文献发现，披露环保信息有助于缓解融资约束（吴红军等，2017），如披露环境信息的公司能够获得更多债务融资，且成本更低（倪娟等，2016）。但也有学者持不同意见，认为环境信息披露质量没有显著地降低债务融资成本，不过货币性环境信息质量能够显著降低债务融资成本（高宏霞等，2018）；环境信息披露对于金融市场来说基本上是失效的，失效的根本原因在于环境违法成本过低（方颖等，2018）。但是，鲜有文献从污染防治的"工匠精神"视角，研究企业债务融资的问题。这给本书的研究提供了考察的空间。

五、文献述评

国内外学者从不同视角对企业污染防治展开了丰富的研究，本书深受启发。从这些研究现状来看，现有文献成果仍然存在以下几个方面的不足。

其一，将企业污染防治与其债务融资结合起来进行研究的文献较少，且还存在争议。现有研究文献认为，企业污染防治是因为政府环境监管所致，是政府生态环境管制的产物。不过也有不同观点，认为随着绿色观念和绿色发展的兴起，企业开展污染防治的自愿性逐渐增强；有学者认为环境信息披露的数量和质量均能提升企业债务融资能力，也有学者持相反观点，他们认为环境信息披露对债务融资没有显著影响。这些研究文献不仅存在争议，而且鲜有文献从"工匠精神"、社会道德等非正式制度的角度嵌入污染防治的行为，对债务融资影响的研究，从而忽略了企业展开污染防治的动力源泉、环境治理外部性的内部化、环境治理困境的突破等方面的探究。这正是本书所要关注、考察的主题。

其二，基于企业环境绩效的异质性探究债务融资能力的文献较少。当前文献研究环境信息披露对企业债务融资的影响，大多关注环境信息披露的数量和质量，有的文献倾向于数量的度量而忽视质量。众所周知，高质量的环境信息披露主要体现在真实、全面，但也具有异质性。这是因为高质量的环境信息包含了环境绩效好与差，体现了高低不同的环境风险，从而形成不同的债务融资能力。对此，现有文献鲜有关注。

其三，基于企业微观数据研究其污染防治的成果较少。现有的污染防治方面的研究主要侧重于以政府为主导的政府污染防治与行业污染防治方面，这些都是从国家宏观层面或者产业、地域中观层面进行的，大多数文献基于中国统计年鉴、中国环境统计年鉴等发布的宏观数据进行污染防治相关研究，然而基于企业微观层面数据的相关实证研究较少。这与企业的污染防治的主体责任不符，有待进一步加强研究。

其四，有关企业污染防治与外部治理的综合研究较缺乏。企业的发展离不开各种各样的外部治理，各地区的综合外部治理不同，会影响到企业生态环境保护的观念、生态环境保护的压力以及绿色融资的渠道。当前经济下行背景下的稳增长稳就业、贫困落后地区盼望脱贫等压力，影响地方政府环境治理意愿，从而将发展经济问题排在生态环境保护问题之前。因此，污染防治、外部治理对债务融资的影响方向与程度是一个值得深入研究的领域。

第三章 企业污染防治影响债务融资的作用机理

第一节 理论基础

企业环境责任是企业社会责任中的一部分（沈洪涛，2010），由企业社会责任派生而来，当初是企业社会责任中的一"小"部分，随着企业环境危机的来临，企业环境责任成为重要的一部分（Mathews，1997；Owen，2000；Beb-bington，2001；Lehman，2004；Guthrie，2008）。根据前述企业环境责任发展路径，梳理相关的理论文献，得从企业社会责任的研究成果开始。企业到底应不应该履行社会责任，其动力何在，中外学者从不同角度展开了相应的研究与探索，以促进可持续发展，形成了三个不同理论派别，这给本书的研究奠定了坚实的理论基础，具体如下。

一、共生理论

"共生（Symbiosis）"一词起源于希腊语，其本意是共同生存，是一种生物现象，由德国生物学家德贝里（Anton de Bary）于1879年首次提出，认为共生就是不同物质密切生活在一起。其主要观点是共生主体在特定的同一环境中按照可接受的同一模式，可用于藻类与真菌间共同生存、发展等相互关系的描述，利用对方和自身的特性共同生活，形成相依为命的共同生存关系，如鲸落万物生。由此可见，共生关系中的要素包含共生主体、共生模式和共生环境，这三种要素分别扮演着不同角色，其中共生主体是基础性要素，在共生关系中释放能量并予以交换；共生模式是共生主体之间相互依存、相互作用的方式，是能量在共生主体之间的交换关系和纽带；共生环境是共生主体按照共生模式相互作用、运行的外部条件。这表明，这三要素之间相互作用、相互依存和相互影响，动态反映共生系统的变动趋势和规律（袁纯清，1998）。在此基础上，艾玛瑞杰（Ahmad-jian，1986）将共生概念进一步拓展，指出不同物种的主体在同一环境中相互联系的生活，形成动态平衡的关系，具体表现为共同生存、协同进化或者抑制，如依附寄生、偏利共生、对称互惠共生和非对称互惠共生（袁纯清，1998）。后续对共生概念的认知不断地深入，由初始的不同种属生物共同生存的方式和状态，拓展至不同异物间相互依存的动态和协同进化的过程。这为共生理论的发展，奠定了基础。

共生理论后来不断地发展、丰富、完善与应用。20 世纪中叶以来，共生理论不仅在医学领域和农业领域得到发展，并且还在社会科学领域得以应用。其概念和方法论陆续应用于人类学、社会学、管理学、经济学、政治学的研究当中。发展后的共生，特指不同主体的持续物质联系，体现为共生主体在既定的共生环境中依照既有的共生模式有效互动得以实现相互协同，继而形成的共生关系（蒋开东和詹国彬，2020）。企业是社会的一分子，与其他主体一起存在于社会，并与公众、组织、自然共生共存。因此，共生不仅存在于生物中，作为生物识别机制运行，也存在于社会中，作为社会科学方法予以应用（袁纯清，2002），如创新生态系统共生可促进企业创新（李晓娣等，2018），家庭涉入、个人权威等非正式制度和公司治理正式制度呈现齐头并进共生局面，推动企业发展（李新春等，2018）。有学者从人类文明演化的共生理论视角研究生态文明建设，认为实现人与自然的互利共生是生态文明的目标，也就是在特定区域内的产业与生态实现互利共生（张智光，2013），并构建"产业－生态共生空间模型"，以测度生态文明（张智光，2017），揭示"产业－生态共生"的不同演进阶段，如生态依赖、产业拓展等，至现在绿色共生（张智光，2019）。其进一步发展，共生形式不断丰富，由过去"单利共生"到"差异互利共生"，升级到"均衡互利共生"（蒋开东和詹国彬，2020）。

习近平总书记在 2018 年全国生态会上指出，要坚持人与自然和谐共生的原则[①]，后续在党的二十大中进一步提出，人与自然和谐共生是中国式现代化的重要内容[②]。该重要内容的论述提出的背景是社会主要矛盾发生的变化，这就是人民日益增长的友好生态环境需要与优质生态供给现实的差距，是在社会主义现代化和社会主义生态文明的语境中提出的。可见，人与自然和谐共生的现代化是基于坚持以人民为中心的根本宗旨而提出，以人的全面发展要求的生态化作为最终目标。其特别强调人与自然之间的利益共同体、生命共同体和发展共同体，相互之间协调和谐状态。这就需要构建共生治理局面以提升环境治理成效（李宁等，2019）。环境问题是人与自然互动的结果，在互动的过程中，人具体表现为单个的人和由人组成的企业，这种互动共生现象广泛存在于经济体之间物质联系，作为共生体的企业与社会环境、市场环境构成企业共生圈。该共生圈中的互动关系的实质内容，在很大程度上表现为企业所履行的社会责任，也包括环境责任（徐光华等，2007）。与其他共生圈一样，环境绩效、竞争力、债务融资构成企业共生的绩效链，形成一个闭合循环系统，具体表现为环境绩效驱动竞争力，然后竞争力驱动债务融资，再次债务融资驱动环境绩效，完成一次循环后，依次进入下一个循环。

共生理论在管理学、经济学等领域的运用，表明了该理论对金融机构与实体企业在环境责任合作的兼容性和适用性，这为本书研究污染型企业、银行、政府等利益相关者在环境治理场景共生中角色与作用，提供理论依据和研究空间，增强了污染防治理论发展的可行性。具体来说，在当前生态文明建设时期，人民向往蓝天白云、绿水青山的生态环境，为此，政府加强了环境治理管制，从而形成企业与其他利益相关主体共生的场

---

① 习近平出席全国生态环境保护大会并发表重要讲话 [EB/OL]. 新华社，2018 - 05 - 19.
② 习近平：高举中国特色社会主义伟大旗帜　为全面建设社会主义现代化国家而团结奋斗——在中国共产党第二十次全国代表大会上的报 [EB/OL]. 新华社，2022 - 10 - 25.

景。企业要在环境管制趋严的场景中生存，以免排污不达标而被取缔，需落实环境治理政策，从事污染防治，即精益求精于绿色工艺创新、污染防治技术的研发、持续专注于环保投资，也就是说在污染防治中践行"工匠精神"，做好做优环境治理，从而在管制趋严的场景中生存，与金融机构等主体共生。由此看来，共生理论为企业污染防治中践行"工匠精神"提供了理论支撑，为研究"工匠精神"影响企业债务融资奠定了理论基础。

二、契约论

企业与社会之间交往是个互动过程，互动过程也是个契约过程。社会为企业的发展提供了条件，企业也要为社会承担相应的责任，他们两者之间有着契约关系（Donaldson & Dunfee，1999）。企业在为社会提供产品服务的同时，也给社会带来了问题，这就需要企业履行社会责任，以解决这些问题（Fitch，1976），否则为市场所抛弃，从而成为市场经济运行的矫正器（Bowen，1953）。企业履行社会责任，有助于经济与社会之间互动、促进共同发展（Porter & Kramer，2011）。这表明，企业作为法人，与自然人一样，也是公民，享有权利的同时，也需依法经营，履行其相应的责任（Matten，Crane & Chapple，2003），即履行契约。契约论起源于 20 世纪 50 年代，流行于 20 世纪后期。根据该理论，企业在享受市场禀赋其生存权和消耗社会资源权利的过程中，也应履行相应的责任，如合理使用资源、提高资源利用率、保护环境，让社会、生态环境更加美好。这种互惠互利的关系正是契约所要求，否则企业与市场难以长久维系。但是企业履行这些社会责任，会增加其成本，且难以收回，从而缺乏主动性。为此，需要政府出台环境治理政策，以形成并加强企业治理污染的契约履行。

政府环境治理政策作为一种契约，具有契约的一般特性：不完全性和外部性。主张不完全契约论的代表学者，有穆尔（J. Moore）、格罗斯曼（S. Grossman）和哈特（O. Hart）。以哈特（O. Hart）为代表的学者，从契约性质视角探索并强调契约的不完全性，具体表现在三方面：一是任何契约不可能包括后续可能发生的所有事件。这是因为政府和企业双方均没有能力预测未来将发生的所有情况，未能预测的情况无法形成契约内容。二是契约内容无法囊括所有的权利和义务，难以应对未来所有事件，引致权利义务内容不全面。三是当发生争议时由第三方裁决，难以公平公正实现权利和义务。因此，政府环境治理政策是一种政府与企业之间签订的不完全契约。另外，契约的外部性是指，市场因存在失灵而需要政府政策干预。不过，政府政策有利好积极的一面，也有消极的一面。具体到政府环境治理政策，有利于生态建设，同时也会影响污染型企业，如驱赶重污染企业，影响当地 GDP 增长和民生就业等不良后果的负外部性；企业强化污染防治，增加环境治理投入，致使企业运营成本的增加，负担加重，不利于企业发展，而外部利益相关者不需要支付生态环境建设费用。

环境治理政策契约不完全性的引致原因是多方面的。一是政府制定环境治理政策时，无法顾全未来所有状态。如 2019 年猪肉价格上涨就是一个例证，前期制定并执行环境治理政策以关停大量生猪生产厂商时，就没考虑一旦猪疫来临，则生猪供应能力下降，政府和厂商如何应对，环境政策如何调整。当后期出现生猪供不应求、市场价格高扬影响百姓菜篮子时，政府只能调整政策以扶持生猪生产。二是政府环境政策的模糊性。地方政府有意将政策模糊化，以缓解政策冲突性（Matland，1995）。地方政府环境治理政策也是如此。中央政府、地方政府和政府中不同部门存在着稳增长、促就业和治理环境的冲突，引致环境政策的模糊性，趋向于"象征性政策"（冉冉，2015），有的地方政府甚至出台"逐底竞争"性的环境治理政策。三是政策落地的可问责性。政府官员受晋升锦标赛的影响，官员只为稳增长稳就业负责，而不为实现目标的手段负责（杨瑞龙等，2019）。如中央颁布的《关于实行党政领导干部问责的暂行规定》条例中，问责党员干部的标准不是政策本身是否正确、是否得到执行，而是造成的损失或负面影响的程度。也就是说，在未发生重大事故的前提下，政府官员无须对政策制定和执行的不当性负责。具体到环境治理政策，国家发改委虽然设置了能耗标准，但没有具体、统一的测量单位 GDP 能耗的标准，从而引致地方政府操纵数据以逃避环境治理责任，为稳增长创造较大空间（冉冉，2015）。

综上所述，政府环境治理政策具有不完全性和外部性的特点，鉴于此，本书引入"工匠精神"、社会道德和污染减排声誉等非正式制度以及盈利能力、债务融资等市场经济因素，拟搭建分析框架具有现实意义，以探索企业污染防治外部性内部化的实现路径，促进契约的落实，为缓解环境治理政策契约的不完全性和外部性提供有益的启发。根据契约理论，企业在享受市场禀赋其生存权和消耗社会资源权利的过程中，也应履行相应的责任，即企业生存和发展中存在权利与义务对等的契约。政府环境治理政策作为一种契约，具有契约的一般特性，要求企业在生产经营的过程遵守，即开展污染防治活动，精益求精于绿色工艺创新、污染防治技术的研发、持续专注于环保投资，也就是说在污染防治中发扬"工匠精神"，进一步促进了政府环境治理政策的实施，践行契约精神。由此可见，契约理论为研究企业污染防治中发扬"工匠精神"及其后果，提供了理论基础。

三、企业性质理论

企业的存在，是因为市场运行成本。这是因为，企业家成立企业，支配资源，组织生产经营，可以降低市场运行成本。由此看来，企业的性质是通过企业家等管理者支配资源以节省市场成本（Coase，1937）而逐利，这是企业的本质。企业为逐利而从事的生产活动及其衍生活动决定了企业的自然属性，并引致相应的社会责任（雷振华，2013）。如在生产活动中需要承担降低能耗、提高资源利用率的社会责任，同时在其开放的经营背景下产生衍生活动，具体表现为生产经营活动所产生的污染物，对生态环境产生影响，因此需要承担资源循环利用和污染治理的社会责任。另外，企业在逐利的生产经营中，与其他利益主体产生业务关系，从而具有社会属性，如向债权人的筹资活动产生社会责任，需要承担还本付息的社会责任（雷振华，2013），来自买方的供应链社会责任正向促进了卖方的社会责任（李金华等，2019）。这些表明，企业自然属性是基础，而企业社会属性是自然属性的延伸。这些均是企业家等管理者支配企业资源的结果。显然，企业中的管理层对于社会责任的履行起着关键性作用。学者们的研究也验证了这一点。如高管薪酬会影响企业社会责任（陈承等，2019），董事会性别多元化（李井林等，2019）和高管晋升概率（章琳一，2019）均能促进企业社会责任的提升。

　　企业的存在引致了高管的产生，高管会左右企业社会责任的履行，形成不同决策，从而呈现不同形态。因此，企业社会责任的类别有多种（Porter & Kramer，2006），如企业履行社会责任时，会根据内外部因素做出反应性和战略性两种不同社会责任，并且两者各自的驱动因素有所不同。有学者研究后认为，反应性社会责任由外部因素驱动，战略性社会责任由生产要素特征等因素驱动，相比于反应性社会责任，战略性社会责任受内部价值链延伸的影响程度更大，并且反应性社会责任是战略性社会责任的基础，能够促进战略性社会责任顺利实施（祝继高等，2019）。这些均体现了高管为降低企业运行成本而做出的决策，也是企业性质的表现。

　　综上所述，企业的本质是管理者在支配资源的生产经营中，向社会供应服务和产品及伴随该供应过程中的提供社会福祉的方式，从增进社会福祉的角度来看，企业应该履行社会责任（李伟阳，2010）。同样的道理，企业应该履行环境责任，保护环境，为人类提供优美的生态环境。梳理早期社会责任的理论研究成果，有益于本书研究企业污染防治等环境责任问题。这是因为环境责任是社会责任的一部分（Georges Enderle，1998），企业履行环境责任，如持续污染防治、提升污染减排的环境绩效，也就是在履行环保的社会责任，两者有共性。根据企业的性质理论，企业本质在于通过企业家等管理者支配资源以节省市场成本（Coase，1937）而逐利，从而形成企业的自然属性，并引致相应的社会责任（雷振华，2013）。因此，企业开展污染防治，积极践行"工匠精神"，精益求精于绿色工艺创新、污染防治技术的研发、持续专注于环保投资，是履行社会责任的表现，也是企业自然性质的延伸。由此看来，企业性质理论为本书研究企业污染防治中践行"工匠精神"及其经济后果，提供了理论基础。

第二节　企业污染防治对其债务融资的影响机理分析

企业污染防治有着自身的经济后果和影响机理，具体到其对债务融资的影响机理也是如此，下文基于制度背景与现状、工匠精神与行为、环境绩效与路径、外部治理与规制等视角展开分析。

一、基于制度背景与现状

本书研究企业污染防治对其债务融资的影响。之所以探究债务融资，是基于我国当前资本市场不发达和生态环境建设的制度背景、现状。众所周知，与股权融资比较而言，债务融资是我国企业更为主要的融资来源（余晶晶等，2019），并受到企业相关风险的影响，如企业污染物排放的环境风险。具体来说，企业污染防治对其债务融资的影响，是通过其环境绩效信息传递实现的，其影响金融机构对企业信贷资金提供的决策。债权投资方等利益相关者，从自身的角度越来越关注企业的污染防治及环境绩效，根据企业环境表现评估环境风险，从而做出相应的决策，并产生相应的经济后果。不过，这些均离不开我国当前的制度背景。

绿色发展的制度背景，对企业污染防治提出了时代契约的要求，如环境信息披露。众所周知，企业污染防治及其环境绩效等环境表现，通过披露向外传递相关环境信息。环保部早在 2010 年发布了《上市公司环境信息披露指南》（征求意见稿），对上市公司披露环境信息明确了要求、做出了规定，以满足利益相关者知晓上市公司的环境绩效等信息的要求。环境信息披露是政府、公众和企业等多元主体共同推进污染防治的重要制度安排，是一种生态建设新模式，是利益相关者评价企业污染防治绩效的重要参考。由此看来，环境绩效已成为利益相关者评价企业环境风险和可持续发展能力的重要因素之一，也是投资者评估其投资风险、做出投资决策的重要依据之一，这当中也包括贷款给企业的金融机构。金融机构关注企业的污染防治及其环境绩效，其目的是评价其自身有关信贷决策的投资风险。这是因为，企业若不履行污染防治的环境责任，其污染减排绩效差则会受到主管部门的处罚、增加其公众中的负面声誉，作为债权人的金融机构将面临较大的贷款风险，从而减少贷款数额或提出较高的贷款利率要求，导致企业陷入融资难和融资贵的局面；企业若积极履行污染防治的环境责任，降低其环境违法和处罚的可能性，同时专注于环保，提升污染减排的环境绩效，构筑其"环保壁垒"，建设美丽的生态环境，形成企业与利益相关者共生的局面，增加其在公众中的声誉，有利于提升其竞争力和财务绩效，金融机构的贷款风险较低，从而乐意贷款投资和降低贷款利率。

根据信号传递理论，有信息优势且利好的企业，会积极主动地向外部传递自身信息以达到自己欲求的效果。这源于信息不对称，外部利益相关者获得的关于企业污染防治信息通常少于企业内部人员所掌握的，企业高管将环境信息的披露视同信号传递机制，帮助企业树立良好品牌形象和社会声誉。这可给利益相关者传递利好消息，对利益相关者的心理预期产生积极影响，迎合他们的偏好心理，影响他们的决策。特别是环境绩效优良的企业，促进了其环境信息的披露，向外传递更真更全的污染防治信息（Al-Tuwaijri，2004）。这是因为，积极履行污染防治等环保责任的企业，提升环境信息披露质量，更有动力充分披露相关信息，以传递环境绩效信息（李强等，2015），以获得公众正面的评价，提升企业声誉。同时，环境信息的披露，引致污染防治的透明化和公开化，这样会降低信息获取的不确定性，以及获取新的市场机会、提升企业财务绩效，彰显企业市场竞争力，促进代理成本的减少。这些对于企业债务融资特别重要。可见，企业这些环境绩效信息显著地影响其债务融资活动，成为债权投资人评估企业环境的动态性、研判其未来的经营风险和现金流量，以便做出信贷决策的重要依据（Clarkson et al.，2008）。这表明企业履行环境责任并取得相应的环境绩效会产生经济后果，会影响其债务融资活动。

依据合法性理论，在有规范、有约束的社会中生存和发展的企业，需要遵守社会制度的安排以合法经营，否则受到利益相关者的负面评价。这也是社会契约的要求。对此，萨奇曼（Suchman，1995）在前人的基础上提出一个比较普遍认同的权威定义，其认为企业在社会构建的规范、信念、价值和定义的体系中的行为，符合社会关于合适的、可取的、恰当的等一般性感知。也就是说，合法性是利益相关者或公众对企业等组织的认可，认可度越高，则企业等组织的合法性越强，为社会承认或合乎情理。对于利益相关者或公众来说，企业等组织的行为合法，能够为他们带来福利，致使社会福利最大化。具体到企业污染防治，也是如此，即企业首先是遵从法律法规的要求。当前为了治理污染、保护环境，我国先后发布了多项有关环境方面的法律、法规，具体为：2012 年的《绿色信贷指引》、2015 年新修订《中华人民共和国环境保护法》、2018 年新立法的《中华人民共和国环境保护税法》等。这些法规成为企业披露污染防治的首要动机，也是相关利益者关注的重点。因此，这些环境方面的制度安排等外部治理，要求企业履行环境责任、减少污染排放，对企业的经营活动产生重要影响，并引致相应的后果，如"绿色信贷"将企业的环境责任履行情况作为银行审批其贷款的必备条件，审查时特别注重企业在环境方面所涉及的诸多合法性，影响企业的债务融资。

利益相关者理论认为，企业做出决策能够考虑他们的利益，以实现利益相关者的目标。企业的环境责任表现，通过环境绩效信息的披露，影响金融机构的信贷决策（倪娟等，2016）。企业履行环境责任及相应的环境绩效将显著影响其自身的债务融资活动，同时也是金融机构评价其贷款风险的依据之一（Clarkson et al.，2008）。企业履行环境责任，提升环境绩效，降低了其违规、受处罚的风险，利益相关者均关心这些环境问题，并据以做出决策。同时企业提升了环境绩效，迎合政府和公众等利益相关者对美好生态环境的需求，树立良好的声誉。另外，在污染治理过程中开展节能降耗的技术研发，构筑起"环保壁垒"。这些均为污染企业赢得了竞争优势，降低了经营风险，为其创造更多的财务绩效，将提高其融资能力，这有利于企业债务融资。正反两面都验证了这点，如企业环境绩效显著影响其债务融资成本，环境绩效不好的企业，债权人会提出较高的报酬率要求，从而导致企业债务融资成本高（Thomas E. S.，2008）。企业能够有效地管理环境风险，则会获得较低的债务成本好处（Sharfman & Fernando, 2008）。这是因为，企业履行环境责任，被评价为风险小、容易获得利益相关者的信任，提升其股票价值、未来有潜力，从而降低了资本成本（Cormier & Magnan, 2007）。这得到了研究成果的验证，如学者应用环境责任信息数据考察后，发现企业履行环境责任、减少损害环境的行为，能够提高其盈利能力等财务绩效（Hart & Ahuj, 1996），也就是说增强了债务融资能力。习近平总书记在 2018 年全国生态会上指出，当前生态文明建设正处于压力叠加、负重前行的关键期，环境治理形势依然严峻。这是缘于环境污染成本问题具有较强的外部性，很多企业不乐意主动履行环境责任。企业污染防治，通过其取得的环境绩效为传递途径，将有助于其债务融资，从而环境问题外部性内部化。正如沈洪涛和廖菁华（2014）所认为的，只有将企业履行的环境责任问题的外部性内部化，才能激励企业主动承担环境责任，以增强其履行治理污染责任的自愿性。这有利于明晰本书所研究的作用机理。

综观现有文献，受到启发：（1）企业履行环境责任是遵守环境保护相关法规的表现，该表现避免了因违规而遭到主管部门罚款对现金流量产生不利影响，从而有利于企业债务融资；（2）企业履行环境责任、提升环境绩效迎合了公众对美好生态的愿望，满足了消费者对其绿色产品的需求，提升了环境声誉，助推了其销售及财务绩效，增强了债务融资能力；（3）前述企业污染防治对债务融资产生影响，因地方政府环境管制意愿、地域社会道德等外部因素的不同而存在异质性。本书将对此内容展开研究。

二、基于工匠精神与行为

企业在生产经营过程中，会消耗能源、伴生污染物。换言之，只要有生产，就需要节能降耗，就会有排放污染物。由此可见，企业污染防治是一个永恒的话题，这就需要"工匠精神"，即需要从事污染防治的执着坚守、持续专注和精益求精的态度，以提升企业环境绩效（唐国平等，

2019），降低企业的环境风险。

"工匠精神"是行为主体在行为中秉持的理念和价值，是对自身行为的敬畏和执着的态度，以追求精益求精的行为，并持续求精、刷新（马永伟，2019）。由此看出，"工匠精神"的内涵由三部分构成，即精益求精、传承创新、专注坚守等理念价值。这些理念价值通过主体在行动中释放出来，并内化于行动中，衍生出质量意识，以助推发展。这种忠于职守、精于术业，具有新时代意义。顺应时代要求，党的十九大要求"弘扬劳模精神和工匠精神"，为全面建成小康社会、迈向制造强国注入持久精神动力。这是因为，"工匠精神"的时代价值较丰富（郑小碧，2019），具体包括：一是有利于助推经济系统的商业化程度。"工匠精神"持续专注于产品和服务，一丝不苟的坚守、精益求精的创新，促进了产品和服务较快进入市场，也就是说"工匠精神"带来工作经验的积累、专业化经济程度的提升，引致了经济系统的商业化程度的提升。二是有利于助推企业经济效应和消费者剩余。"工匠精神"引致的分工深度延展了产品市场范围的边际，通过提升商化程度，促进了企业规模经济、降低了销售价格，从而提升企业经济利益和消费者剩余的双重福利（Young A. A.，1928）。三是有利于助推企业内生优势和高质量发展。企业的高质量发展，需要驱动力（黄速建等，2018）。与自然资源外生优势相比，内生优势的提升外露了内生动力的增强（Young A. A.，1928）。"工匠精神"式的坚守专注、精益求精于产品与服务，有利于积累经验、促进创新、提升品质，继而形成内生动力，进而推动企业高质量发展。四是有利于助推员工收入的提升。分工结构演进提升了人均收入（MaRkusen J. R.，2013），而"工匠精神"式的坚守专注、精益求精促进分工并助推其演进，引致新业态的产生，新兴产业的兴起，新增了就业岗位，从而提升整个社会的收入水平，促进社会稳定。

"工匠精神"上述时代价值，得到了学者们的验证。"工匠精神"是中国迈向制造强国的重要文化力量（周菲菲，2019），激发员工的主动性行为（高中华，2022），促进企业环境绩效（唐国平等，2019）和企业创新绩效（彭花等，2022）的提升，从而驱动制造业高质量发展（马永伟，

2019）。这表明，"工匠精神"提供了强大的思想动力支撑。具体到企业污染防治，也是如此。

污染型企业在污染防治中践行"工匠精神"，形成污染防治的内生动力，从而突破环境治理困境，促进污染防治外部性内部化。这种精神具体表现为长期坚守专注于污染防治设施的投入、精益求精于污染防治技术的创新与应用，以及绿色环保产品的开发，以期减少污染排放、降耗增效，从而提升环境绩效，提高环境声誉，降低环境风险，有利于企业高质量发展，促进企业融资能力的提升。

三、基于环境绩效与路径

当前经济社会发展较快，各类风险也相继出现，环境风险就是众多风险中的一个，并且是影响污染型企业债务融资能力的一个重要因素。在经济发展过程中，企业开发大量资源和消耗大量能源，引致生态环境遭到日益破坏及其功能逐渐下降等环境问题，一直困扰世界各国经济社会的可持续发展（邓晓红等，2019）。经济发展带来的环境问题引起政府、社会组织、学界专家的关注，保护环境和发展经济之间的矛盾如何平衡，成为焦点问题之一。为了经济社会可持续发展，保护环境，顺应百姓对美好生活的向往，政府制定环境管制法规，以促使企业开展污染防治，减少污染排放，提升环境绩效。

环境绩效是企业落实政府环境管制而开展污染防治的结果。其具体包括涉及环境问题的污染减排及其引致的财务业绩（许家林等，2004）两方面，两者均反映了环境风险。如两控区内低效率企业淘汰比例较高（盛丹等，2019），也就是这类企业因环境绩效差而被淘汰，而淘汰的企业前期财务业绩也是令人担忧。因此，在环境管制下，污染防治效率低下的企业，环境绩效差，则其环境风险高。企业为了提升环境绩效，降低环境风险，各自加强了环境风险治理。对此国内外学者展开了诸多的研究，着重分析利益相关者共同参与治理及其相互关系。有学者应用包容性治理概念，探索了环境风险应对策略时如何有效沟通，以实现相关利益主体价值和知识的整合，并且在比较传统理论和治理理论差异后，诠释了相关利益主体横向协商和互动的过程（Renn et al.，2009）。这得到了相关学者的验证，如政府和公众之间就环境风险的沟通机制运行就显得特别重要（Jönsson，2016）。国内学者也做了初步的探讨。有学者初步诠释了环境风险的"复合型治理"理论（王芳，2016），应用环境风险的多元共治模式，探讨环境管制下的传统主体和新型主体如何构建环境风险共治的具体路径（刘超，2017），以初步建立一个多中心的多元主体环境风险治理体系（沈一兵，2015）。

在此基础上，有学者不断深入研究，探讨环境风险治理困境并提出对策。有学者认为环境风险治理困境（杜健勋，2019）有三：一是经济和科技理性独大的发展逻辑，引致重大环境项目的评估制度和程序，持续受到政治晋升锦标赛和经济发展的干涉和扭曲；二是公众自身风险感知对专家知识的质疑，要求在程序上参与重大环境项目的决策，以求风险信息交流和信息公开透明；三是传统管制的缺陷和公部门能力的限制，其中传统管制缺陷导致管制者与被管制者形成不信任甚至冲突。另外，相比于私部门，公部门掌握的专业信息有限，引致冲突的加强。为突破困境，郑石明（2019）展开分析，其从风险治理视角出发，认为有效对接、耦合外部动力与内部动力，才能助推环境风险治理的转型。换言之，以前应用传统的阶层、修补式、个别式、官僚、中央集权的命令等方式治理环境风险，有一定的限制。对此，杜健勋（2019）指出环境风险的治理应转变模型，如强调预防、参与、整合、协商等公私协同治理环境风险。

综上所述，这些关于利益相关者参与环境风险的治理机制的探讨，为本书的研究奠定了理论基础和提供了有益的启发。

四、基于外部治理与规制

中华人民共和国自成立 70 多年来特别是改革开放 40 多年来，中国经济发展取得了举世瞩目的成绩。但是也付出沉重的代价，自然资源遭到过度消耗、生态环境受到严重破坏（Zheng & Kahn，2017），影响了人民的幸福生活和身体健康。为此，政府加强环境管制，制定和颁布有关环境法规，以治理环境污染，建设美好生态，满足人们对美好生活的向往。学者们也对此展开较多的研究，分别从正式制度和非正式制度等外部治理角度探索环境治理。如非正式制度中的媒体舆论监督能够促进企业提升环境绩效（Clarkson et al.，2008），高管的家乡认同促进了企业污染防治的积极作为（胡珺等，2017），公众对环境污染的诉求倒逼政府加强环境治理和增加环保支出，督促企业开展污染治理，改善环境污染现状（张华等，2017）。正式制度中单纯政府环境立法并未显著提升环境质量，但在执法较严的省域却有较好效果（包群等，2013）。因此，只有严格的落实环境管制才能提升企业绿色全要素生产效率（陈超凡等，2018）。如媒体称为"史上最严环境保护法"的2015年版《中华人民共和国环境保护法》，显著地降低了企业污染物的排放，有利于提升环境质量。但是，前述法规显著促进企业环境绩效的提升作用，具有异质性。比如，与其地区相比，在污染治理投资多、经济发达和法治水平高的地区，这种促进提升作用更加明显（潘红波等，2019）。可见，正式制度和非正式制度，对企业污染防治产生积极的作用，能够促进企业履行环境治理责任。

不过，也有学者对外部治理持相反意见。他们认为，在我国经济转型、下行压力的背景下和稳增长促就业的时期，存在隐性经济，从而导致法律的执行效率较低，进而导致《中华人民共和国环境保护法》等正式制度的作用无法充分释放。这是因为环境管制法规的落实在于地方政府，其承担着本地域内的环境质量，对本区域内的环境质量的提升起着重要作用（张凌云等，2010）。当地方政府所在区域的经济下行压力较大、就业岗位不充足时，则其环境责任意识不强，环境法规管制政策会产生外溢效应，放松管制，区域环境质量将恶化。另外，环境管制过严会形成反作用。具体来说，环境管制存在门槛效应，环境管制趋严达到一定程度，企业负担将会加重，引致绿色全要素生产效率和环境质量的下降（李斌等，2013），如两控区政策，在阻碍生产率增长的因素中占主导作用（盛丹等，2019）。这些表明，外部治理也会产生负面影响。

综上所述，学者们对外部治理环境的效果存在争议，然而环境绩效的好坏体现了企业环境风险水平和竞争力，这是不争的事实。因此，在环境管制趋严的场景下，环境绩效会影响企业的债务融资能力。这就需要进一步验证外部治理在环境绩效影响债务融资能力的作用。这为本书的研究提供了探讨场景。

第四章 "工匠精神"与企业债务融资能力

第一节 引 言

改革开放 40 多年来，中国取得令世人瞩目的经济发展成就，但发展过程中要素资源错配、经济效率不高等增长方式落后的因素，引致了较严重的环境污染问题。这种历史欠账问题不容乐观。如世界经济论坛公布的《2014 年世界环境绩效指数报告》，揭晓中国为 43 分，在披露的 178 个国家和地区中位居 118 位。当前我国资源、生态和环境状况堪忧的状况，得到了有关学者实地调研的验证。如河流中 70% 以上的部分受到污染，国土面积中超过 1/6 的部分有雾霾和空气受污染（李晓西等，2015）。国家环境保护部公布的《2015 年中国环境公报》披露，地级市中空气质量超标比例高达 78.4%。耶鲁大学披露的《环境绩效指数报告（2016）》显示，中国的环境绩效指数仍然靠后，在 180 个国家中位居 109 位，高速的经济发展和工业化引致了中国 50% 以上的人口生活在污染的空气中，从而诱发了 20% 的人口死亡。《2017 中国生态环境状况公报》披露，城市环境空气质量超标比例高达 70.7%，在全国 338 个地级及以上城市中，共有 239 个超标。可以看出，环境问题，历史欠账较多，成为当前生态建设面临的挑战。

环境污染现状长期难以从根本改善，原因是多方面的。在众多的因素中，地方政府经济竞争理论认为，在"晋升锦标赛"驱动下，地方政府为了本地区的经济发展，降低污染治理力度以争夺人才、技术和企业等流动性要素资源，从而环境规制在地区间呈现"逐底竞争"模仿现象（何爱平等，2019；邓彗彗等，2019）。这种"逐底竞争"式的策略性环境规制诱发了当前环境污染难以根治的现状，该现状严重影响了人们对美好生活的向往和经济社会的可持续发展。为了顺应新时代要求，党的十八大第一次提出建设"美丽中国"，党的十九大报告首次写入绿色发展，作为五大发展理念之一。为了建设生态文明、治理环境污染，先后制订、修订相关环保法规或是召开大会做出部署，如2014年修订并于2015年实施的《中华人民共和国环境保护法》，2015年出台的《中华人民共和国大气污染防治法》，2016年颁布并于2018年实施的《中华人民共和国环境保护税法》，2018年召开的全国生态保护大会。如何推进污染防治的问题，除了政府部门加强环境管制外，也成为学术界亟待研究和破解的课题。

当前学者围绕如何污染防治、环境治理，从不同视角展开了诸多的研究与探索。具体来说，一是政府环境规制监管。环境规制引致了技术的创新，促进了能源效率的提高（李颖等，2019），提升了绿色竞争力（杜龙政等，2019）。二是媒体监督。媒体曝光董事会缺乏效率时，公司则会采取措施提升董事会效率（Joe et al.，2009），也就是说，媒体关注可迫使高管减少机会主义行为（徐光华等，2017）引致的道德风险，从而制约企业的污染行为（李百兴等，2018）。比如增加企业环保投资（王云等，2017），以减少污染物排放（张樋，2018），从而遵守环境管制的道德声誉得到提升。三是国家治理。财政分权导致地区污染排放的提升，并且会诱发空间溢出效益，引致周边地区的污染排放的提升，从而提出财权与事权统一的建议（田建国等，2018），以增加环境分权，并通过地方政府环境竞争达到改善环境污染现状（陆凤芝等，2019）的目的。不过，在地方政府环境分权中，引入第三方环境管理认证体系，可有效提升企业环境绩效（张兆国等，2019）。在这些外部规制、监督的压力下，促进了企业污染防治，同时也表明，污染型企业在承受着环境保护压力和面临巨大环境风险。因此，环境认知型的管理层倾向于采用前瞻型环境战略，以提升企业环境绩效（和苏超等，2016），且在面对不同环境规制时，具有公职经历的高管会择机付诸环保投资行动（张琦等，2019），以迎合政府管制要求，达到应对环境风险的目的。在环境管制趋严的背景下，为了降低环境风险，银行业积极践行绿色金融，"一票否决"不符合环境标准的企业（刘常建等，2019）。由此看来，由于信息不对称，银行业信贷业务中，极力搜寻污染型企业污染防治信息，从中研判企业遵守环境规制等道德行为，以感知企业环境风险，从而做出信贷决策。

第二节　文　献　梳　理

以往文献从不同视角关注道德对债务融资的影响，以及体现道德的"工匠精神"。其缘于道德风险是影响企业债务融资的重要因素。众所周知，企业履行社会责任显露了其道德水平。具体到污染型企业，也是如此。企业污染防治中展现了企业的道德血液，体现了企业履行社会责任建设美好生态的道德。可见，企业污染防治的努力程度如何，反映了其道德风险的大小。梳理现有文献关于道德风险影响债务融资能力，以及体现道德的"工匠精神"的研究，以期得到启发并对现有研究成果展开拓展。不过，现有文献大多从高管学术经历、多个股东、审计师声誉、会计稳健性和"工匠精神"等多个视角展开考察，具体梳理如下。

一、高管学术经历

从高管学术经历角度研究的学者认为，拥有学术经历的高管，有较强的社会道德（周楷唐等，2017）。这缘于学术经历塑造了人的社会责任意识和优良道德品质，成长为具有"道德认知烙印"的学者，成为高尚者的象征，秉承了伦理道德传授的重任，从而提升高管决策时道德标准的奉行，致使管理层在企业经营决策中习惯性地应用个人道德标准和责任观念。可见，具有学术经历的高管，有利于降低企业债务融资成本，提升企业债务融资能力。其主要原因在于，高管学术经历使得高管受到严谨的学术训练，应用其专业知识、学术研究经验来分析和判断（Francis et al.，2015）事物时，使得其逻辑和行为上更加严谨、审慎和自律，从而具备更强的社会责任意识与标准、赋有更高的社会道德（Cho et al.，2015）。如公司中来自于高校任职的董事，企业社会责任的表现更好（Valentine et al.，2008）。这是源于中国书院儒家文化，师者是教书育人的象征（Ip，2009），是道德的典范（周楷唐等，2017），为人师表。由此看来，具有学术经历的高管，其拥有较高的社会道德水平形成自我约束和监督机制，促使其倾向规避风险。如降低企业盈余管理程度、提升企业会计稳健水平（周楷唐等，2017），这些高质量的会计信息有利于降低企业与债权人之间的信息不对称，从而降低企业的信息风险水平以及高管与债权之间的代理风险，这些风险的降低均有利于提升企业债务融资能力，从而降低企业债务融资成本。

二、多个大股东

多个大股东以退出威胁来降低第一类代理问题和第二类代理问题（衣凤鹏等，2018），从而抑制企业道德风险。具体来说，一是多个大股东可降低管理层与股东之间的代理问题。众所周知，管理层出于自利性的考虑，钟爱于上市公司的短期盈利目标，不愿承担社会责任。对此，多个大股东发挥自身角色，有动机和能力抑制高管的短视决策行为，如增加社会责任投资、披露企业社会责任信息，提升责任报告的透明度（赵国宇等，2021）。这控制了道德风险，有助于提升企业融资能力。二是多个大股东可降低控股股东与小股东的代理问题。多个大股东能够降低控股股东的道德风险，从而提升企业债务融资能力，即以较低的融资成本获得较多的融资数额（王运通等，2017）。有学者认为在股权集中的企业，两权分离引致控股股东的道德风险，这就加大了银行业等债权人对企业的风险感知和预期，导致企业债务融资成本的增加（Boubakri et al.，2010；Lin et al.，2011）。这是因为股权集中的企业，控股股东侵蚀中小股东和债权人的利益（Johnson et al.，2000），从而引致理性债权人提高风险溢价，继而导致债务资本成本上升。然而，控股股东与债权人间的代理冲突，也有学者找到了其缓解的因素，认为非控股的大股东能提升公司的治理水平（王运通等，2017），即大股东可有效监督控股股东，减少控股股东对中小股东的侵蚀（Gutiérrez & Pombo，2009），减少掏空行为，如更低的关联交易（陈晓等，2005）、提供更好的盈余信息质量（Boubaker et al.，2011）、提升公司价值（Attig et al.，2008）等，这些均是大股东通过有效监督控股股东降低企业代理问题，抑制控股股东的道德风险，以降低企业债务融资成本（王运通等，2017）。

三、审计师的声誉

高声誉审计师审计过的企业，有助于避免自身的"道德风险"，增强其债务融资能力（余冬根等，2017）。如经过"四大"审计过的企业，其债务融资成本也较低（Karjalainen，2011）。这是因为规模较大的会计师事务所，其声誉也较高（Allen & Aulhaber，1989），这源于其较强的独立性所带来的较高审计质量（Mansi et al.，2004），而高质量的标准无保留意见审计报告显著地降低了企业债务成本（吕伟，2008）。也就是说，高声誉审计师审计过的企业，提升了财务信息的透明度，降低了企业与债权人之间的信息不对称（Slovin et al.，1990），这有利于缓解企业的融资约束，提升融资能力（吕伟，2008）。学者们从不同角度诠释了上述影响机理。其一，委托代理理论（Defond，1992）认为，独立审计可以减少委托人和受托人之间冲突，即高声誉的审计师出具高质量的审计报告可缓解委托人和受托人间的代理冲突，因此，具有相应的担保作用。其二，审计师声誉的担保效应，其声誉可促使审计师保持客观性和独立性，从而出具的审计报告质量也较高，降低了代理成本和信息不对称（余冬根等，2017）。由此看来，审计师的高声誉象征了审计的高质量，降低了债务人和债权人之间的信息不对称，从而提升了债务人的道德水平，进而提升了企业债务人的融资能力，控制了其债务融资成本。

四、会计稳健性

会计稳健性是会计信息质量的重要特征，稳健性高的企业，管理者发生的道德风险低，能有效降低信息不对称，提升企业声誉和价值，从而增强企业债务融资能力（倪国爱等，2019）。如会计稳健性越高，债务筹资数额越多（Watts，2003）。这是因为，会计稳健性能够降低道德风险。具体来说，首先，会计稳健性可以抑制道德风险，从而降低信息不对称。会计稳健性高的企业，削弱高管的自利动机、抑制高管操纵财务报告的行为（LaFond et al.，2008），这就促使高管倾向于及时确认损失、采用较稳健的会计政策，向企业外部利益相关者传递真实的财务信息、经营发展状况，从而有效地降低企业与债权人间的信息不对称（张圣利，2014），以主动迎合相关利益者的要求（Hui et al.，2012），这方便了银行业债权人释放自身的信息查询能力和信息处理能力等优势（Bharath et al.，2008），有利于债权人精准评估其道德风险及做出相应信贷决策。其次，会计稳健性抑制道德风险，从而降低经营风险。会计稳健性有效约束和监督高管行为，降低高管过度自信引致的错误估计企业业绩和价值的程度（LaFond et al.，2008），并弱化经济政策不确定性所引致的负面影响（刘磊等，2019），有效地降低决策风险，提升投资效率，获得较好的经营业绩。这些均有利于债权人降低企业的道德风险感知，从而增强企业债务融资能力。

五、"工匠精神"

"工匠精神"中的精益求精，其蕴含了求好求优、利他的道德水准和为他人将"工事"做好的契约精神。2018年10月新修订的《中华人民共和国公司法》中第五条规定，公司从事经营活动必须遵守社会公德、商业道德，以承担社会责任。这意味着企业在污染防治中，履行环境责任、积极践行精益求精的"工匠精神"，以遵守环境规制，是承担社会责任的表现，是一种遵规守约的契约精神，这种不违规不违约的契约精神也是一种道德行为。由此看来，银行业为了研判污染型企业客户的环境风险，也会特别关注企业污染防治中践行"工匠精神"、遵守环境规制的道德行为和契约精神。也就是说，污染防治中的"工匠精神"，成为银行业信贷决策中解读企业道德风险，研判污染型企业环境风险的重要因素之一。

　　精益求精的"工匠精神"，其所蕴含的求好求优、利他等道德水准和契约精神，是在中国古代孕育并不断演进中形成的，是一个历史范畴。春秋战国的《周礼·考工记》载有"圣人创物"和"百工之事，皆圣人之作也"①，"圣人创物"成为"工匠精神"的起源；同时《尚书》中"惟精惟一，允执厥中"对精益求精的追求②，从而达到《庄子》中"庖丁解牛，技进乎道"境界。这是工匠对技艺的追求和探索的表现。正如《考工记》记载的"国有六职，百工与居一焉"，身为百工的工匠能够"审曲面执，以饬五材，以辨民器"③，"以其精巧工于制器"④，从而引致《礼记·大学》所记载的"如切如磋者，道学也"⑤。这里"道"正是《说文解字》中记载的"'工'，巧饰也"，体现了工匠尚巧、尚精。后来儒家代表人物朱熹对工匠尚巧、尚精概括为"治之已精，而益求其精也"，即"精益求精"的"工匠精神"。由此可知，求好求优、尚巧尚精的"工匠精神"，实质上是一种利他的道德水准和契约精神。

　　从我国不同时代的"工匠精神"中，可以诠释工匠精神的特质，也就是古代工匠以专注、创新、敬业等方式为他人将"工"事做好，体现了利他的道德和契约精神。具体来说如下：一是专注。《列子·汤问篇》记载"尔先学不瞬，而后可言射矣"⑥，以不眨眼的定力专注于射箭，方能"贯虱之心"。也就是说，专注于自己的事业，要持之以恒、坚持不懈、心无旁骛。二是创新。鬼斧神工、能工巧匠、巧夺天工等，均是对技巧和技艺

① ［西周］周公旦. 周礼［M］. 桂林：漓江出版社，2022：430.
② 尚书［M］. 广州：世界图书出版社，2020：23.
③ ［西周］周公旦. 周礼［M］. 桂林：漓江出版社，2022：428.
④ 中国历代考工典（第1卷）：考工总部汇考一·考工记（第1册）［M］. 南京：江苏古籍出版社，2003年版：4.
⑤ 杨天宇，译注. 礼记译注：下册［M］. 上海：上海古籍出版社，2016：976-977.
⑥ ［战国］列御寇. 列子［M］. 北京：北京联合出版社，2016：88.

付出大量"工夫"等努力的赞美,正如"治玉石者,既琢之而复磨之",从而达到量变至质变的提升。如四大发明之一造纸,由东汉的能工巧匠,同时也是工匠管理者"百工"蔡伦所发明,是他和其领导的团队深入实地调查研究民间丝绵纸,勇于突破现状、精益求精、自我革新,尚精尚巧的反复试验,从而创新地制造出轻便、经济的纸。其他的发明,如指南针、火药、印刷术,还有轻如烟雾、薄如蝉翼的丝织品也是工匠自我革新、不断创新的结果。三是敬业。《荀子·荣辱》中记载"农以力尽田,贾以察尽财,百工以巧尽械器,士大夫以上至于公侯莫不以仁厚智能尽官职"①。这是工匠等在工作中尽善尽美、精益求精、匠心不改的敬业追求。由此可见,"工匠精神"为创造创新提供了动力源。基于"工匠精神"的重要性,李克强总理在 2017 年《政府工作报告》中指出"质量之魂,存于匠心",强调"厚植工匠文化""弘扬工匠精神""崇尚精益求精",以恪尽职业操守、爱岗敬业②。四是崇德。尚巧、尚精是工匠"通于道,达于德"的体现。如《考工记》记载的编钟就做得极其精致,达到"圜者中规,方者中矩,立者中悬,衡者中水,直者如生焉,继者如附焉"的境界。这是工匠长期专注、创新、敬业、求精求好的结果,是尚善尽善的美德,也是"工匠精神"中之道德的外露,同时体现了为他人将"工事"做好的契约精神。具体到企业污染防治中践行的"工匠精神",也有上述这些特质,即体现了企业专注于治污的精益求精之道德和遵规守约的敬业之美德。显然,污染防治中的"工匠精神"成为银行业债权人研判污染型企业道德风险的重要信息,从而影响其债务融资能力。

梳理现有文献发现,以往研究成果从不同视角深入分析了道德对企业债务融资能力的影响,以及体现道德的"工匠精神",研究成果丰硕。但鲜有文献关注污染型企业在污染防治中的"工匠精神"对债务融资的影响,未在"工匠精神"的框架下研究其影响机制,也极少展开实证分析。可见,现有文献的研究成果,不仅为本书从污染防治的表现考察道德对企

① [战国]荀子. 荀子[M]. 北京:北京联合出版社,2015:29.
② 政府工作报告——2017 年 3 月 5 日在第十二届全国人民代表大会第五次会议上[EB/OL]. 新华社,2017 - 03 - 16.

业债务融资的影响提供了启发,同时为本书的考察指出的研究空间。

第三节　理论分析与研究假设

一、理论分析

预防道德风险是银行业资本管制的一个重要目的,缘于道德的重要性。众所周知,道德是人类社会合作的产物,在社会群体活动中的作用和位置已由人们形成共识。具体来说,道德强调在分工合作中的互惠互利(Trivers,1971;Alexander,1987),并在代际传承中形成信任和价值观(Tabellini,2008),从而作为一种机制维护社会活动正常运转。它分为广义道德和狭义道德(Platteau,2000),前者为"推己及人"式的行为准则和思维方法,凸显公共社会的行为标准,规范个体在社会公共活动中的行为;后者则是同事、朋友、直系家庭成员等周边的社会交往中存在的与人为善的道德行为,当中包含了友情、亲情等情感因素,互惠互利性更强,能更好地规范人的行为。可见,美德和道德规范了邻里交往和团队合作等社会活动,特别是在法律保护水平不高时,道德发挥着重要作用。具体到企业也是如此,其作经济活动的重要主体同样受到社会道德的影响和约束。由此可见,道德规范着市场主体的行为,促使展开积极的主动作为,从而为企业融资难题的改善提供了一种非正式制度。一般来说,平时积极主动作为的企业,拥有良好道德美誉。这将降低债权人金融机构搜寻企业信息成本,信息不对称得到缓解。若企业在生产经营过程中只顾自身利益,不讲道德,损害他人或公共利益,将为市场记忆继而受到处罚,从而形成道德风险。这将影响企业生存、发展,从而为银行业资本所关注。

借款企业的努力水平和程度,是摆在银行面前的一种重要的事前道德风险(戴菊贵和金莉莉,2019)的高低。具体到企业污染治理也是如此。企业不当的生产方式产生的水污染、土壤污染和空气污染,形成环境威胁

（乔时等，2023）。这些降低了生态服务功能和环境质量，构成了人类生存现状的挑战，人与自然共生受到威胁。为了缓解人类挑战和威胁，企业生产经营过程中产生的污染，需要及时同步防治。可见，企业在污染防治中的努力程度，体现其道德水平。若企业不愿开展污染防治，节省污染防治成本，为此努力水平和程度不够，引致人与自然和谐共生受到威胁。这表现于企业为了实现自身效用最大化，将生产过程产生的污染风险嫁予他人、损害他人利益，从而引致道德风险（Mckinnon & Pill，1997）。这种基于污染防治的道德风险，包含了企业偿债方面的诸多信息。具体来说，企业怠于污染防治，环境受到破坏和威胁，从而致使人们对环境保护的紧迫性和责任感，继而激发绿色消费行为（Fritsche et al.，2012）。这表明，环境威胁增加了人们的亲环境和绿色消费行为，成为绿色消费行为的驱动力（Sharma，2021），从而对环境做出基本的反应机制。如环境方面的负面信息引致消费者购买绿色产品（Fritsche et al.，2012），致使绿色产品的购买意愿增加，形成亲环境的行为。其结果是，怠于污染防治的企业，其产品在消费市场中受阻，继而盈利能力受到削弱，最终影响偿债能力。另外，企业怠于污染防治，是社会责任履行的失范，也是道德风险的表现。众所周知，债务人的偿债能力和道德风险是债务违约风险的重要来源，为银行金融机构特别关注。

上述分析可知，企业在污染防治中的努力程度和水平，特别是企业履行污染防治责任过程中的"工匠精神"，是道德风险大小的表现，可能影响到企业的债务融资能力。这为后续的分析提供了考察空间。

二、研究假设

（一）"工匠精神"与企业债务融资能力

新修订的《中华人民共和国公司法》中第五条规定表明，企业承担社会责任是遵守社会公德或道德的具体表现，也体现了遵规守约的契约精神。众所周知，社会责任包含了环境责任。据此，企业履行环境责任，以提升污染防治能力为目的，在污染防治中积极践行"工匠精神"，精益求精于污染防治技术的创新、持续专注于环保投资，以用于节能降耗，是企业承担社会责任的表现，体现了其遵守社会公德或道德，外露了其遵规守约的契约精神。也就是说企业在污染防治中践行的"工匠精神"，是其遵守社会道德的体现，持续专注、精益求精的"工匠精神"是契约精神的重要组成部分，更是社会公德或道德的重要内容，具有社会道德的一般属性。对于道德，亚当·斯密在其《道德情操论》中提出，邻里交往和团队合作等社会互动中均体现了人们的美德和道德，这些在地方风俗习惯中形成的社会道德影响当地的政治环境、社会环境，产生重要的作用。这种作用主要体现在互惠互利（Trivers，1971；Alexander，1987），从而形成社会正常运行的维护性机制。如基于同学、同事、宗亲及日常来往等互动中形成的关系，产生互助互惠的美德行为（王恒等，2019；李文龙等，2019），富有美德的管理层有助于抑制员工工作的偏离行为，增进员工道德认同，重视利益相关者（王艳子等，2019），从而提升企业声誉（唐贵瑶等，2019）。由此看来，道德作为一种更普适、更基础的非正式制度，类似于正式制度，通过约束不良行为的方式作用于企业，达到影响企业的目的。具体到污染防治中的"工匠精神"，其作为道德的重要内容，也会产生同样的后果，即约束企业污染行为。

企业在污染防治中践行"工匠精神"，精益求精、持续专注于污染治理，是其道德水平的外露，并且这种道德有利于提升污染防治能力、减排绩效和环境声誉，降低环境风险水平。显然，道德和风险均是债权人所特别关注的。因此，债权人会将风险的理性考虑融入债务契约中（潘爱玲等，2019），这主要缘于债务违约风险和市场系统性风险影响债权人的债务价值（Merton，1974），从而影响污染型企业的债务融资能力。

企业在污染防治中以富有道德地践行"工匠精神"，开展污染治理，有助于降低债务违约风险和市场系统性风险，具体原因是：第一，"工匠精神"禀赋的原因。企业精益求精、持续专注于污染防治，承担环境责任，体现了其遵守政府环境规制，外露其不违规不违约的契约精神和道德水平。也就是说遵规守约本身就是良好道德的体现。第二，环境风险的原因。当前生态文明建设时期，污染型企业面对的是政府环境管制趋严的系统性环境规制风险。企业在这个时期遵规守约地践行"工匠精神"，积极开展污染防治活动，污染物排放达到政府规制标准要求，开发绿色产品，可以缓冲系统性环境规制所引致的风险。第三，环境声誉的原因。污染型企业持续开展"工匠精神"，精益求精于污染防治技术开发、专注于环保投资、环保工艺的改进和绿色产品的研发，以提升污染防治能力，从而形成环境声誉并产生"绿色壁垒"，降低环境风险，有助于增强偿债能力。这些表明，污染防治中践行的"工匠精神"有助于提升其道德水平和履约偿债能力，而这些正是影响债权人风险感知水平的重要因素（Fisher，1959），进而左右着污染型企业的债务融资能力。由此看来，企业积极践行污染防治的"工匠精神"，持续创新污染防治技术以开展环境治理、研发绿色新产品以增强环境竞争力，从而外露其做好污染防治、节能减排、减少环境破坏、不伤害他人的良好道德和遵规守约的精神，最终弱化债权人的风险感知水平，从而助推污染型企业债务融资能力的提升。基于上述分析，本章提出如下假设：

H4－1：企业污染防治中践行的"工匠精神"越强，其债务融资能力越强。

（二）基于地方政府环境治理意愿的调节作用

中国经历 70 多年来的发展，特别是改革开放 40 多年来，经济上高歌猛进，环境污染却日趋恶化。《2017—2018 年全球竞争力报告》显示，在 137 个经济体中，中国的全球竞争力指数位于第 27 位。与此经济成绩喜人相反的是，环境竞争力却令人担忧，经《全球环境竞争力报告（2015）》披露，在 133 个国家中，2014 年中国空气质量指标全球倒数第一，环境竞争力排在第 85 位。为此，党的十八大提出绿色发展理念以建设生态文明，党的十九大提出加快生态文明体制改革以建设美丽中国，并提出环境治理要求。但是，中央环境管制政策的落实取决于地方政府执行情况（张彩云等，2019）和治理意愿。这表明，地方政府在环境治理、生态文明建设中发挥着重要作用。这种作用在财政分权和政治集权的中国治理模式（刘建民等，2015）下具有自身的特点，具体表现为政治上的集权左右着地方政府环境公共服务的价值取向，财政分权使得地方政府具有相应的自主权，从而引致地方政府竞争，并且地方政府价值取向与地方政府竞争密切相关（李光龙等，2019）。因此，环境政策成为地方政府展开竞争的重要手段（朱向东等，2018）。具体到污染防治的"工匠精神"，在其影响企业债务融资能力过程中，地方政府治理意愿在扮演着重要角色。这是因为政府对环境治理态度、力度等均体现了其治理意愿，从而影响污染型企业的环境风险，并及于其债务融资。

环境污染主要来源于污染型工业企业，且有普适性。因此，污染之患及于工业社会，如同洪水之灾及于农业社会，是一个整体性、全局性的问题，需要全盘性、系统性防治。但是在当前"晋升锦标赛"和财政分权体制的双重因素作用下，地方政府环境治理政策因竞争（邓彗慧等，2019）具有正反两种异质性策略性特点。一是经济发达地区"竞争向上"（张征宇等，2010）的环境治理策略。如长三角、珠三角和大部分沿海地区，建立污染淘汰机制，关停高污染企业（盛丹等，2019）。二是经济欠发达地区"逐底竞争"（张华，2016）的环境治理策略。如雾霾区域协同治理就是"逐底竞争"式开展（刘华军等，2019），这种地方政府博弈式的环境管制政策引致相互竞争模仿（王艳丽等，2016）。众所周知，国家环境政策的落实与实施，是通过地方政府具体督促企业执行来实现。经济发展落后地区，当地政府为了稳增长稳就业，通过弱化环境管制以降低企业环境守规成本，争夺资本的流入（杨海生等，2008），从而倾向于牺牲环境为代价吸引外商直接投资（Ljungwang et al.，2005），企业为了降低成本保持市场竞争力，向往环境管制标准较低的地域投资兴业。相反，较高的污染物排放标准和较严的环境管制会增加企业环境支出和经营成本。因此，在"晋升锦标赛"式的稳增长稳就业背景下，地方政府担心本地区环境管制标准不同而处于劣势竞争地位，同时，污染物扩散和跨界（潘峰等，2014）等外溢性，这些均表明本地的环境政策会受到周边地区的影响，从而使得地方政府采取趋同的"竞争"环境政策。这种趋同的"竞争"会随着经济的发展和中央环境政策的取向而同节奏的发生变化，如政绩考核、发展理念的转变促使地方政府的环境政策,从"逐底竞争"过渡到"逐顶竞争"的方向性趋同式调整(赵霄伟,2014)。

不过,上述方向性趋同的竞争及其调整,并不是同步的。这是源于地方政府的环境管制挤占企业的生产性投资(Gray & Shadbegian,1998),从而影响企业所驻地域的经济发展,地方政府官员在"晋升锦标赛"下制定环境政策时会考虑当地的经济实力。因此,我国各地发展不充分、不平衡,地方政府落实中央环境政策时,会因自身经济实力而引致其强弱不同的环境治理意愿,从而不同地域环境风险具有异质性,影响污染型企业的债务融资能力。由此可知,地方政府环境治理意愿引致污染防治中的"工匠精神"对企业债务融资能力影响的异质性。也就是说,经济实力强的地方政府,其环境治理意愿强和驻地企业的环境风险也大,从而使得污染防治的"工匠精神"对企业债务融资的影响受到调节。综上所述,本章提出如下假设:

H4-2:在污染防治的"工匠精神"影响企业债务融资的过程中,政府环境治理意愿具有调节促进作用。

(三)基于社会道德的调节作用

"工匠精神"影响企业债务融资能力的实际效果,受到企业驻地社会道德因素的影响。这是源于企业驻地的社会道德是营商环境的重要内容。社会道德属于一种社会态度,也是一种情感的、分散的和潜在的社会观念,影响社会主体的实践活动,从而成为促进社会主体行为的重要因素(李路路等,2018),并形成企业驻地营商环境的重要构成要素,继而影响企业的行为。由此可知,社会道德成为维护当前社会主体活动正常运转的非制度性机制,决定着社会信任的强弱和交易成本的大小(North,1994),影响着社会交换。这是因为,社会交换中的主体之间存在着长期性重复博弈,并且博弈中持续性的关系形成了信任和合作(艾克斯罗德,1996;拉斯穆森,2009)等社会道德基础,从而产生隐性合约。该隐性合约规范着社会交换主体的行为,如关注长期、提供广泛的投入、强调社会情绪资源的交换(Shore et al.,2006;Song et al.,2009)。也就是说,社会道德具有监督的功能,向社会主体中失范者施以舆论压力,纠正其恶劣行为,确保道德在社会中的权威和社会主体对道德的认同。这表明社会道德形成的契约,是基于彼此的道德期望,依靠社会主体的道德自觉与道德信念来维持,且具有普遍性、内在性、长期性和非正式性特点。它不仅存在于人与人之间的日常生活中,而且也存在于市场契约中,构成企业驻地营商环境的重要内容。

债务人驻地营商环境中的社会道德,对于银行业来说,其特别关注,这缘于道德风险。银行业的债务风险取决于债务违约风险和市场系统风险,银行业作为债权人,其在资本市场中的收益率,即贷款利率,是围绕市场利率上下升降波动。因此,实际债务利率的高低反映了系统风险和违约风险的大小,这其中包含了污染型企业所在地的政府环境管制的风险和企业因排污不达标受罚关停而无力还债的风险。企业驻地营商环境中的社会道德水平越高,对应风险也较低。这是因为,社会道德对个体具有权威性,能够影响企业个体行为(曹锦清等,2018),激发企业个体对道德的敬畏(宋晔等,2018),唤醒并监督企业个体知善行善,促使企业个体对社会道德的认同,以使企业个体产生知行合一的善行道德行为。具体到污染型企业,受其驻地社会道德的影响,促使自身富有道德地遵守政府环境管制,积极开展污染防治以达标排放,致使环境管制的系统风险和企业违约风险下降,有利于降低银行业风险感知。由此可知,社会道德等营商条件越好,风险越低,债务融资越便利,主要是因为企业向银行业融资时,银行业为了预防道德风险而管制资本,进而影响资本的流向、流量和价格。也就是说,企业污染防治和债务融资均与当地社会道德等密切相关,类似于道德的社会场景为债务信用的背书,有助于企业债务融资(叶康涛等,2010),从而助推企业债务融资能力的提升。鉴于前述分析,本章提出如下假设:

H4 - 3:在污染防治的"工匠精神"影响企业债务融资的过程中,社会道德具有调节促进作用。

第四节 研 究 设 计

一、样本选取与数据来源

党的十八大、党的十九大先后要求生态效益纳入经济社会评价体系和加快生态文明体制改革,同时不断提高污染排放标准,强化排污企业的防治责任,以建设美丽中国。这些说明,国家的环境管制越来越严,企业的治污压力越来越大。因此,本书选择党的十八大、党的十九大前后作为环境管制逐渐增强的窗口期,即以 2011~2018 年的沪深两市污染型上市公司为样本,以探究污染防治中的"工匠精神"对债务融资的影响及其作用机制。本书选取 2011~2018 年中国沪深两市的污染型上市公司作为初始研究对象,并对初始样本企业进行了如下筛选、剔除:(1)剔除环境防治数据缺失的企业;(2)剔除特殊处理(ST)类型的企业;(3)剔除财务数据缺失不全的企业;(4)剔除指标值极端的企业,即对连续型变量进行了 1% 和 99% 的 Winsorize 处理。

本书获取样本企业数据的方式如下:(1)"工匠精神"代理变量数据来自年度报告、环境报告、企业社会责任报告等材料,手工从这些报告中搜集、整理与核实而获得,报告来源于巨潮官方网站;(2)其余变量数据来源于 CSMAR(国泰安)数据库。本书将债务融资变量滞后一期处理,其他变量为 2011~2017 年的当年数据,最终获得 4 618 条观察值。

二、变量界定与度量

(一)被解释变量

现有研究成果中多采用债务融资规模和债务融资成本等水平值度量被

解释变量债务融资能力，基于以下因素：一是债务融资规模越大，表明企业债务融资能力较强；二是债务融资成本越低，也表明企业债务融资能力越强。如有学者采用债务融资规模和债务融资成本（蒋腾等，2018；周楷唐等，2017；李欢等，2018）等水平值度量企业债务融资能力。不过，这些度量方法忽略了企业规模等因素所引致的差异性。因此，为了提升变量数据的可比性，消除不同企业因规模等因素引致的异质性，本书借鉴当前研究成果（姚立杰等，2018；陆正飞等，2008）中的债务融资规模和债务融资成本的前后期变化值（ΔDebt），度量债务融资能力。具体来说，债务融资规模变量为期末与期初债务融资金额之差除以期初总资产，然后计算其前后变动，呈现上升或下降，并用以度量债务融资能力（ΔDebtAm），具体计算公式：第 t+1 期期末与期初债务融资金额之差/当期期初总资产 − 第 t 期期末与期初债务融资金额之差/当期期初总资产，用于基础回归模型。相应地，债务融资成本（Cost）为利息支出（含资本化利息和费用化利息）除以平均债务总额，用其前后变动值度量债务融资能力，其对应的债务融资能力变化值（ΔDebtCost）计算公式：利息支出 t+1/平均债务金额 t+1 − 利息支出 t/平均债务金额 t，以用于稳健性检验。其中债务融资金额包含长期借款、一年内到期的长期借款和短期借款。

（二）解释变量

1. 企业层面的"工匠精神"

"工匠精神"属于意识的范畴，难以直接衡量。不过，马克思主义哲学理论认为，意识指导实践，实践是意识表现于外的客观活动。这也得到了有关学者的验证，如意识是非正式制度的核心（孔泾源，1992），具有非正式制度的一般特性，即影响企业、个人行为（胡珺等，2017）。具体到企业层面污染防治中践行的"工匠精神"，影响企业的污染防治行为，具体表现为持续专注于环保投资的资本支出。也就是说，企业环保投资是企业层面在污染防治中践行"工匠精神"表现于外的专注程度（张培培，2017），形成的环保设备蕴含了污染防治技术，并且其技术效应是污染物排放量减少的最主要原因（Kim，2015）。由此可见，环保投资体现了企业履行环境责任的努力,外露了企业遵规守约的契约精神和社会道德,也是最为外界容易获得与信任的信息。鉴于此,本书借鉴现有文献的做法,采用"工匠精神"的资本化(郭会斌等,2018)支出,即环保投资额(唐国平和万仁新,2019),度量企业层面污染防治中践行的"工匠精神"。具体做法是,以年度环保投资作为企业层面"工匠精神"的代理变量,该变量数值为当年度已完工且转入固定资产的环保在建工程,其数据从年度报告披露的在建工程附注信息中手工摘取。环保投资与一般的投资不同,不能产生直接的经济效益,其结果主要表现为保护环境、减少污染等社会效益。因此,环保投资形成的是企业降耗减排、保护环境的能力。这种能力的大小与环保投资规模密切相关,特别是规模相同而行业不同的企业,它们要达到相同的降耗减排、保护环境的能力水平,其需要的环保投入会有较大差异,比如重污染行业的环保投入要远远大于非重污染行业。因此,本书以环保投资额的自然对数(唐国平和万仁新,2019)作为企业层面"工匠精神"的衡量指标。

2. 地方政府环境治理意愿

国家环境管制政策的落实取决于地方政府执行情况(张彩云等,2019)和治理意愿(张琦等,2019)。在"晋升锦标赛"式的稳增长稳就业背景下,经济强弱不同的区域,其地方政府的环境治理意愿也有差异。这是因为,执行政策时额外成本的负担能力与政策的执行力相关(Hering et al.,2014)。具体来说,经济发达地区实施"竞争向上"(张征宇等,2010)的环境治理策略。如长三角、珠三角和大部分沿海地区,建立污染淘汰机制,关停高污染企业(盛丹等,2019)。而在经济欠发达地区实施"逐底竞争"(张华,2016)的环境治理策略,放松管制导致企业超标排放污染物(郭峰等,2017),以污染为代价拉动 GDP 增长(张琦等,2019)。这表明,地方政府环境治理意愿取决于当地的经济发展程度,左右着环境治理策略,是驱动企业开展污染防治、取得较好环境绩效的主要力量之一,也是维护绿色金融市场运行的主导力量,是一种重要的调节变量。

由上述分析表明,在当前增长的内生动力不足、经济下行压力加大、稳增长保就业的背景下,地方政府在落实国家环境政策、监管域内企业的污染防治的过程中，环境治理意愿不在于环境管制措施的外在形式和数量，而是取决于地方政府域内以稳增长、保就业、促民生为首要目标的经济发展程度。这种以经济行为作为意愿等意识形态的代理变量，学者们也展开了相关研究，如企业环保投资作为企业层面污染防治中"工匠精神"的代理变量（唐国平等，2019），地方财政收入与财政支出之差等经济指标作为政府放权意愿的代理变量（蔡龙贵等，2018）。鉴于此分析，本书未借鉴众多学者所采用的环境管制措施、企业违规约谈、受罚案例数等作为环境管制强度、意愿的做法，而是以地方（地级）政府域内的经济发展程度作为地方政府环境治理意愿的代理变量。具体计算方法是，以地方政府域内的上年度人均 GDP，作为地方政府环境治理意愿的代理变量。

3. 社会道德

社会道德是个体遵守社会规范、恪守社会秩序及效力社会的表现，每个个体的类似表现组成了社会群体的共同表现，从而形成社会机制健康运行的背景和氛围，即社会道德水平，并左右和调节个体的行为。这得到了有关学者的验证，交通设施的发展水平可以反映地区社会的信任（张维迎等，2002），这是缘于交通设施能够促进人际交流与合作，而且该人际交流与合作中的驾驶行为准则，体现了地区的社会道德（Jana et al.，2013），教化当地人遵规守约。鉴于此，本书借鉴有关文献的做法，采用各地区的驾驶员遵守交通法规的情况作为社会道德的代理变量（王夫乐，2019）。这是因为，遵规守法是社会道德表现的重要内容。有关研究成果也证实了这一点，遵守交通法规、具备良好驾驶习惯的驾驶员，其同情心较强（Jana et al.，2013），同时道德水平也高（王夫乐，2019）。基于以上研究成果，社会道德变量的具体度量，本书采用单位路程中每个驾驶员每次驾驶的车辆所发生的交通事故的次数衡量社会道德变量。在构造驾驶员人均交通事故次数计算社会道德水平变量时，忽略高速公路所对应的一级公路里程和交通事故中极其微小的行人违规等因素。忽略的原因是数据适当性和可得性，如地级市域内的高速公路上外地车辆过境居多，当地车辆大多在二级公路的通勤道路上行走。鉴于此，综合考虑数据的可得性和适当性后，本书引入二级公路里程、汽车拥有量、驾驶员人数及交通事故次数等中国地级市统计年鉴公示的数据，最终采用每个地级市域内的每公里的公路上，每辆车在每个驾驶员手上发生的交通事故的次数，计算企业所驻地域内的社会道德水平。因此，社会道德的具体计算公式可表述为，交通事故次数/（二级公路里程×驾驶员数量×汽车拥有量），该指标的比值越大，表明企业所驻地级市的地域内驾驶员，驾驶车辆时发生的交通事故率较高，这外露了当地的社会道德水平也就较低。为了便于理解和解读，本书在实际应用该指标时取其倒数，即倒数值越大，社会道德水平越高。

（三）控制变量

影响企业债务融资能力的因素较多，本书借鉴前人研究（姚立杰等，2018；李欢等，2018）的基础上，引入下列必要的控制变量。固定资产，企业固定资产多为生产性、专用性资产，其变现能力较差，固定资产较多，难以变现，从而影响企业债务融资能力；若固定资产较少，无法满足生产需求时，则产生较强的债务融资意愿。该变量取值于固定资产净额/期初资产的比。融资需求，企业自身经营活动现金流量不足时，则无法满足其生产需要而短缺，从而产生融资需求；若经营活动现流量满足于投资后的金额越大，则企业融资意愿不强，从而影响企业债务融资规模，该变量采用（经营活动的现金净流量－投资活动的现金净流量）/平均总资产的比值计算，以消除样本企业规模差异。财务杠杆即资产负债率，反映企业负债比重的变量，其比重越高，企业债务较多，其还款压力和风险较大，则越难以债务融资。企业经营效率的高低体现其产生现金水平，经营效率较低时，占用较多资金，导致资产变现能力较差，从而产生债务融资需求。实际控制人的持股比例，影响其对企业债务融资风险的承担，从而引致企业债务融资的意愿。企业规模取值资产，其代表企业经济实力，影响企业债务融资能力。但是鉴于资产包含了固定资产，为了避免重复计算，本书从资产中扣除固定资产后的取对数。公司上市地点不同，对企业披露环境信息方面要求也有差异，会引致债权人对企业污染防治的风险预期，从而影响企业债务融资。企业产权性质分为国有企业和非国有企业，但是国有企业有着比民营企业更天然的政治关联优势，从而影响企业债务融资。行业属性，在污染型企业中，重污染行业企业相比于非重污染行业企业，需要更多资金购置环保设备以开展污染防治，引致债务融资的需求。此外，本书还控制了行业效应和年度效应。各变量的简要说明如表 4 - 1 所示。

表 4 - 1　　　　　　　　　　　变量简要说明

项目	变量名	变量定义
被解释变量	$Debt_{t+1}$	债务融资能力（变化值 $Debtcost_{t+1}$）：$t+1$ 期债务融资成本 - t 期债务融资成本
		债务融资能力（变化值 $Debtam_{t+1}$）：第 $t+1$ 期的期末期初债务融资金额之差/期初总资产 - 第 t 期的期末期初债务融资金额之差/期初总资产
解释变量	$Socc$	企业层面"工匠精神"：环保投额对数
	$Wgeg$	政府环境治理意愿：人均 GDP
		政府环境治理意愿：人均财政支出与收入之差，用于稳健性检验
	$Somo$	社会道德：交通违规数/（汽车量×驾驶量×二级公路里程）比值的倒数
	$Soccm$	企业层面"工匠精神"：环保投额对数（对中处理后）
	$Wgegm$	政府环境治理意愿：人均 GDP（对中处理后）
	$Somom$	社会道德：交通违规数/（汽车量×驾驶量×二级公路里程）比值的倒数（对中处理后）
	$Soccm \times Wgegm$	企业层面的"工匠精神"与政府环境治理意愿的交互项（对中处理后）
	$Soccm \times Somom$	企业层面的"工匠精神"与社会公德的交互项（对中处理后）
控制变量	Fia	固定资产：固定资产净额/期初资产
	$Cash$	（经营活动的现金净流量 - 投资活动的现金净流量）/平均总资产
	Ce	经营效率：营业成本/营业收入
	Lev	财务杠杆：资产负债率
	$Contro$	实际控制人拥有上市公司控制权比例 100%

项目	变量名	变量定义
控制变量	*LnSize*	企业规模:总资产对数
	Stkcdw	上市地点:上海上市为1,深圳上市为0
	Nature	国有企业为1,非国有企业为0
	Pollu	重污染企业为1,非重污染企业0
	Year	年度
	Industry	行业

三、模型设计

为了验证前述提出的假设以探索"工匠精神"对企业债务融资能力的影响及其调节作用机制,在前述理论分析的基础上,本书借鉴现有研究成果(周楷唐等,2017;李欢等,2018),先后构建如下模型。

首先,构建基本模型(4-1),回归并检验假设 H4-1。此基本模型主要考察企业层面"工匠精神"对企业债务融资的影响。这是因为,相比于员工层面的"工匠精神",企业层面践行的"工匠精神",具体表现为做好污染防治,专注于环保投资,形成环保设备,从而构成企业污染防治能力的主力,其蕴含了污染防治技术,并且其技术效应是污染物排放量减少的最主要原因(Kim,2015),也最为容易获得外界信任的信息。这表明企业层面专注于环保投资所体现的"工匠精神",其外露了污染型企业做好污染防治、节能减排、不伤害生态环境、利他的道德水准,也最为债权人所关注。

$$Debt_{t+1} = \alpha_0 + \alpha_1 Socc_t + \sum \alpha Controls \qquad (4-1)$$

其次,在基本回归模型(4-1)的基础上,为了进一步考察地方政府环境治理意愿的调节促进作用,将地方政府环境治理意愿变量引入模型(4-1),即形成模型(4-2),并在此基础上引入交互项,从而产生模型(4-3),以期深入分析交互影响,验证假设 H4-2。

$$Debt_{t+1} = \alpha_0 + \alpha_1 Socc_t + \alpha_2 Wgeg_t + \sum \alpha Controls \qquad (4-2)$$

$$Debt_{t+1} = \alpha_0 + \alpha_1 Soccm_t + \alpha_2 Wgegm_t + \alpha_3 Soccm \times Wgegm_t$$
$$+ \sum \alpha Controls \qquad (4-3)$$

最后，在基本模型（4-1）回归的基础上，为了进一步考察社会道德的调节促进作用，将社会道德变量引入模型（4-1），即形成模型（4-4），并在此基础上引入交互项，以深入分析交互影响，从而产生模型（4-5），以检验假设 H4-3。

$$Debt_{t+1} = \alpha_0 + \alpha_1 Socc_t + \alpha_2 Somo_t + \sum \alpha controls \qquad (4-4)$$

$$Debt_{t+1} = \alpha_0 + \alpha_1 Soccm_t + \alpha_2 Somom_t + \alpha_3 Soccm \times somom_t$$
$$+ \sum \alpha controls \qquad (4-5)$$

在构建模型（4-3）和模型（4-5）时，为了避免当中的交互项和参与交互的变量产生共线性问题，对相应变量进行对中处理（谢宇，2016），即求出变量与其平均值的差，生成新的变量，再将其参与交互形成交互项。具体做法是，模型中参与交互的变量，如企业层面"工匠精神"（Socc）、政府环境治理意愿（Wgeg）和社会道德（Somo）先后对中处理，分别产生对应的新变量 Soccm、Wgegm 和 Somom，然后再参与交互生成交互项 Soccm × Wgegm 和 Soccm × Somom 并分别引入上述模型中。

第五节 实证结果与分析

一、描述性统计

本节研究了样本变量数据的描述性统计结果，以示变量数据的基本统计特征（详见表4-2）。可见，债务融资能力（债务成本 $Debtco_{t+1}$ 变化值）的最小值为 -0.037，最大值为 0.048，标准差为 0.010，表明样本企业之间的债务融资能力（债务成本 $Debtco_{t+1}$ 变化值）差异较大，具有较强的异质性。其平均值为 -0.001，中位数 0.001，两者均接近于 0。这说明，债务融资能力（债务成本 $Debtco_{t+1}$ 变化值）强与弱的样本企业，所占总体的比例接近半数。由此可知，大多数样本企业债务融资能力（债务成本 $Debtco_{t+1}$ 变化值）尚可，表明在样本总体中，承担较高的债务融资成本的样本企业不占绝对多数，大多数企业的债务融资能力不错。另一种债务融资能力（债务融资规模变化值 $DebtAmo_{t+1}$）的最小值为 -6.493，最大值为 1.303，标准差为 0.254，表明样本企业之间的债务融资能力（债务融资规模变化值 $DebtAmo_{t+1}$）差异较大，具有较强的异质性。其平均值为 0.012，中位数 0.021，两者较接近，说明大多数样本企业能够筹集到自己所盼的债务融资数额，其债务融资能力较好。结合前述债务成本统计特征分析结果可知，大多数样本企业能够筹集所需债务资金和其承担的债务成本，从两者的统计特征分析来看，具有趋同性，即相互匹配。

"工匠精神"（$Socc$）变量的最大值为 22.584，最小值为 10.817，标准差为 2.567，这说明污染防治中的"工匠精神"在样本企业之间有着较大差异，具有较强的异质性。统计特征数据还显示，"工匠精神"（$Socc$）的中位数为 16.786，与其平均值 16.848 较接近，即积极践行"工匠精神"的样本企业在样本总体中占半数。这表明在环境管制趋严的情况下，大多数样本企业在污染防治中积极践行"工匠精神"。结合前述债务融资能力的统计特征可以得知，企业践行的"工匠精神"与企业债务融资能力具有较强的匹配度，即污染防治中积极践行"工匠精神"的企业，其融资能力也较强，不愿践行"工匠精神"的企业，陷入融资难的境遇。这表明企业污染防治中"工匠精神"较强，增强了其债务融资能力，能够筹集较大的债务规模。初步验证了假设 H4-1。

地方政府环境治理意愿（$Wgeg$）的最大值为 0.999，最小值为 0.010，标准差为 0.052，这说明地方政府环境治理意愿在样本企业所驻的地域中有着较大差异，具有较强异质性。同时，数据统计特征还显示，地方政府环境治理意愿（$Wgeg$）的中位数为 0.070，与其平均值 0.078 较接近，即在样本企业所驻地域的地方政府中，其具有较强环境治理意愿的地方政府在总体中接近半数。这表明，在环境污染问题的导向下，大多数样本企业所驻地域的政府环境治理意愿较强，即大多数样本企业所驻地域的政府，积极管制企业的污染防治。结合前述债务融资规模的数据统计特征可以得知，大多数样本企业所驻地域的政府具有较强的环境治理意愿、大多数样本企业践行的"工匠精神"，与大多数样本企业较大的债务融资规模相匹配。这表明地方政府环境治理意愿较强，当地企业的债务融资能力也较强。初步验证了假设 H4-2。

社会道德（$Somo$）的最大值为 2.835，最小值为 0.012，标准差为 0.109，这说明地方社会道德在样本企业所驻地域中有着较大差异，具有较强的异质性。同时，数据统计特征还显示，地方政府社会道德（$Somo$）的中位数为 0.175，接近于平均值 0.192，即在样本企业的驻地中，具有良好社会道德的驻地，占总体的比例接近半数。这表明，在企业污染防治过程中，大多数样本企业所驻地域的社会道德水平较高，接近于平均水平。即大多数样本企业的驻地，具有良好的社会道德。结合前述债务融资规模的数据统计特征可以得知，大多数样本企业的驻地，具有较好的社会道德，同时大多数样本企业具有积极的"工匠精神"，这些与大多数样本企业较大的债务融资规模相匹配。这表明社会道德水平越高，当地企业的债务融资能力也较强。初步验证了假设 H4-3。控制变量的描述性统计特征如表 4-2 所示，与其他学者研究较为一致，这些统计结果表明，本书所选取的样本数据为后续实证检验提供了良好基础。

表 4-2　　　　　　　　　　描述性统计结果

Variable	Obs	Mean	Median	Std. Dev.	min	max
$\Delta DebtAmo$	4 618	0.012	0.021	0.254	-6.493	1.303
$\Delta DebtCo$	4 618	-0.001	0.001	0.010	-0.037	0.048
$Socc$	4 618	16.848	16.786	2.567	10.817	22.584
$Somo$	4 618	0.192	0.175	0.109	0.012	2.835
$Wgeg$	4 618	0.078	0.070	0.052	0.010	0.999
Fia	4 618	0.351	0.305	0.537	0.004	19.975
$Cash$	4 618	0.126	0.118	0.112	-0.965	0.774

续表

Variable	Obs	Mean	Median	Std. Dev.	min	max
lev	4 618	0.477	0.491	0.193	0.013	1.659
LnSize	4 618	23.168	23.090	1.379	19.740	27.596
Ce	4 618	0.761	0.802	0.173	−0.209	2.021
Contro	4 618	40.763	41.180	16.012	2.340	82.510
pollu	4 618	0.697	1	0.459	0	1
stkcd	4 618	0.469	0	0.499	0	1
nature	4 618	0.629	1	0.483	0	1
Industry	4 618	3.822	3	1.762	1	8

二、相关性分析

表4-3列示了研究样本各变量之间的相关性分析结果，以考察变量之间的两两相关性。以债务融资规模变化值（$\Delta DebtAmo$）、债务融资成本变化值（$\Delta DebtCo$）度量的企业债务融资能力与"工匠精神"（$Socc$）的相关系数分别为0.091和−0.233，且均在1%水平上显著，表明企业污染防治中践行的"工匠精神"（$Socc$）有力增加了企业债务融资规模和降低了企业债务融资成本，即有助于提升企业债务融资的能力。初步验证了假设H4-1。以债务融资规模变化值（$\Delta DebtAmo$）、债务融资成本变化值（$\Delta DebtCo$）度量的企业债务融资能力与地方政府环境治理意愿（$Wgeg$）的相关系数分别为0.081和−0.087，且均在1%水平上显著，表明地方政府环境治理意愿（$Wgeg$）有力增加了企业债务融资规模和降低了企业债务融资成本，即有助于提升企业债务融资的能力。初步验证了假设H4-2。以债务融资规模变化值（$\Delta DebtAmo$）、债务融资成本变化值（$\Delta DebtCo$）度量的企业债务融资能力与社会道德（$Somo$）的相关系数分别为0.179和−0.113，且均在1%水平上显著，表明社会道德（$Somo$）有力增加了企业债务融资规模和降低了企业债务融资成本，即有助于提升企业债务融资的能力。初步验证了假设H4-3。另外其他变量之间的相关系数大多数显著，并且绝大多数小于0.5，

表 4 - 3　　相关性分析

	ΔDebtAmo	ΔDebtCo	Socc	Soma	Wgeg	Fia	Cash	Lev	LnSize	Ce	Contro	Pollu	Stkcdw	Nature	Industry
ΔDebtAmo	1.000														
ΔDebtCo	-0.078***	1.000													
Socc	0.091***	-0.233***	1.000												
Soma	0.179***	-0.113***	0.036*	1.000											
Wgeg	0.081***	-0.087***	0.006	0.469***	1.000										
Fia	-0.630***	0.030	0.075***	-0.045**	-0.045**	1.000									
Cash	0.042*	-0.056**	0.055**	-0.003	-0.041*	0.135***	1.000								
Lev	-0.110***	0.056**	0.309***	-0.017	0.029	0.093*	-0.149***	1.000							
LnSize	0.060***	-0.070***	0.616***	0.118***	0.099***	0.037*	-0.007	0.404***	1.000						
Ce	0.010	-0.019	0.166***	0.005	0.008	0.042*	-0.277***	0.362***	0.107***	1.000					
Contro	0.004	-0.004	0.197***	-0.036*	-0.004	0.024	-0.024	0.048***	0.246***	0.096***	1.000				
Pollu	0.038*	0.051**	0.227***	-0.124***	-0.160***	0.098***	0.030	-0.058***	0.001	-0.075***	0.078***	1.000			
Stkcd	0.020	0.049	0.181***	-0.070***	-0.013	0.017	-0.105***	0.264***	0.184***	0.165***	0.179***	0.078***	1.000		
Nature	0.031	0.045**	0.227***	0.021	-0.030	-0.011	-0.086***	0.172***	0.347***	0.151***	0.372***	0.095***	0.204***	1.000	
Industry	0.028	-0.020	-0.083***	-0.017	0.012	0.042*	0.114***	-0.076***	-0.147***	-0.188***	0.006	0.067***	0.005	-0.002	

注：***、**、*分别表示1%、5%、10%的水平上显著。

相应的方差膨胀因子（VIF）小于 2。这说明本书解释变量和控制变量不存在较严重的共线性问题。根据相关性分析结果初步说明，本书选取的解释变量和控制变量较为合理。

三、回归与分析

本书应用 Stata16 对上述模型分别回归，结果如表 4 - 4、表 4 - 5、表 4 - 6 所示，并对其分析以检验前文提出的假设。

（一）工匠精神影响企业债务融资能力的模型回归分析

本书以债务融资规模变化值和债务融资成本变化值度量企业债务融资能力，前者用于基本模型回归，后者用于稳健性检验。回归结果如表 4 - 4 所示，具体回归结果解读如下：首先，表 4 - 4 回归结果中列（1），报告了企业污染防治中专注于环保投资的企业层面"工匠精神"，对企业债务融资能力（债务融资规模变化值）的影响。企业层面的"工匠精神"的变量回归系数为 0. 012 且在 1% 的水平上显著，这表明企业层面的"工匠精神"对企业债务融资规模有正向促进作用，即提升了企业债务融资能力，验证了假设 H4 - 1。其次，考察员工层面"工匠精神"对企业债务融资的影响。实质上，除了企业层面"工匠精神"是形成企业污染防治能力的支撑力量和影响企业债务融资能力的主力外，员工层面"工匠精神"也是一个重要因素。因此，在考察了企业层面的"工匠精神"对债务融资规模之债务融资能力的影响后，将员工层面的"工匠精神"引入基本模型（4 - 1），以作进一步回归分析，具体回归结果如表 4 - 4 中列（3）所示。员工层面践行的"工匠精神"按照工匠活动的强度由低到高进行等级分类，并对其赋值度量。其中，学习污染防治技术知识赋值为 1，因为知识是提升能力的基础，是"工匠精神"的重要内容（郭会斌等，2018）；员工层面在污染防治工作中践行的"工匠精神"具体表现为创新活动是（Hasenkamp，2013），如未取得专利证书的节能金点子、"五小"活动、小改小革，其创新程度低于取得专利证书的技术创新，这些微创新活动赋值为 2，而将员

工层面开展环保技术创新、环保产品研发并获得专利证书或奖项等赋值为
3。正如表4-4中列（3）所示，引入员工层面"工匠精神"后，调整后
的 R^2 为0.456，大于之前第1列中的0.454，拟合优度得到了提升，这表
明员工层面"工匠精神"引入基本模型（4-1）是合适的，有助于进一步
分析。表4-4中列（3）显示了企业层面"工匠精神"和员工层面"工匠
精神"对债务融资规模变化值的影响。企业层面"工匠精神"和员工层面
"工匠精神"对债务融资规模变化值的回归系数分别为0.011和0.004，且
均在1%的水平上显著，说明了不仅企业层面"工匠精神"促进了企业债
务融资，而且员工层面"工匠精神"也促进了企业债务融资能力的提升。
拟合优度的提升和回归系数的正向显著性，均进一步验证了假设 H4-1。
也就是说，在国家生态文明建设的背景下，污染型企业在污染防治中践行
"工匠精神"，是遵守国家环境防治政策和法规的表现，也外露了遵规守约
的道德水准，这种契约精神促进了债务融资能力的提升，继而从实证角度
诠释了契约论。

表 4-4 基本模型回归结果

变量	模型（4-1）被解释变量 $Debt_{t+1}$		模型（4-1）被解释变量 $Debt_{t+1}$	
	（1）债务融资规模 $DebtAmo_{t+1}$	（2）债务融资成本 $DebtCo_{t+1}$	（3）债务融资规模 $DebtAmo_{t+1}$	（4）债务融资成本 $DebtCo_{t+1}$
Socc	0.012 *** (0.002)	-0.002 *** (0.001)	0.011 *** (0.002)	-0.002 *** (0.001)
Soce			0.004 *** (0.001)	-0.001 ** (0.002)
Fia	-0.308 *** (0.045)	0.001 ** (0.003)	-0.309 *** (0.045)	0.001 * (0.001)
Cash	0.084 * (0.036)	-0.002 (0.001)	0.076 * (0.035)	-0.001 (0.001)
Lev	-0.177 ** (0.052)	0.007 *** (0.001)	-0.177 ** (0.052)	0.007 *** (0.001)

续表

变量	模型（4-1）被解释变量 $Debt_{t+1}$		模型（4-1）被解释变量 $Debt_{t+1}$	
	（1）债务融资规模 $DebtAmo_{t+1}$	（2）债务融资成本 $DebtCo_{t+1}$	（3）债务融资规模 $DebtAmo_{t+1}$	（4）债务融资成本 $DebtCo_{t+1}$
LnSize	0.012** (0.004)	0.004** (0.001)	0.009* (0.004)	0.001*** (0.001)
Ce	0.094*** (0.022)	-0.002 (0.001)	0.094*** (0.022)	-0.002 (0.001)
Pollu	0.035** (0.014)	0.003*** (0.001)	0.036** (0.014)	0.003*** (0.001)
Stkcd	0.015* (0.007)	0.001* (0.001)	0.016* (0.007)	0.001 (0.001)
Contro	-0.001 (0.001)	-0.001 (0.001)	-0.001 (0.001)	0.001 (0.001)
Nature	-0.009 (0.009)	0.001** (0.001)	-0.009 (0.009)	0.001** (0.001)
Year	控制	控制	控制	控制
Industry	控制	控制	控制	控制
Cons	-0.432*** (0.109)	0.018 (0.004)	-0.369*** (0.103)	0.011 (0.003)
N	4 618	4 618	4 618	4 618
R-sq	0.454	0.117	0.456	0.129

注：***、**、*分别表示1%、5%、10%的水平上显著；括号内为标准误差。

（二）基于地方政府环境治理意愿调节作用的分析

在假设 H4-1 通过检验后，根据模型（4-2）和模型（4-3），回归分析以考察假设 H4-2。表 4-5 中列（1）列示的模型（4-2）的回归结果，即在基本模型（4-1）的基础上引入地方政府环境治理意愿后形成的模型回归结果。表 4-5 中列（1）列示了企业层面"工匠精神"和地方政府环境治理意愿对企业债务融资规模的回归系数，分别为 0.012 和 0.203，均为正数且都在1%的水平上显著，而且调整后的 R^2 为0.457，大于之前表4-4基本模型（4-1）中列（1）中的0.454，拟合优度得到了提升。这些均初步验证了假设 H4-2，即地方政府环境治理意愿在"工匠精神"影响企业债务融资的过程中，具有正向调节促进作用。

为了深入考察地方政府环境治理意愿的调节作用，将模型（4-2）中的企业层面践行的"工匠精神"（Socc）和地方政府环境治理意愿（Wgeg）分别对中处理（谢宇，2016），从而依次形成新的企业层面践行的"工匠精神"（Soccm）和地方政府环境治理意愿（Wgegm）变量，并参与交互形成交互项 Soccm × Wgegm，以构建模型（4-3）。表4-5中列（3）列示的模型（4-3）的调整后的 R^2 为0.460，大于列（1）列示的模型（4-2）中的0.457，表明模型（4-3）的拟合度优于模型（4-2）；同时，企业层面"工匠精神"、地方政府环境治理意愿、企业层面"工匠精神"与地方政府环境治理意愿的交互项回归系数分别为0.012、0.121和0.129，且依次在1%、10%和10%的水平上显著。这些正向显著性和拟合优度的提升，进一步表明地方政府环境治理意愿在工匠精神提升企业债务融资能力的过程中有显著的正向调节促进作用，假设 H4-2 得到了验证。具体来说，在国家环境治理趋严的时期，体现民生欲求的地方政府环境治理意愿，其异质性匹配于污染型企业践行"工匠精神"的异质性，并共同正向影响了企业债务融资能力，从而考察了民生欲求、企业污染防治行为、债权人利益诉求中多个共生主体的共生环境和共生模式，进而验证了共生理论。

表4-5   基于地方政府环境治理意愿（Wgeg）调节效应回归结果

变量	模型（4-2）被解释变量 $Debt_{t+1}$		模型（4-3）被解释变量 $Debt_{t+1}$	
	（1）债务融资规模 $DebtAmo_{t+1}$	（2）债务融资成本 $DebtCo_{t+1}$	（3）债务融资规模 $DebtAmo_{t+1}$	（4）债务融资成本 $DebtCo_{t+1}$
Socc	0.012 *** (0.002)	-0.002 *** (0.000)		
Wgeg	0.203 *** (0.048)	-0.018 *** (0.006)		

续表

变量	模型（4-2）被解释变量 $Debt_{t+1}$		模型（4-3）被解释变量 $Debt_{t+1}$	
	（1）债务融资规模 $DebtAmo_{t+1}$	（2）债务融资成本 $DebtCo_{t+1}$	（3）债务融资规模 $DebtAmo_{t+1}$	（4）债务融资成本 $DebtCo_{t+1}$
Soccm			0.012 *** (0.003)	− 0.002 *** (0.001)
Wgegm			0.121 * (0.051)	− 0.017 ** (0.007)
Soccm × Wgegm			0.129 * (0.066)	− 0.002 * (0.001)
Fia	− 0.307 *** (0.046)	0.001 ** (0.001)	− 0.309 *** (0.046)	0.001 ** (0.001)
Cash	0.085 * (0.046)	− 0.002 (0.001)	0.076 * (.035)	− 0.002 (0.001)
Lev	− 0.178 ** (0.052)	0.008 *** (0.001)	− 0.170 ** (0.051)	0.007 *** (0.001)
LnSize	0.012 ** (0.004)	0.001 ** (0.001)	0.011 * (0.004)	0.001 ** (0.001)
Ce	0.091 *** (0.023)	− 0.001 (0.001)	0.092 *** (0.023)	− 0.001 (0.001)
Pollu	0.039 ** (0.014)	0.003 *** (0.001)	0.039 ** (0.013)	0.002 *** (0.001)
Stkcd	0.016 * (0.007)	0.001 * (0.001)	0.015 ** (0.007)	0.001 * (0.001)
Contro	− 0.001 (0.001)	− 0.001 (0.001)	− 0.001 (0.0003)	− 0.001 (0.001)
Nature	− 0.008 (0.009)	0.001 ** (0.001)	− 0.010 (0.009)	0.001 ** (0.001)
Year	控制	控制	控制	控制
Industry	控制	控制	控制	控制
Cons	− 0.431 *** (0.110)	0.018 *** (0.004)	− 0.214 ** (0.088)	− 0.016 *** (0.004)

变量	模型（4-2）被解释变量 $Debt_{t+1}$		模型（4-3）被解释变量 $Debt_{t+1}$	
	（1）债务融资规模 $DebtAmo_{t+1}$	（2）债务融资成本 $DebtCo_{t+1}$	（3）债务融资规模 $DebtAmo_{t+1}$	（4）债务融资成本 $DebtCo_{t+1}$
N	4 618	4 618	4 618	4 618
R-sq	0.457	0.124	0.460	0.125

注：***、**、*分别表示1%、5%、10%的水平上显著；括号内为标准误差。

（三）基于社会道德调节作用的分析

在假设 H4-1 通过检验后，根据模型（4-4）和模型（4-5），回归分析以考察假设 H4-3。表4-6中列（1）为模型（4-4）的回归结果，即在基本模型（4-1）的基础上引入社会道德变量后形成的模型回归结果。表4-6中列（1）列示了企业层面"工匠精神"和社会道德对企业债务融资规模的回归系数，分别为 0.012 和 0.318，均为正数且都在 1% 的水平上显著，而且调整后的 R^2 为 0.472，大于之前表4-4基本模型（4-1）中列（1）中的0.454，拟合优度得到了提升。这些均初步验证了假设 H4-3，即社会道德在"工匠精神"影响企业债务融资的过程中，具有正向调节促进作用。

为了深入考察社会道德的调节作用，将模型（4-4）中的企业层面践行的"工匠精神"（Socc）和社会道德（Somo）分别对中处理（谢宇，2016），从而依次形成新的企业层面践行的"工匠精神"（Soccm）和社会道德（Somo）变量，并参与交互形成交互项 Soccm × Somom，以构建模型（4-5）。表4-5中列（3）列示的模型（4-5）的调整后的 R^2 为 0.459，大于之前表4-4基本模型（4-1）中列（1）中的0.454，表明模型（4-5）的拟合度优于模型（4-1）；同时，企业层面"工匠精神"、社会道德、企业层面"工匠精神"与社会道德的交互项回归系数分别为 0.011、0.122 和 0.130，这些系数均为正，且依次在 1%、5% 和 10% 的水平上显著。这些正向显著性和拟合优度的提升，进一步表明社会道德在"工匠精神"提升企业债务融资能力的过程中有显著的正向调节促进作用，即假设 H4-3 得到了验证。具体来说，在国家环境治理趋严的时期，体现营商环境的社会道德,其异质性匹配于污染型企业污染防治中践行的"工匠精神"之异质性,并共同正向影响了企业债务融资能力,从而考察了社会道德类的营商环境、企业污染防治行为、债权人利益诉求中多个共生主体的共生环境和共生模式,进而验证了共生理论。

表 4 - 6 　　　　基于社会道德（*Somo*）调节效应回归结果

变量	模型（4-4）被解释变量 $Debt_{t+1}$		模型（4-5）被解释变量 $Debt_{t+1}$	
	（1）债务融资规模 $DebtAmo_{t+1}$	（2）债务融资成本 $DebtCo_{t+1}$	（3）债务融资规模 $DebtAmo_{t+1}$	（4）债务融资成本 $DebtCo_{t+1}$
Socc	0.012 *** (0.002)	− 0.002 *** (0.001)		
Somo	0.318 *** (0.028)	− 0.009 ** (0.003)		
Soccm			0.011 *** (0.003)	− 0.001 *** (0.001)
Somom			0.122 ** (0.052)	− 0.016 ** (0.007)
Soccm × *Somom*			0.130 * (0.067)	− 0.002 * (0.001)
Fia	− 0.305 *** (0.046)	0.001 ** (0.001)	− 0.308 *** (0.046)	0.001 ** (0.001)
Cash	0.082 ** (0.033)	− 0.002 (0.001)	0.087 ** (0.035)	− 0.001 (0.001)
Lev	− 0.165 ** (0.052)	0.007 *** (0.001)	− 0.170 ** (0.051)	0.007 *** (0.001)
Ln*Size*	0.008 * (0.004)	0.001 *** (0.001)	0.011 ** (0.004)	0.000 ** (0.000)
Ce	0.087 *** (0.023)	− 0.001 (0.001)	0.091 (0.023)	− 0.001 (0.000)
Pollu	0.045 ** (0.015)	0.003 *** (0.001)	0.039 ** (0.013)	0.002 *** (0.000)

续表

变量	模型（4-4）被解释变量 $Debt_{t+1}$		模型（4-5）被解释变量 $Debt_{t+1}$	
	（1）债务融资规模 $DebtAmo_{t+1}$	（2）债务融资成本 $DebtCo_{t+1}$	（3）债务融资规模 $DebtAmo_{t+1}$	（4）债务融资成本 $DebtCo_{t+1}$
Stkcd	0.020** (0.008)	0.001 (0.001)	0.015* (0.007)	0.001 (0.001)
Contro	-0.000 (0.000)	0.001 (0.001)	-0.0003 (0.0003)	0.001 (0.001)
Nature	-0.011 (0.008)	0.001** (0.001)	-0.009 (0.009)	-0.016** (0.004)
Year	控制	控制	控制	控制
Industry	控制	控制	控制	控制
Cons	-0.432*** (0.109)	0.018 (0.003)	-0.227** (0.086)	-0.016*** (0.004)
N	4 618	4 618	4 618	4 618
R-sq	0.472	0.125	0.459	0.125

注：***、**、*分别表示1%、5%、10%的水平上显著；括号内为标准误差。

（四）稳健性检验

为了检验前述结论的稳健性，本书改变被解释变量企业债务融资能力的度量方法，即债务融资成本变化值 $DebtCo_{t+1}$，该指标（见表4-1中相应参数 $DebtCo_{t+1}$）的上升或下降可体现企业融资能力的强弱，然后应用该指标对前述三个假设及五个模型重新检验和回归，回归结果如表4-4、表4-5、表4-6所示。

首先，表4-4中列（2）列示了企业层面的"工匠精神"的回归系数，为-0.002且在1%水平上显著。表4-4中列（4）列示了企业层面的"工匠精神"、员工层面"工匠精神"的回归系数，分别为-0.002和-0.001，系数均为负且依次在1%和5%水平上显著。这些表明"工匠精神"促进了企业债务融资成本下降，即"工匠精神"促进了债务融资能力的提升，验证假设H4-1。其次，表4-5中列（2）列示了企业层面的"工匠精神"、地方政府环境治理意愿的回归系数,分别为 -0.002 和 -0.018,系数均为负且在 1% 水平上显著。表 4 -5 中列(4)列示了企业层面的"工匠精神"、地方政府环境治理意愿、企业层面的"工匠精神"与地方政府环境治理意愿的交互项的回归系数,分别为 -0.002、-0.017 和 -0.002,系数均为负且依次在 1% 、5% 和 10% 水平上显著,即显著地促进了企业债务融资成本的下降。这些表明社会道德在"工匠精神"提升企业债务融资能力的过程中有着显著的调节促进作用,验证了假设 H4 -2。最后,表 4 -6 中列(2)列示了企业层面的"工匠精神"、社会道德的回归系数,分别为 -0.002 和 -0.009,系数均为负且依次在 1% 和 5% 水平上显著。表 4 -6 中列(4)列示了企业层面的"工匠精神"、社会道德、企业层面的"工匠精神"与社会道德的交互项的回归系数,分别为 -0.001、-0.016 和 -0.002,系数均为负且依次在 1% 、5% 和 10% 水平上显著,即显著地促进了企业债务融资成本的下降。这些表明社会道德在"工匠精神"提升企业债务融资能力的过程中有着显著的调节促进作用,验证了假设 H4 -3。企业债务融资能力变量更换度量方法后重新验证了结论,表明前述结论是稳健的。

(五)内生性检验

本书在构建模型时,为了避免内生性问题,将企业债务融资能力变量数据的取值滞后一期,"工匠精神"等变量数据取值于当期,以研究"工匠精神"对企业债务融资能力的影响。尽管如此,"工匠精神"与企业债务融资能力的预期目标之间潜在的反向因果关系,这可能影响本书的研究结论。鉴于此,本章构造了一个工具变量,尝试通过二阶段的估计方法进一步检验内生性。具体做法是,以企业所驻地级市域内的古建筑和修复重建的古建筑的数量作为工具变量,如赵州桥、黄鹤楼、滕王阁、浔阳楼等,这些古建筑或修复重建的古建筑体现了古代"工匠精神",具有外生性,构成了企业驻地的营商环境中的社会"工匠精神",对域内企业具有教化的促进影响作用,有助于推动域内企业在污染防治中践行"工匠精神"。表 4 -7 报告了基于社会"工匠精神"(Ssoc)作为工具变量的两阶段回归结果。从表 4 -7 列(1)中第一阶段回归结果可知,社会"工匠精神"（*Ssoc*）变量的回归系数为 0.067，且在 1% 水平上显著。这表明社会"工匠精神"促进了域内的企业在污染防治中积极践行"工匠精神"。第二阶段回归结果显示，在控制内生性问题后，表 4 - 7 列（2）中"工匠精神"的回归系数 0.092，且在 1% 水平上显著，即"工匠精神"扩大了企业债务融资规模；列（3）中"工匠精神"的回归系数 - 0.010，且在 1%水平上显著，即"工匠精神"降低了企业债务融资成本。这些数据分析表明，"工匠精神"正向促进了企业债务融资能力的提升，符合前述所提出的假设。基于社会"工匠精神"工具变量的两阶段回归分析结果表明，研究结论依然是稳健的。

表 4 - 7　　　基于社会工匠精神（*Ssoc*）变量的两阶段回归检验

变量	第一阶段回归	第二阶段回归（被解释变量 $Debt_{t+1}$）	
	（1）被解释变量企业工匠精神（*Socc*）	（2）债务融资规模 $DebtAmo_{t+1}$	（3）债务融资成本 $DebtCo_{t+1}$
Ssoc	0.067 *** (0.014)		
Socc		0.092 *** (0.032)	- 0.010 *** (0.002)
Cash	1.581 *** (0.304)	- 0.049 (0.083)	0.012 ** (0.005)
Lev	0.522 ** (0.209)	- 0.217 *** (0.044)	0.011 *** (0.002)
Ln*Size*	0.819 *** (0.030)	- 0.055 ** (0.027)	0.007 *** (0.002)
Ce	1.462 *** (0.218)	- 0.005 (0.054)	0.010 ** (0.004)
Pollu	1.014 *** (0.081)	- .040 (.034)	0.011 *** (0.002)
Stkcd	0.146 ** (0.071)	.003 (.01)	0.002 *** (0.001)

续表

变量	第一阶段回归	第二阶段回归（被解释变量 $Debt_{t+1}$）	
	（1）被解释变量企业工匠精神（$Socc$）	（2）债务融资规模 $DebtAmo_{t+1}$	（3）债务融资成本 $DebtCo_{t+1}$
$Contro$	0.004 * （0.002）	− 0.001 * （0.001）	0.001 （0.001）
$Nature$	− 0.136 （0.083）	0.004 （0.012）	0.001 （0.001）
Fia	− 0.007 （0.107）	− 0.307 *** （0.048）	0.0008 （0.001）
$Year$	控制	控制	控制
$Industry$	控制	控制	控制
Cons	− 5.199 *** （0.669）	0.014 （0.207）	− 0.034 ** （0.015）
N	4 618	4 618	4 618
R-sq	0.460		
F 值	85.32		

注：*** 、 ** 、 * 分别表示1%、5%、10%的水平上显著；括号内为标准误差。

　　本章的研究以"工匠精神"为切入点，研究了企业污染防治中践行的"工匠精神"对企业债务融资能力的影响，以及该影响分别受到地方政府环境治理意愿和社会道德的调节作用，进一步拓展了环境治理的研究视角，丰富了污染防治经济后果的学术文献。这些研究深化了对"工匠精神"与其债务融资的认识，企业须在污染防治中的发扬并践行中国优秀的"工匠精神"传统文化，这有利于提升企业债务融资能力。不过在"工匠精神"提升企业债务融资能力过程中，受到了地方政府基于经济发展实力的环境治理意愿、社会道德的调节催化促进作用。

第五章 "工匠精神"、污染减排与企业债务融资

第一节 引 言

　　环境问题和气候变化危机已经成为人们的当务之急（Ioannis Ioannou et al.，2016），是人们迫切希望得到改善的问题。类似的问题也存在于中国。具体来说，中国工业经过近几十年的高速发展，环境污染问题也伴生而来，且日益严重。环境污染主要是企业在生产经营过程中造成的，减少污染物排放是企业的责任（徐光华等，2016）。人们对气候危机、环境问题的关注，促进了政府制定和实施相关的法规与政策，加强了环境管制，以减少碳等污染物排放（Peter et al.，2015）、满足人们对美好生态环境的向往。为了建设美好生态环境，中国于2014年重新修订了《中华人民共和国环境保护法》（以下简称"新《环境保护法》"），确立了"谁污染谁治理、谁开发谁保护"的原则，加强了对企业污染行为的管制与引导，特别是强调了企业治理环境污染的主体责任。毋庸置疑，新《环境保护法》成为史上关于环境保护的最严厉法律，旨在促进企业持续节能减排、降低污染以建设美好生态环境。对此，党的二十大强调，建设人与自然和谐共生的现代化，生态环境得到进一步重视。因此，企业如何防治污染、提升企业污染减排绩效不仅是各界关注的焦点，同时也是学术界研究的热点。

在 2016 年政府工作报告中，李克强总理提出实施绿色制造等重大工程，需要培育精益求精的"工匠精神"。这是"工匠精神"回归的表现，同时也表明在实施绿色制造的过程中，必然要求企业节能减排、提升污染减排绩效，这充分说明了"工匠精神"在环境治理中紧迫性和重要性。"工匠精神"作为中国优秀的传统文化，在近几年内得到了理论界和实务界的高度重视和认可。对此郭会斌等认为（2018），"工匠精神"是企业层面和员工层面共同的行事惯例，并且张培培（2017）也认为这些行事惯例具有层次性，即企业层面和员工层面分别践行"工匠精神"，发挥着各自的角色，同时又共同发挥联合作用。由此可见，"工匠精神"的作用同样也会对绿色制造、污染防治发挥作用。

一方面，对于污染防治、提升企业污染减排绩效来说，企业层面和员工层面践行精益求精、专注的"工匠精神"，前者体现为专注于污染防治设备的购置，后者体现为专注于污染防治技术的应用、创新，共同贡献污染防治技术边际并使现有的污染防治技术发挥至极致，达到减少污染物排放、提升企业污染减排绩效的目的。然而，企业层面和员工层面践行精益求精、专注的"工匠精神"强度大小对企业污染减排绩效究竟产生何种影响？企业层面和员工层面践行的精益求精、专注的"工匠精神"时，两者之间的相互作用对企业污染减排绩效又会产生何种影响？"工匠精神"对企业污染减排绩效的影响在国有企业和非国有企业之间有差异吗？对此，当前学者较少关注却又值得研究的问题，这给本书的研究指出了考察空间。

另一方面，在环境管制趋严的背景下，环境污染不但诱发了企业经营发展过程中的道德风险和生存危机，而且增加了来自环境管制的不确定性，继而投资者提高风险溢价，导致企业资本成本的提升（李虹等，2016），如债务资本成本的上升，同时不确定性的增加也会影响债权人投资的意愿，这些均影响企业债务融资能力。因此，环境污染制约了企业的融资，影响企业的生存、可持续发展。原因在于：一是投资者关注企业的环境风险，该风险源于环境管制引致的企业污染减排绩效。二是投资者根据污染减排绩效研判企业环境风险及其所引致的经营风险并形成预期，从而影响企业融资。如债权人研判企业履行环境责任及其绩效所致的风险而形成的预期，进而影响企业的债务融资规模和债务资本成本。这表明企业在污染防治中践行的"工匠精神",其取得的环境绩效具有债务融资方面的经济后果。由此,企业污染防治中践行的"工匠精神",通过污染减排的环境绩效,影响债务融资的作用机理也是值得研究的问题,有待进一步分析和探讨。

关于企业履行环境责任及其经济后果,不仅引起了企业实务界的重视,同时也引起了学术界对环境责任后果的关注,并展开了较深入的探讨。这些研究主要体现在以下几个方面:一是履行环保责任对资本成本的影响。这些成果更多的是研究对股权资本成本的影响,如污染型企业在严格的环境管制下,面临着环境诉讼的风险,增加了未来现金流量的不确定性和投资者对企业环境责任的敏感性(沈洪涛等,2010),这种影响在企业环保投资与股权资本成本之间呈现倒"U"型关系(李虹等,2016)。投资者将资本投入企业后,随即也承担了企业污染环境的责任风险,对此索要较高的风险溢价(Dam et al.,2011),继而使得企业碳排放强度越强,股权资本成本也越高(Yeon-Bok et al.,2015)。二是环保信息披露对融资的影响。有学者从信号传递理论角度研究后认为,环保信息披露水平可降低融资约束(吴红军等,2017),披露环境信息的企业获得较多的债务融资,且债务成本也低(倪娟等,2016),并且相比于非货币性环境信息,货币性环境信息显著地降低了债务融资成本(高宏霞等,2018)。这些学者认为,企业披露环境信息水平高、质量好、信息量多,容易获得银行融资且借款利率也较低。这些研究较为深入,本书深受启发。

综上研究成果的梳理,也发现了不足。如在衡量环境信息披露时考虑的是信息披露定量和定性等形式(高宏霞等,2018)、是否披露信息(倪娟等,2016)以及信息披露量的多少(吴红军等,2017)等因素,并以此作为信息披露的水平或质量引入研究,从而忽视了所披露的环境信息中污染防治绩效好差的异质性(Patlen,2000)。这一问题是重要的。众所周知,污染防治绩效好差体现了企业环境责任履行的结果,反映了企业环境风险的大小,从而影响企业债务融资。实质上,污染防治绩效好差的信息对债务融资决策存在正向、负向影响上的异质性,同时也未考虑企业污染防治绩效在环境责任影响债务融资过程中的作用机理。可见,现有文献的研究成果需要进一步拓展。

债务融资是当前中国企业获取外部资金的主要方式（Allen et al.，2005；姚立杰等，2018），然而现有研究企业环境责任影响债务融资的文献不多，并且大多集中在环境信息披露的形式和数量，鲜有关注企业污染防治绩效对其债务融资的影响及其作用机理。众所周知，企业环境责任很重要，它体现了风险的大小，影响利益相关者的决策。如污染型企业向金融机构融资时，对方更关注企业环境信息披露中的污染防治绩效和其所引致的盈利能力，并形成相应的风险预期，从而做出债务融资规模和债务融资成本的信贷决策。这是因为投资者投资于污染型的企业资本，随即也承担了污染环境的责任风险，从而影响资本成本（Dam et al.，2011）及提供资金意愿。鉴于此，本章以污染型的上市公司为样本，实证检验企业污染防治中的"工匠精神"对污染减排绩效的影响作用机理，在上一章的基础上，继而考察污染减排的环境绩效在"工匠精神"影响企业债务融资过程中的角色作用。

因此，本章对上述问题展开研究，探讨企业层面的"工匠精神"、员工层面的"工匠精神"和这两个层面"工匠精神"的交互项对污染减排绩效的影响，并且污染减排的环境绩效中介于"工匠精神"与企业债务融资能力。这些考察具有积极意义：一是进一步揭示"工匠精神"是企业污染减排绩效的重要影响因素之一，在企业污染防治中发挥着独特的作用，以贡献学术边际；二是应用中介效应理论，明晰了污染减排的环境绩效中介于"工匠精神"与债务融资能力之间，从而识别了企业污染防治中的"工匠精神"影响债务融资能力的机制；三是从经济后果的角度，提供了有关污染减排绩效评价的经验证据，明晰了污染减排绩效评优评级中公正的重要性；四是在环境管制趋严的背景下，相关利益主体均关注污染型企业环境责任的履行，并产生良好的互动效应；五是延展了当前企业环境责任影响其债务融资研究的视角，丰富了经济后果的研究文献；六是有利于推动美丽生态环境的建设，弘扬中国"工匠精神"的优秀传统文化，以提升文化自信、道路自信。这些对当前践行党的十九大提出的"绿色发展"和发展"绿色金融"的战略，落实党的二十大指出的人与自然和谐共生的现代化建设，具有现实的借鉴意义。

第二节　文献梳理

既往文献从不同视角关注企业污染减排的影响因素，以及污染减排的经济后果。其缘于污染减排是企业履行社会责任的重要表现。众所周知，企业履行的社会责任显露了其企业风险化解的水平。具体到污染型企业，也是如此。企业污染防治中展现的履行社会责任，体现了企业建设美好生态的努力，以及在环境管制中的风险化解水平。可见，企业污染防治的努力程度如何，反映了其环境风险的大小。梳理现有文献关于污染减排的影响因素、相关经济后果，以及作用机理中的中介效应的研究，以期得到启发并对现有研究成果予以拓展，具体如下。

一、企业污染减排影响因素的文献梳理

污染减排是企业重要的环境绩效内容。国内外学者对企业环境绩效的影响因素进行了诸多探索，认为家乡认同（胡珺等，2017）、高管特征（吴德军等，2013）、环境管制标准（李钢等，2015）、利益相关者（赵军等，2011）、公司治理与政治关联（叶陈刚等，2016）等都会影响企业环境绩效。不过，已有文献研究表明，这些因素并非单独影响企业环境绩效，而是多个因素的"联动"、共同影响企业环境绩效。然而，在众多因素的作用过程中，都直接或间接与企业资产这个因素相关。就环境保护而言，企业资产无疑包含了承载特定污染防治技术的环境保护或治理设备。因此，从这种意义上讲，污染防治技术是影响企业环境绩效的重要因素。相关研究成果也印证了这一点，如企业环境绩效的提升、污染物排放量的减少可归于技术效应、结构效应和规模效应（王兵等，2015），但是三者中，技术效应是污染物排放量减少的最主要原因（Kim，2015）。可见，污染防治技术在企业污染治理中扮演着重要作用。但是污染防治技术或是通

过企业层面购置引进而取得，或是通过员工层面创新而得到，企业用于污染治理的防治技术的购置、创新，不是一时的权宜之计。这是因为在经济发展中不断会出现新的污染问题，需要新的防治技术以应对，这就需要企业持续发挥精益求精、专注的"工匠精神"，不断引进环境友好型技术和创新污染防治技术。不过，这些文献虽然考虑了污染防治技术，但较少研究企业层面及员工层面在污染防治中持续贡献污染防治技术边际、发扬精益求精、专注的"工匠精神"对企业污染减排绩效的影响。

《论语·卫灵公》说"工欲善其事，必先利其器"①，对于企业的污染治理、减少污染物排放量、提升污染减排绩效来说，利其器的方式就是污染防治技术的创新。技术创新、发明创造的主体是人，而人是企业运作的主导因素。因此，企业发挥人的积极性和创造性是关键，人人钻研业务，细微着手，贡献环保技术边际，积小步成千里，以治理污染、节能减排、提升环保绩效。这需要企业在环境治理过程中充分发扬精益求精、专注的"工匠精神"，为持续创新、贡献污染防治技术边际提供动力。

"工匠精神"在中国古代早已孕育并持续发展。春秋战国的《周礼·考工记》对"工匠精神"就有诠释，"百工之事，皆圣人之作也"，这时期把工匠比作圣人；同时将"烁金以为刃，凝土以为器"和"作车以行陆，作舟以行水"等作为圣人的作品，这也是对工匠及其作品评价和赞美。记载儒家文化的《礼记·大学》曰："如切如磋者，道学也；如琢如磨者，自修也"。《考工典》曰："以其精巧工于制器，故谓之工"。东汉的《说文解字》记载："'工'，巧饰也"。这些都体现了工匠尚精和尚巧。朱熹对"工匠精神"也进行了精辟的概括，如"言治骨角者，既切之而复磋之"和"治玉石者，既琢之而复磨之"等，同时也提出"治之已精，而益求其精也"。据此，体现"精益求精"的"工匠精神"皆源于此。"工匠精神"一直推动着中国文明的进步，其自身也在不断地演进中。其演进过程主要体现三个方面：一是尚巧的创造精神。在中国，巧字是工匠的代名词，很多描绘、形容工匠的词与巧字的意思相关，如巧夺天工、鬼斧神工、能工巧

---

① ［春秋］孔子. 论语［M］. 沈阳：辽宁美述出版社，2017：一〇九.

匠。用来赞美工匠技艺之巧，反映工匠做事的能力在于巧，正如《汉书·食货志》中所说的"作巧成器曰工"。巧字不仅是工匠操作的技巧，还体现工匠敢于巧妙地打破常规、创新、创造，如虞驹作舟、奚仲造车都是工匠巧妙的发明、创新、创造的表现。二是求精的职业态度，不满于现状。追求技艺的精湛是工匠职业态度真实写照，同时也是工匠的美德。其体现为工匠对技艺无限的追求，如薄如蝉翼、轻如烟雾的丝织品。如此精美物品，并非一日之作。实际上这些都是工匠不满于现状、自我革新、长期对技艺求精的结果。三是知行合一的意境。尚巧和求精不是杰出工匠的真正目的，而是他们通往"道"、掌握规律的途径。如庖丁解牛，中医中的望、闻、问、切，这些都体现了工匠领悟技艺之"道"的真谛，做到知"道"和行"道"的合一。

在西方，工匠（artisan）一词源于拉丁语中的"ars"劳动者的劳动，演进为"技能、技巧、技艺"（art），即与技术有关；"工匠精神"发源于古希腊－罗马时期，这一时期的"工匠精神"是一种纯粹的"唯艺"精神，是为了追求产品本身的极致和完美（柏拉图，公元前425～公元前347），达到排除利益的境界。亚里士多德认为工匠开展他们活动，其出色在于他们活动的完善。因此，"工匠精神"就在于工匠对技艺的完美、极致的追求。正是这种追求，为工匠精益求精提供了动力，让工匠技艺持续发展、完善，成长为现代的科学。贝尔纳认为，现代科学起源于两方面，一方面起源于哲学家或僧侣的明晰思辨，另一方面起源于工匠的技艺。因此，科学不能忘记自身的发源地，应当坚守和传承工匠所蕴含的精神。陈华文（2015）认为，在发达国家中，德国和日本坚守与传承"工匠精神"是个榜样。正如百年匠心看德国，千年匠心看日本，他们的品牌产品能够屹立于全球之峰，家族企业历经百年不倒，这得益于"工匠精神"的坚守与传承。德国的"工匠精神"表现为专注与创新，专注让百年老店经历坎坷而不倒，创新让百年老店历久弥新。日本的"工匠精神"体现为传承与创新。日本于唐朝贞观年间向中国学习政治制度和各行各业的技艺，明治维新后，引进欧洲工业技术，这些技术在日本落地生根，并得到传承和创新，从而产生许多百年老店。因此，正是"工匠精神"中的技艺之筋骨和传承之风骨支撑着这些民族品牌和百年老店经久不衰。

从国内外文献可以看出，"工匠精神"能够持续推动历史文明进步、助推工业升级，根本缘由在于"工匠精神"的特质、内涵。随着时代的发展、社会的进步，"工匠精神"也与时俱进，有着时代的特质、内涵。现有文献对"工匠精神"的特质内涵展开了较多的研究，使其内涵得到不断丰富，主要体现在几个方面：首先，在古代手工业时期，"工匠精神"是工匠所蕴含的专注、精益求精、一丝不苟、愿干、能干等方面的尊贵品质（庄西真，2017）。其次，在近代工业时期，"工匠精神"是从业人员在工作过程中所体现的精益求精、精雕细琢的敬业状态（庄西真，2017）。最后，现代时期的"工匠精神"将融入企业人力资源管理（李晓博等，2018），形成企业资本，即"工匠精神"资本化（郭会斌等，2018）。综观现有文献，"工匠精神"的特质就是对技术知识和技术应用不满于现状、勤于钻研、精益求精、专注、创新技术、提升能力（郭会斌等，2018），即体现为能干（有能力干）且愿干（愿意干）。因此，"工匠精神"，要在坚守，贵在传承。

国内外现有文献不仅对"工匠精神"的内涵开展了研究，同时也对"工匠精神"的作用后果进行了探索。有学者认为"工匠精神"能够影响企业绩效（Kazuo，2002），其影响路径是"工匠精神"的愿干和能干，也就是"工匠精神"表现于外的专注和精益求精（方阳春等，2018），降低了成本、提高了效益。因此，现有文献出现两种观点，即专注和精益求精的观点。专注观点认为，专注的"工匠精神"表现为愿干和坚持干，这种爱岗敬业的精神使得员工专注工作、知行合一、严谨细致、精心操作，从而形成企业制造的灵魂（肖群忠等，2015），以达到降低消耗、提高产品质量、提升企业绩效。具体表现为，专注程度的增强提升了产品质量和效用等企业业绩，实现方式是，如节约成本、提升执行力、提高产品质量等，从而减少企业资源地的浪费、降低企业产品的废品率、提高产品的合格率，进而提升企业业绩。精益求精的观点认为，精益求精的"工匠精神"表现于外的专业创新能力，这种自我否定的创新形成企业资本并影响企业绩效（郭会斌等，2018），且具有持久性。具体表现为，"工匠精神"的践行体现为主体的创新能力，形成影响投入产出比的重要力量，进而促进企业绩效的提升。这种影响的机理是，企业制造过程中的质量要求是多层次的（如品牌、节约资源等），这些不同层次的质量要求需要不同层次员工的专业能力（如工艺设计、生产控制等），且需要与之匹配的专业能力，不同层次的主体发挥各自的"工匠精神"，展开精益求精的创新，从而影响生产过程的质量以及企业绩效。据此，面对环境污染问题，企业亦应"治之已精，而益求其精也"。治理环境污染需要不同层次的员工践行专注、精益求精的"工匠精神"，即持续的能干和愿干的精神，这种精神意识能促进对污染防治技术持续引进、不断创新，贡献技术边际、提高污染防治能力，以提升污染减排绩效。

精益求精、专注的"工匠精神"，属于意识形态类。其影响企业污染减排绩效的机理是，意识来源于污染防治实践，又指导污染防治实践。相关文献已对此进行了研究。意识是非正式制度的核心（孔泾源，1992），能够影响主体的行为。如非正式制度也会影响企业、个人行为（胡珺等，2017）。因此，"工匠精神"具有非正式制度的一般性特点：（1）非正式制度体现为传承的文化、互动的意识、传统的习俗、来往的关系等内容（胡珺等，2017）；（2）非正式制度是正式制度的基础，与正式制度合力产生交互促进的效应，推动社会发展（陆铭和李爽，2008），如非正式制度的社会资本影响了人的行为（陆铭和李爽，2008）；（3）非正式制度的"社会规范"促进了创业行为（郑馨等，2017）。"工匠精神"作为一种非正式制度，体现了主体的自主性，表现为善于学习、积极引进或吸收前沿技术，不满于现状、主动创新。因此，"工匠精神"影响企业、个人污染防治行为，进而影响企业污染减排绩效。

有学者认为，对污染防治技术引进、创新，会提升企业污染减排的环境绩效。如企业优先使用环境友好型技术、加大技术研发投入、创新污染防治技术、挖掘减排技术潜能并发挥至极致，减少了污染物的排放量，提高了企业环境绩效（Kim et al.，2015）。已有研究成果表明，企业在环境治理过程中，环境友好型技术的优先使用、污染防治技术的持续创新、技术边际的不断贡献，这些都是践行"工匠精神"所表现于外的专注程度、精益求精、创新行动（蔡秀玲和余熙，2016）。"工匠精神"作为一种意识，反作用于企业的污染防治行为，从而影响企业环境绩效。因此，"工匠精神"是影响企业环境绩效的重要因素之一。

二、环境责任经济后果的文献梳理

鉴于企业环境责任会产生诸多经济后果，国内外学者从不同的视角进行了探索。如环境责任有助于形成绿色竞争优势（Arend，2014），从而提升品牌竞争优势（龙成志，2017）；降低污染负面事件所致的风险（Lins et al.，2017），进而增加预期现金流等方式以提升企业价值（姜英兵，2019）；缓解监管机构压力、提升认可度、得到更多的资源，继而提升企业财务绩效（温素彬等，2017）等。除了前述经济后果研究之外，当前学者对企业环境责任引致的债务融资经济后果也开展深入、富有创新的研究。但是，相关文献相对较少，综合环境责任产生债务融资的经济后果研究来看，现有文献有以下三个特点。

（一）现有文献偏向环境信息"宏观"研究，缺乏"微观"层面的环境绩效研究

尽管当前有学者研究环境责任对企业债务融资的影响，并对其展开了大量的富有开创性的探索，但这些文献大多使用环境信息披露与否、披露形式、披露数量作为衡量信息质量依据和代理变量，进而展开环境信息披露影响企业债务融资的研究。如高宏霞等（2018）以环境支出、环境规则、环境意识、污染物排放四个维度衡量环境信息披露质量来研究对债务融资成本的影响；吴红军等（2017）以治理结构和管理系统、可靠性、环境支出等方面度量环保信息披露水平，研究其对融资约束的影响；倪娟等（2016）以环境信息是否披露为依据，研究其对债务融资规模、债务融资成本的影响。这些文献均认为企业主动披露环境信息，可以缓解信息不对称，降低信贷错配的风险（Dhaliwal et al.，2011），提升债务融资签约率。

然而，环境信息披露质量特别强调真实、可靠、全面，这就要求高质

量的环境信息不仅要披露污染防治绩效好的信息，还要披露污染防治绩效差的信息。也就是说上述文献研究的环境信息同时包含了环境绩效优良的信息，也包含了环境绩效较差的信息，即逐顶竞争和逐底竞争的环境绩效均构成了环境信息的内容。这同时也表明，高质量的环境信息所披露的环境绩效具有优劣的异质性，而该优劣的异质性正是影响银行等债权人对污染型企业风险预期的重要因素，从而企业的债务融资受到影响。然而，当前文献鲜有区分环境信息中有关污染减排绩效优劣的异质性，即没有区分样本企业污染减排绩效的优劣、是逐顶竞争还是逐底竞争性的污染减排绩效。实际上，企业全面、真实披露这些信息，显然是高质量的环境信息。但是，这些真实的信息却蕴含了不同的环境风险，污染减排绩效好的信息，债权人对其预期风险较低，乐于提供资金，企业容易得到债务融资；相反，污染减排绩效较差的信息，债权人以其预期风险较高，反而却会很谨慎，继而提升环境风险的预期，降低融资意愿，从而影响企业债务融资能力。由此看来，披露的高质量环境信息，包含了污染减排绩效优劣的异质性，这种优劣不同的减排绩效分别正、反方向影响污染型企业的债务融资能力。因此，应该区分污染减排绩效的优势，以便探究不同的债务融资之经济后果。

（二）现有文献的债务融资偏向水平度量，缺乏变化值的采用

现有文献主要采用债务融资规模和债务融资成本当年的水平值等指标，度量企业债务融资能力，认为债务融资规模大和债务融资成本低的企业，其债务融资能力强，以探索企业环境责任对其产生较大的影响作用。如高宏霞等（2018）应用当期利息支出、手续费支出和其他财务费用支出之和，占比平均债务计算债务融资成本；吴红军等（2017）应用当期经营活动产生的现金流量净额占比期初固定资产净值计算现金流，以考察融资的约束；倪娟等（2016）应用借款收到的现金占比平均资产、利息支出占比平均负债总额计算债务融资能力。采用水平值度量企业债务融资能力具有一定的合理性，但掩盖了不同行业、不同规模企业间的差异性，影响样本企业间的可比性。

一般来说，不同行业、不同规模的企业，因其自身特点、性质的不同，其债务融资能力存在天然的差别。在具有差异性的样本企业中，要考察债务融资能力是上升还是下降，采用债务融资规模或债务融资成本前后二期的变化值来衡量，是一个值得努力的方向，也得到了相关文献的验证。如在盈余管理、企业避税等其他领域的有关债务融资方面的经济后果文献研究中，有学者应用前后二期水平值的变化值（姚立杰等，2018；陆正飞等，2008）度量企业债务融资力，以体现企业融资能力是提升还是降低，该度量方法消除了行业、规模的差异，也提升了样本企业数据间的可比性。当前现有文献在研究环境责任对企业债务融资经济的影响时，相对鲜有采用。

（三）现有文献偏向经验研究，缺乏作用机制探索

现有文献主要采用环境信息披露与否（倪娟等，2016）、数量、形式（高宏霞等，2018）等度量信息质量直接对企业债务融资的影响，或从现金流角度考察融资约束（吴红军等，2017），这些文献均从自身角度进行了开创性研究。一般来说，一个因素对另一个因素的影响，有其自身路径和作用机制，在该影响过程中可能有别的因素发挥着独特的角色和作用，而并不是简单的直接影响。但是，从当前为数不多的现有文献来看，环境责任影响企业债务融资作用机理和传导路径的理论分析相对不足，缺乏相应的机制研究，更多的关注源头和结果，从而忽略了过程和机理，只注重源头对结果的产出，难以明晰其作用机制。

在前人丰硕的研究成果基础上，本书深受启发。与前人研究不同的是，本书应用中介效应理论，引入污染减排的环境绩效这个中介变量，探讨其在"工匠精神"影响企业债务融资过程中的作用机理，并在具体研究中，提升样本企业数据可比性，采用债务融资规模水平值和债务融资成本水平值的各自前后期的变化值度量债务融资能力；为了能够提升数据的可比性，采用企业污染减排绩效优劣的等级赋值评分、污染物（SO_2）许可排放量/污染物实际排放量（唐国平等，2019）等指标度量环境绩效，用于研究污染减排绩效在"工匠精神"与企业债务融资的中介效应。

三、用于机制分析的中介效应理论

企业污染防治中践行的"工匠精神"对债务融资的影响有两种，一是直接影响。如企业污染防治中积极践行的"工匠精神"，体现了企业遵规守约的道德，这将直接影响企业债务融资能力。本书前部分已经理论分析与实证考察了这种直接影响。二是间接影响。企业污染防治中践行的"工匠精神"，会产生相应的污染减排的环境绩效。具体来说，污染减排绩效差的企业遭受政府罚款，甚至因环境事故受到强制关停，投资者也受到损失（吴红军等，2017），此类企业债务融资将举步维艰，从而导致债务融资难和融资贵，不利于债务融资；污染减排绩效好的企业，免遭罚款、少缴环境税费、获得环境奖励，有利于债务融资。正是公众对美好生态环境的向往，基于污染减排绩效的环境声誉有助于增强企业竞争力，从而提升污染型企业的偿债能力，有利于增强企业债务融资能力。据此，在"工匠精神"影响企业债务融资能力的过程中，污染减排绩效扮演了正向促进作用。这表明污染减排绩效在当中发挥了自身的角色，这是一种中介变量（温忠麟等，2018）的效应，具有中介作用。

中介效应理论（温忠麟等，2018；Baron et al.，1986）认为，通过引入中介变量（M）作为第三变量，能够探析自变量（X）影响因变量（Y）的作用机制。具体中介效应检验模型和步骤如下：

$$Y = cX + e_1 \qquad\qquad (5-1)$$

$$M = aX + e_2 \qquad\qquad (5-2)$$

$$Y = c'X + bM + e_3 \qquad\qquad (5-3)$$

其考察步骤：首先，模型（5-1）回归系数 c，若 c 显著，进行下一个步骤。其次，依次考察模型（5-2）的回归系数 a 和模型（5-3）的回归系数 b，若均显著，说明中介效应存在且显著。最后，考察模型（5-3）的回归系数 c'，若其显著，表明直接效应存在，同时中介效应也存在；若其不显著，则表明只存在中介效应。

本书借鉴上述中介效应检验模型和步骤，探究污染减排绩效的中介作用，以考察"工匠精神"作用于债务融资能力的路径与机制。不过，有些学者质疑因果逐步回归法（Baron et al.，1986）对中介机理的验证能力较低的问题，但是若能够正确地使用这种方法时，则学者担心的验证能力较低的问题将不存在（温忠麟等，2018）。因此，这种方法也是当前文献采用最多的方法。为了更好地理解中介变量的影响作用，本书应用中介效应理论并通过路径图的方式，描述"工匠精神"、污染减排的环境绩效和企业债务融资三变量的中介效应模型（见图 5-1），以示"工匠精神"对企业债务融资的影响及其作用机理。

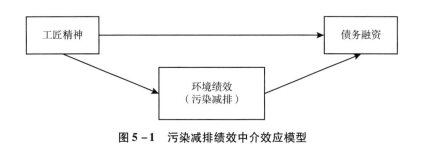

图 5-1 污染减排绩效中介效应模型

第三节 理论分析与研究假设

一、理论分析

"工匠精神"的本质是工匠在工作时崇精尚好的追逐中形成的特定工作价值观。首先，工匠精神是一种对工作技能和方法的追逐。对此，有学者认为，"工匠精神"是为了完成手头任务而对技能非正式学习的内在动机驱动（Thorlindsson et al.，2018）。其次，"工匠精神"是一种工作中表现为崇精尚好的积极状态。"工匠精神"体现了人们在工作中的投入状态，是人们对工作的自然投入（Mills，2002）。这种自然投入，是一种基本而又持久的冲动，是为了把工作做好的欲望（Sennett，2009）。由此可见，

"工匠精神"体现的对技能的追逐、对工作投入的积极状态，是人们的一种工作中的价值观。其展现了人们对工作任务完成的品质和追求的目标特别关注（Paanakker，2019），并为此选择自己的行为偏好，继而坚信这样的工作关注值得为之奋斗（高中华等，2020）。这在工作中表现为攻坚克难的创新精神、爱岗敬业的奉献精神和精益求精的职业态度（方阳春和陈超颖，2018），以及对技术的钻研、对产品的执着（贺正楚和彭花，2018）等。也就是说，"工匠精神"是态度、意愿、能力和行为的综合，促使人们积极地非正式学习、在工作中磨炼技能以出色地完成任务，展现出良好的任务绩效，继而优于组织要求的常规绩效水准。可见，"工匠精神"激发主体内在动机、影响主体的目标导向，引导主体持续提升技能、挑战高标准的工作，从而实现更高学习目标并成就业绩目标，最终形成工作价值观。

"工匠精神"作为一种工作价值观，体现了人们积极的偏好，为人们的选择和行动提供内在准则，继而做出积极的行为。依据自我决定理论可知，基于"工匠精神"的工作价值观的实现会促使主体心怀积极的情感，表现出对职业和工作的较高满意度，发自内心地热爱所从事的工作（Deci et al.，2017），从而开展较多的主动性工作。如主动担责行为（Morrison & Phelps，1999）、创新行为（Scott & Bruce，1994）、首创行为（Frese et al.，1997）等。在此过程中，个人不断挖掘自身潜能、追求一技之长，从而择一事终一生，坚守岗位几十年如一日，表现出高水平的组织承诺、留职意向和职业承诺（张旭等，2013）。这种职业的责任感、使命感、认同感和荣誉感，代表的是负责、专注和细致的工作态度，以获得高超的技艺和精湛的技能（福奇，2014），最终引致知识、技能和能力集个体于一身，并分享于员工之间，从而内化于干中学、学中干的自身悟道的过程。由此可知，"工匠精神"激发主体为实现自身目标而不懈努力，对技艺追求的极致是技术创新的实现，这正是"工匠精神"使能过程（郭会斌等，2018），向外展现市场活力。具体表现为，经济主体不仅从供给侧角度，追求细节完美、精益求精，而且从市场侧视角满足消费者需求，为了满足更加优良的品质需求，持续改进产品质量和性能（刘志彪，2016）。

上述分析可知，企业在污染防治中的选择和行动准则，特别是企业履行污染防治责任过程中的"工匠精神"，是"工匠精神"使能的表现，可能影响到企业的污染防治活动。这为后续分析"工匠精神"与污染减排提供了考察空间。

二、研究假设

（一）"工匠精神"与污染减排

"工匠精神"是员工和企业共同的思维图示和行事惯例，在企业中的熔炼与践行，有着自身的层次性（郭会斌等，2018）。该层次界面性是由职能分工导致（Kozlowski et al.，2006），这是因为企业内部由员工个体层面、组织层面组成（Coff et al.，2011），其得到了相关学者的验证，如人力、资本资源等从个体到集体（企业）的多层次的方式涌现（Ployhart et al.，2014）。具体到企业污染防治中践行的"工匠精神"，也具有这种层次性，即企业层面的"工匠精神"和员工层面的"工匠精神"。具体来说，企业层面践行的"工匠精神"，主要表现在专注于环保投资，形成污染防治的物质基础，员工层面践行的"工匠精神"，主要表现在对环保设施的应用、提升，以及研发污染防治技术、绿色工艺。前者为后者提供了污染防治的物质基础，后者释放、提升了前者的污染防治能力。

1. 企业层面"工匠精神"与污染减排

"工匠精神"不只局限于员工层面，还属于企业层面资本的范畴（郭会斌等，2018）。据此，企业层面和员工层面需共同践行"工匠精神"，扮演各自独特的角色（张培培，2017）。与员工层面不同的是，企业层面在污染防治时践行的"工匠精神"，表现在资本支出上，即专注于环保投资。由此看来，企业环保投资是企业层面在污染防治中践行"工匠精神"所表现的专注程度（张培培，2017），愿意开展环境治理的表现，同时也是"工匠精神"资本化的体现（郭会斌等，2018），即实物资本化，从而形成污染防治能力的主力，为外界利益相关者最为关注。于是，污染型企业专注于环保投资，其规模的大小体现了其从事环境治理的意愿程度，反映了企业层面"工匠精神"强度的高低。因此,企业层面的"工匠精神"影响污染减排绩效的机制或路径是:专注于环保投资,愿意并持续环境治理,以新增污染防治新技术,这些技术蕴藏于购置的环保设备,能够提升污染减排的环境绩效(Kim,2015)。公司当年的环保投资所形成的污染防治设备,代表企业形成的污染防治能力,是"工匠精神"资本化的体现(郭会斌等,2018)。因此,环保投资是企业层面践行"工匠精神"的外在表现,反映了企业层面乐于从事环境治理的意愿,体现了企业污染防治的主要力量。

企业层面在污染防治中践行"工匠精神",专注于环保投资,形成污染防治设备等资产,是污染防治、提升企业环境绩效的环保技术的载体和物质基础,也是企业的一种投入。企业长期持续对环保投资的专注,目的是防治污染、保护环境,使得其产出最大化,即达到节能减排的环境绩效要求,追求的是一种良好的产出。国外学者提出了投入产出模型,认为创新能力影响投入产出比(Hasenkamp,2013)。也有学者将经济与生态环境结合,在考虑了污染物的产生与消除后,进一步构建了环境投入与产出模型,用来考核环保投资绩效(Leontief,1973)。国内学者立足国情,从产业、部门等较宏观的角度探讨节能减排的效率问题,分别通过相关的投入与产出理论模型,考察了环境投入产出模型在环境压力核算中的应用(梁赛和王亚菲等,2016)。据此,本章基于环保投资专注的角度,应用投入产出的模型理论和"工匠精神"资本化理论(郭会斌等,2018),探讨污染防治效率,即企业愿意且专注于环保投资的"工匠精神"与污染减排绩效的关系。这里的投入,指的是企业层面对环保投资的专注,即"工匠精神"实物资本化,产出指的是企业污染减排绩效。

上述投入产出关系从不同角度得到了验证。企业层面专注于环保投资形成污染减排的物质基础,对防治环境污染有促进作用(黄清子和张立等,2016),即对资源、能源的利用和污染物的清洁处理具有正向促进作用。但是,经过对环保投资比重的分析发现,政府的环保投资对环保投资效率有显著影响,从侧面反映出企业未承担起环保的主体责任(张平淡等,2016)。企业发挥污染防治的主体作用必须拥有必要的环保设施(设备),形成企业污染减排的物质基础,增强污染防治能力。这就需要环保投资,购置环保设备,以增添污染减排的能力。因此,企业层面所专注的环保投资影响了企业污染减排绩效,而环保投资正是"工匠精神"资本化的体现(郭会斌等,2018),是企业层面践行精益求精的"工匠精神"的行为表现。基于以上的分析,本书提出以下假设:

H5 - 1:企业层面积极践行"工匠精神",环保投资行为表现越专注,环境治理意愿性越高,企业污染减排绩效越好。

2. 进一步分析:基于员工层面"工匠精神"的调节作用

(1) 员工层面"工匠精神"的作用机理。

员工层面践行精益求精、专注的"工匠精神",需要发挥人脑的作用,更多体现为"润物细无声"。现代企业中的员工,实际上相当于古代的"工匠"。柏拉图认为,具有"工匠精神"的工匠,从事工匠活动制造产品,不仅是为了单纯获利,更是体现了追求作品的完美和极致的精神,不仅要把产品做好、做精致,而且还要做出自己的最高境界。这表明,员工层面的"工匠精神"影响其活动,同样也会影响员工的污染防治行为,进而影响企业污染减排绩效。员工层面的"工匠精神"影响企业污染减排绩效的机理是:在污染防治中践行"工匠精神"的员工,对污染防治技术所追求的是勤于钻研、精益求精、专注细节、知行合一、追求极致的工作状态,发挥现有技术的最大潜力。具体来说,具有"工匠精神"的员工,在污染防治中专注于技术的精益求精,即个人对现有技术的持续专注与创新,让蕴藏技术的环保设备发挥到极致。同时也表明,员工层面对技术创新是践行"工匠精神"的表现,促进了环保设备的污染减排,即影响了企业环保投入产出比,助推了企业绩效的提升(Hasenkamp,2013)。因此,员工层面在现有污染防治设备和防治技术的基础上,对污染防治技术的精益求精、持续创新与专注,能提升企业污染减排绩效。这是缘于污染防治技术是导致污染物排放量减少的主要原因。总之,员工层面践行"工匠精神",让现有污染防治技术最大限度发挥作用,并对其持续创新,增强污染治理能力。据此可知,企业将减少污染物排放量,从而提升污染减排的环境绩效。

(2) 员工层面"工匠精神"作用在回归过程中的特点。

企业"工匠精神"的回归,是员工层面对"工匠精神"认同感由弱到强的过程。在回归期初,对"工匠精神"的认同感较弱,"工匠精神"的作用也较弱。如在我国环保投资额增长的情况下,节能减排等环境治理效果却很差(颉茂华等,2010)。这表明员工层面的"工匠精神"尚未兴起,环保投资形成的治污设备所蕴含的污染防治能力没有被充分释放,发挥"工匠精神"显得更加重要。同时,其污染减排边际效应递减,需要引入新的减排技术或手段,这同样需要员工对现有的污染防治技术进行创新。这是因为,技术进步会带动清洁生产,这使得在生产源泉环节进行节能减排可变为现实,并且自主研发、技术引进等更新技术能提高劳动生产率和提升能源利用率,从而减少二氧化碳等污染物的排放量。员工层面践行"工匠精神",提升专注度、保持精益求精的品质,会促使企业节能减排,从而提升污染减排的环境绩效,具有其重要性。因此,在"工匠精神"的回归过程中,需要弘扬"工匠精神",激励员工开展污染防治技术的革新与研发,并且要激发一线员工持续对环保技术小改小革和环保技术人员的创新攻关。这是源于基层一线是技术创新的源泉和土壤,作为现代工匠的员工是创新的主体,企业基层一线的员工创新就显得尤为必要。玛奇(March,1991)认为企业创新分为两种:一种是挖掘性创新,另一种是探索性的创新。但不论哪种创新,都是员工自身创新思想和措施闪烁于外的火花,都是创新的重要组成部分,均要激发其"工匠精神"并发挥作用。

员工层面"工匠精神"回归过程中具有外部性。员工践行"工匠精神",研发污染减排技术,与其他污染防治措施一样,具有外部性,会增加成本,无法直接带来经济利益。因此,企业支持员工层面践行"工匠精神"的意愿较低。为了避免成本增加,当污染减排绩效较好时,会减少当期员工层面践行"工匠精神"的支出,而不是相反,即不会因为污染减排绩效越好,企业越会积极支持"工匠精神"的发挥。同时,根据张同斌等(2017)的环境治理结构演进的三阶段理论,我国正处在第三阶段的初期,即政府、市场、公众既相互整合又相对独立的治理结构阶段。在此阶段,资本市场对企业环境治理行为不敏感,公众不太关注企业环境治理行为(陈守明等,2017)。因此,在污染防治中,员工层面践行"工匠精神"无法直接带来经济利益,因此要采取激励手段。而发挥员工层面的"工匠精神"，会新增企业的成本，这样会导致有些企业积极性不高，由此会产生"弘扬'工匠精神'活动强度较高的企业"和"弘扬'工匠精神'活动强度较低的企业"，其作用也有差别。

（3）员工层面"工匠精神"作用的多层次性。

员工层面践行的"工匠精神"具有层次性，引致其作用的多层次性。员工是践行"工匠精神"的关键和主体，具有层次性、多样化，如操作型员工、技能型员工、知识型员工，这些不同层次的主体，能力不同，其创新也体现为多样化。如员工的创新也为两类（March，1991），一类是探索性的创新，如高级技能型员工和知识型员工研发、攻关污染防治技术以发明创造，取得发明专利权；另一类就是挖掘性创新，如操作型员工和初级技能型员工学习技能后，掌握技术技巧或秘诀，对技术简单改进，进行渐进性、草根性的微创新。这表明"工匠精神"蕴含着的创新，具有多层次性。不过，这些创新均具有重要意义，能够推动技术进步，都是专注、精益求精的"工匠精神"的外在表现。这是源于不同层次的员工以"工匠精神"来驱动创新的持续性，永不满足、敢于自我否定、干中学、消化吸收前沿技术。如基层员工的"工匠精神"具体表现为学习环保知识和技能，开展"五小"活动，踊跃地提出节能减排的合理化建议，提出节能金点子，释放和提升环保设备的污染防治能力；相比于基层员工，科研技术人员在环保产品、环保工艺、环保技术创新，取得较大的技术进步，其释放和提升环保设备的污染防治能力较大些，作用较强些。两个层次的作用不可或缺，均是影响污染减排的重要因素。因此，创新成果不分大小，不论什么类型的创新，都要求员工在企业环境治理实践中，把污染减排最大限度地落到实处。马克思认为，员工个人在生活中所表现的本质，会作用于其生产过程和结果，它可以反作用于物质。因此，具有"工匠精神"的员工，只要有金点子就会努力去实现，并表现于员工节能减排的行为中。

（4）员工层面"工匠精神"作用的物质基础。

员工层面践行"工匠精神"，是以企业层面践行"工匠精神"形成的环保设备为基础。"工匠精神"在员工层面和企业层面之间，随着时间的推移，两者逐渐耦合，得到了熔炼和升级（郭会斌等，2018）。也就是说，企业通过环保投资形成的环保设备承载了引进的新技术和自身创新的技术，基层员工经过对其消化吸收并渐进性的微创新，两者融合，产生更大的精益求精的创新效果，从而使得污染防治技术水平以及环境治理能力不断提升。也就是说，员工层面践行的"工匠精神"，释放和提升了环保设备所蕴藏的污染防治能力，从而达到污染减排的效果。因此，企业层面践行的"工匠精神"和员工层面践行的"工匠精神"是一种耦合关系，前者为后者提供物质技术基础，后者对前者不断提升、延伸，即对现有污染防治技术予以消化吸收并创新，将原有技术和创新技术发挥到极致，释放节能减排的能力，从而起到调节作用，以提升污染减排的环境绩效。鉴于此，本书提出以下假设：

H5 - 2a：在企业层面践行"工匠精神"专注于环保投资的基础上，员工层面积极践行"工匠精神"的活动越强，创新性越强，则企业污染减排的环境绩效越好。

H5 - 2b：员工层面的高"工匠精神"组比低"工匠精神"组，更能助力企业层面践行"工匠精神"节能减排作用的发挥，提升企业污染减排的环境绩效。

H5 - 2c：企业层面践行的"工匠精神"和员工层面践行的"工匠精神"相辅相成，产生交互作用，合力提升企业污染减排的环境绩效。

3. 进一步分析：基于产权性质的异质性

近年来，企业政治关联在实务界和学术界越来越受到重视，是因为其具有自身独特的作用。企业是否具有政治关联，国有企业和非国有企业因产权性质不同，其环境治理行为会有所差异。其原因在于，当市场机制不完善、执法力度较弱时，企业会受到政府的干预（Shleifer et al.，1994）。例如，国有企业遇到困难时，容易得到政府的帮助，在法律制度不健全的情况下，公司及其股东也会较多地受到政府的影响甚至干扰。因此，企业政治关联不仅影响企业污染防治行为对环境规制的敏感度，而且还会影响其对环境规制的承受能力。国家环境规制政策的落实情况，会在不同政治关联的企业之间存在一定差异。

在污染防治中，国有企业天然的政治关联是否会调节"工匠精神"对企业污染减排绩效的影响？相关研究表明，政治关联作为一种企业与政府之间的密切关系，会影响企业污染防治行为，包括企业层面和员工层面践行"工匠精神"。具备政治关联的企业，往往利用自身政治关联的优势，能够实现不具备政治关联企业难以实现的目标（Boubakri et al.，2012）。由于国有企业和非国有企业各自面临的管制监督和执法力度均有所不同，与产权性质直接相连的政治关联，会影响企业在环境治理中践行"工匠精神"的意愿。据此，政治关联对企业有着正反双向调节作用：一是因政治关联导致了政府放松对国有企业的环境监督，从而较少发扬企业层面和员工层面的"工匠精神"，也不必担心企业污染减排绩效的问题；二是政治关联会导致政府说服国有企业必须带头执行环保政策，积极发扬企业层面和员工层面的"工匠精神"，以提升企业污染减排的环境绩效。然而，在我国当前环境治理的高压态势下，面对趋同的环境压力，国有企业和非国有企业都是"同等待遇"，即国有企业没有政治关联方面的优势，需与非国有企业一同执行环境管制政策，接受相同严厉程度的环境监管，积极发扬企业层面和员工层面的"工匠精神"，履行环境责任。据此，本书提出以下假设：

H5 - 3a：与非国有企业相比，国有企业更能提升污染减排的环境绩效。

H5 - 3b：与非国有企业相比，国有企业更积极发扬企业层面"工匠精神"，以提升污染减排的环境绩效。

H5 - 3c：与非国有企业相比，国有企业更积极发扬员工层面"工匠精神"，以提升污染减排的环境绩效。

H5 - 3d：与非国有企业相比，国有企业同样发扬企业层面和员工层面的"工匠精神"，以提升企业污染减排的环境绩效。

（二）污染减排绩效中介于"工匠精神"与企业债务融资之间

在严格的环境规制背景下，企业污染减排绩效的好坏，呈现了自身环境风险的大小。然而，污染型企业的环境风险影响企业资本的安全与收益（吴红军等，2017）。因此，随着国家对环境不断加强管制，债权人对污染型企业融资时均会考虑环境风险（Busch et al., 2007）这一重要因素。这是因为环境风险，是污染型企业排放的污染物对生态环境造成不利影响的现实和潜在威胁（Hamed et al., 1997），具有不确定性和对生态环境的危害性。因此，企业因环境风险需承担环境责任，会对企业产生不利影响，从而导致企业的经济利益流出，如环境排污费、环境税、增加环保投资、未达到排放标准而罚款甚至关闭停业等支出或损失。据此，企业环境风险影响自身的收益性、流动性和资本存量，会削弱企业的履约能力，从而导致违约风险的产生。相反，若企业污染减排的环境绩效优良，获得政府的肯定、扶持，如发放补贴、奖励，则会导致风险降低，增强企业履约能力。债权人在受理企业债务融资申请时，作为企业重要的准利益相关者，会重点评估企业违约风险（Weber et al., 2012）和履约能力，这些因素将影响企业债务融资能力。因此，展现企业环境风险大小的污染减排绩效将影响企业的债务融资。

环境风险具有不确定性，会导致资本成本的增加，同时又是污染型企业的禀赋。因此，相对于企业外部人员，企业内部管理层拥有更多的环境风险信息。根据信息风险理论，信息不对称所诱发的信息风险是不可分散的（Easley & O'Hara, 2004）。这会诱发债权人投资者作出逆向选择的行为，要么减少对企业的融资，要么提高投资收益率（企业债务融资成本），以弥补风险导致的损失。据此，企业在严格的环境管制下，存在着环境风险，继而影响投资者对企业不确定性的研判（李虹等，2016）并形成预期，从而影响投资者对企业的融资意愿和要价。这是因为投资者对污染型企业融资时，也意味着对企业的环境风险可能承担附带责任，因此会对该环境风险责任索要风险溢价（Dam et al., 2011）。如企业碳排放强度越强，权益资本成本也越高（Yeon-Bok et al., 2015），污染减排绩效好的企业，投资者评价其风险也低，要求的必要报酬率也低，从而企业的融资成本也低（何玉等，2017）。

在环境风险背景下，当企业和债权人在污染减排绩效目标上产生分歧时，则融资中的代理问题可能会出现。债权人对污染型企业融资后，期望能够安全收回资本和赚取报酬收益，同时还面临间接的环境风险。因此，债权人希望企业积极履行环境责任，遵守环境管制的法规和行业排污标准，提升污染减排的环境绩效，从而降低环境风险。然而，污染型企业更注重经济效应，会做出有利于自身的决策，例如应付式的履行环境责任、投资于利润丰厚的污染型项目。这类项目虽涉及污染的外部性，但还是有环境风险的，这是因为相应的风险会通过严格的环境管制又转回企业（Goss et al.，2011）。因此，企业做出高环境风险的逆向决策，若成功，股东取得大部分收益；若失败，企业无力还本付息而违约，债权人跟着承担损失。据此，正是这种不平等的回报诱发了融资中代理问题的产生。

代理理论表明，企业是一个有着众多利益相关者的契约集合体，企业和债权人是这个契约集合体中利益相关者的重要成员，契约代理成本会增加企业的违约风险，该违约风险或是影响债权人提供资金的意愿，或是虽然提供资金，但索要较高的风险溢价，继而提高企业债务资本成本。因此，存在代理问题的情况下，债权人为了维护自身利益，会通过借贷合同来提高贷款利率，即导致企业债务融资成本的提升。根据信息不对称理论，具有信息优势的企业会影响信息劣势的债权人决策，该影响或是导致信息劣势的债权人提供资金的意愿，或是引致债权人提高贷款利率以弥补信息缺陷，从而使企业承担高债务资本成本。因此，作为信息劣势的一方，债权人主要依据企业现有披露的、展现风险大小的污染减排绩效信息对公司做出研判，并以此做出有利于自身的融资意愿和要价的决定，以解决部分代理问题，从而影响企业的债务融资规模和债务融资成本。

上述分析说明，污染型企业的污染减排绩效影响其债务融资能力。污染减排绩效好的企业，有动力将好的污染减排绩效告之于外界（沈洪涛等，2014），以展示自身环境风险的良好管理能力和未来的发展前景（吴红军，2014），有利于增强债权人的信心，从而降低融资约束（吴红军等，2017），方便企业外部融资（Balakrishnan et al.，2014），从而容易筹集较多的债务资本或是承担较低的债务融资成本。鉴于此，本书提出以下假设：

H5-4：污染减排的环境绩效，在"工匠精神"提升企业债务融资能力的影响中发挥了中介效应。

第四节　研究设计

一、样本选择与数据来源

　　"工匠精神"在企业中由弱到强的回归过程窗口期间,企业弘扬"工匠精神"有差异:有的企业较慢、有的企业较快、有的企业持续弘扬"工匠精神"活动,这给本书的研究提供了场景。因此,本书选择 2010~2018 年作为"工匠精神"在企业中回归的窗口期,以便探究"工匠精神"在污染防治中对企业污染减排绩效的影响作用及差异。本书选取样本的做法是,以 2010~2018 年中国沪深两市的污染型上市公司为研究样本,为了提升样本的有效性,对样本进行了如下标准的筛选、剔除:(1)剔除了 ST 和 ST* 类型的公司样本;(2)剔除了金融类的公司样本;(3)剔除了数据缺失不全的公司样本;(4)剔除了指标值极端的样本公司,即在回归时,对所有连续型变量进行了 1% 和 99% 的缩尾处理,最终获得 4 618 个样本观察值。

　　本书样本数据通过以下途径获取:(1)"工匠精神"、企业污染减排绩效等研究变量的数据来自企业社会责任报告、环境报告、可持续发展报告、年度报告,采用手工的方式从这些报告的披露中收集、整理与核实获得,相应报告来源于巨潮官方网站;(2)其他研究变量数据来源于国泰安(CSMAR)的数据库。本书将企业层面践行的"工匠精神"变量提前一期处理后,其他变量为 2011~2018 年的当年数据,最终共有 4 618 条观察值数据。

二、变量的界定与度量

1. 被解释变量

　　企业污染减排的环境绩效(Cep)是企业对节能减排、污染防治进行管理的结果,公众、政府以及相关利益者都特别关注企业的污染减排绩效,学者们也对其展开了研究。众多学者认为,污染减排是环境绩效重要的内容（许家林等，2004；宋建波等，2013；彭满如等，2017），用于绿色治理绩效的评价分析（李维安等，2019）。为此，本书采用当前文献中通用的文本分析法，从样本公司的社会责任报告、环境报告、年度报告等资料中，手工收集污染减排信息，如达标排放信息和获得行业协会、当地政府、上级政府、国家等不同级别的排污奖项信息，由低到高排列，以确保污染减排信息的可比性。随后，本书借鉴企业环境绩效等级（吴德军等，2013）度量的做法，对企业所获得的企业污染减排绩效等级进行评分赋值，污染减排绩效等级较高的，赋值也较高。具体做法是，对合格达标排放的赋值为1，污染减排绩效处于行业领先但未获奖的赋值为2，污染减排绩效优良而获奖的赋值为3，且获得多项不同等级奖励累计相加，以示污染减排绩效的异质性。另外，企业自我削减污染物排放量也是环境绩效的表现，是企业节能减排过程中的路径目标。因此，在稳健性检验中，本书借鉴刘德银（2007）的做法，以污染物（SO_2）许可排放量/污染物实际排放量的比值，作为度量企业污染减排绩效的指标。

2. 解释变量

由于"工匠精神"为意识形态类，难以直接计量，因此，本书以意识形态类的"工匠精神"所表现于外的客观活动作为代理变量。

（1）企业层面的"工匠精神"。企业层面践行的"工匠精神"，主要表现为持续专注于环保投资的资本支出活动。因此，环保投资是企业愿意从事环境治理表现于外的资本化体现，是"工匠精神"的资本化（郭会斌等，2018）。企业层面践行专注、精益求精的"工匠精神"越积极，越愿意引进更先进的环境友好型技术，购入较多的环保设备。因此，以"工匠精神"回归的连续窗口期间的各年度环保投资，作为企业层面"工匠精神"的代理变量。该变量数值为当年度已完工且转入固定资产的环保在建工程，其数据从年度报告披露的在建工程附注信息中手工摘取。环保投资与一般的投资不同，不能产生直接的经济效益，其结果主要表现为减少污染、保护环境等社会效益。因此，环保投资形成的是企业降耗减排、保护环境的能力。这种能力的大小与环保投资规模密切相关，特别是规模相同而行业不同的企业，它们要达到相同的降耗减排、保护环境的能力水平，其需要的环保投入会有较大差异，比如重污染行业的环保投入要远远大于非重污染行业。鉴于此，本书以环保投资额的自然对数作为企业层面"工匠精神"的衡量指标。

（2）员工层面的"工匠精神"。"工欲善其事，必先利其器"，这里的"器"，指的是企业层面专注于环保投资形成的环保设备、设施；"利"指的是充分发挥员工层面的主观能动性，通过员工的技术创新等活动充分挖掘、提升现有环保设备或设施的能力，即发扬"工匠精神"。员工层面践行"工匠精神"，主要表现为在企业节能减排的过程中，员工所实施的客观的、多层次、多元化的创新性工匠活动，具体包括开展污染防治技术攻关、发明创造等探索性创新，以及持续改进、微创新等挖掘性创新。员工层面"工匠精神"表现于外的创新活动，也有高低层次之分。因此，本书以工匠活动作为代理变量，借鉴已有研究的等级赋值的度量法（吴德军等，2013）对变量进行赋值。主要做法是，从企业社会责任报告等资料中，通过手工方式收集工匠活动的相关数据，将员工层面践行"工匠精神"所开展的工匠活动的强度由低到高进行等级分类，并对其赋值。其中，学习污染防治技术知识赋值为1，因为技术知识是"工匠精神"的重要内容，是提升能力的基础（郭会斌等，2018）；由于创新活动是员工层面践行"工匠精神"的外在表现（Hasenkamp，2013），未取得专利证书的小改小革、节能金点子、"五小"活动，其创新程度低于取得专利证书的技术创新。因此，将员工层面节能降耗的小改小革、节能金点子、"五小"活动微创新等赋值为2，而将员工层面开展环保技术创新、环保产品研发并获得专利证书或奖项等赋值为3，获得多个证书或奖项的累加，以体现环境绩效的异质性。

（3）企业产权性质。按产权性质不同，企业可以分类为国有企业和非国有企业。在中国，国有企业在国民经济中占有主导地位，担负着落实国家宏观政策与战略的重任。在污染防治与环境治理方面，相对于非国有企业，国有企业受到来自政府更大的政治压力。同时国有企业天然的政治关联关系，将影响企业践行"工匠精神"的意愿，从而影响污染防治行为及其污染减排的环境绩效。本书按照企业产权性质，将属于国有企业的取值为1，否则为0。

3. 控制变量

影响企业污染减排绩效的因素众多。本书在借鉴相关文献（吴德军等，2013；李钢等，2015；叶陈刚等，2016）的基础上，引入以下控制变量：（1）营业收入现金含量。落实员工层面节能金点子、小改小革等各项工匠活动，以提升企业污染减排的环境绩效，需要资金支持。营业收入现金含量较高的企业，其资金较充裕，才能够支持开展员工层面污染防治的工匠活动，以提升企业污染减排的环境绩效。该变量采用销售商品、提供劳务收到的现金/营业收入的比值计算，以排除企业之间规模差异的影响。（2）盈利能力。一般而言，盈利能力较强的企业，会有足够的财务能力支持污染防治与环境治理，并取得相应的污染减排绩效。该变量值取净利润与总资产平均值之比。（3）资产负债率。企业开展污染防治活动，必然会占用相应的资金，从而导致企业资金短缺而需要增加借款，因此资产负债率会影响企业污染减排的环境绩效。（4）营业收入增长率。营业收入增长意味着产量增加，而产量增加则能源消耗也会增多，因此，产量的多少影响能源的消耗和污染物的排放，从而影响企业污染减排的环境绩效。该变量值取当期营业收入减上期营业收入所得差与上期营业收入之比。（5）行业属性。重污染行业与其他行业相比，其污染物排放等存在明显差异，从而也会影响企业污染减排的环境绩效。该变量取值分别是：重污染行业为1，否则为0。（6）公司上市地点。不同的上市地点对上市公司环境信息披露要求存在一定差异，这会导致产生有差异的污染防治预期，从而影响企业污染减排的环境绩效。该变量取值分别是：上交所为1，深交所为0。（7）同时控制年度效应和行业效应。企业规模越大，投资于清洁生产工艺等污染防治设备就越多，以期提升环境绩效。学者们在研究企业污染减排绩效影响因素时，往往把企业资产作为企业规模变量（胡珺等，2017；李钢等，2015），并作为清洁生产工艺等污染防治设备的代理变量。但本书未引入该变量，原因是本书把专注于环保投资作为企业层面"工匠精神"的代理变量。该代理变量是清洁生产等污染防治技术的载体，环保投资数据来自上年度的完工且转入固定资产的环保在建工程，即来自于资产。若再引入资产，则会产生多重共线性问题。各变量的简要说明如表5-1所示。

表 5-1 变量简要说明

项目	变量名	变量定义
被解释变量	Ceps	企业污染减排绩效：等级赋值评分加总
	Cepr	企业污染减排绩效：污染物（SO_2）许可排放量/污染物实际排放量
解释变量	Socc	企业层面工匠精神：环保投额对数
	Soce	员工层面工匠精神：开展的工匠活动等级评分加总
	Soccm	企业层面工匠精神：环保投额对数（对中处理后）
	Socem	员工层面工匠精神：开展的工匠活动等级评分加总（对中处理后）
	Soccm × socem	两个层面工匠精神的交互项（对中处理后）
	Nature	国有企业为1，非国有企业为0
控制变量	Ccoi	营业收入现金含量（销售商品、提供劳务收到的现金/营业收入）
	Roa	总资产净利润率
	Lev	资产负债率
	Growth	营业收入增长率
	Stkcd	上海上市为1，深圳上市为0
	Pollute	重污染行业为1，非重污染行为0
	Year	年度
	Industry	行业

三、模型设计

（一）"工匠精神"与企业污染减排绩效相关模型

在前述理论分析的基础上，本书借鉴已有研究成果（胡珺等，2017；吴德军等，2013），构建了如下模型，以验证前文的假设：

第一，考虑到企业层面践行的"工匠精神"，其专注于环保投资，是形成污染防治能力的主力，是企业污染防治中基础性的"工匠精神"。因此，构建基本模型（5-4）进行实证检验假设 H5-1，以考察企业污染防治中主力型的"工匠精神"对污染减排绩效的影响。

$$Ceps_t = \beta_0 + \beta_1 Socc_{t-1} + \beta_2 Nature_t + \sum \beta Controls + \varepsilon \quad (5-4)$$

第二，在假设 H5-1 检验通过的基础上，构建模型（5-5）和模型（5-6）来分别验证假设 H5-2 和假设 H5-3。

$$Ceps_t = \beta_0 + \beta_1 Socc_{t-1} + \beta_2 Soce_t + \beta_3 Nature_t + \sum \beta Controls + \varepsilon$$
$$(5-5)$$

$$Ceps_t = \beta_0 + \beta_1 Soccm_{t-1} + \beta_2 Socem_t + \beta_3 Nature_{t+} + \beta_4 Soccm_{t-1} Socem_t$$
$$+ \sum \beta Controls + \varepsilon \quad (5-6)$$

在构建模型（5-6）时，为了避免交互项和参与交互的变量产生共线性问题，本书对参与交互的变量企业层面"工匠精神"（$Socc$）和员工层面"工匠精神"（$Soce$）进行了对中处理（谢宇，2016），即求出变量与其平均值的差，分别形成 $Soccm$ 和 $Socem$，然后再交互形成交互项 $Soccm \times Socem$。

第三，在假设 H5-1 和假设 H5-2 检验通过的情况下，本书以"工匠精神"变量值的平均值为分界标准，对"工匠精神"变量值进行分组，大于平均值的为发扬"工匠精神"的积极组，称为高"工匠精神"组，并将其作为实验组；通过 PSM 匹配确定对照组，"工匠精神"变量值即低于平均值的为发扬"工匠精神"的不积极组，称为低"工匠精神"组。分组后，应用上述模型（5-4）进一步验证假设 H5-2，以验证高"工匠精神"组比低"工匠精神"组更能助力企业层面践行的"工匠精神"对企业污染减排的环境绩效产生影响。

第四，在应用模型（5-4）和模型（5-5）对假设 H5-1 和假设 H5-2 检验通过的情况下，构建模型（5-7）和模型（5-8）来分别验证假设 H5-4a、H5-4b、H5-4c、H5-4d。在构建模型（5-7）和模型（5-8）时，对参与交互的"工匠精神"变量进行了对中处理，分别形成 $Soccm$ 和 $Socem$，然后再进行交互，形成交互项 $Nature \times soccm_{t-1}$ 和 $Nature \times socem_t$。

$$Ceps_t = \beta_0 + \beta_1 Soccm_{t-1} + \beta_2 Socem_t + \beta_3 Nature_t + \beta_4 Naturesoccm_{t-1}$$
$$+ \sum \beta Controls + \varepsilon \quad (5-7)$$

$$Ceps_t = \beta_0 + \beta_1 Soccm_{t-1} + \beta_2 Socem_t + \beta_3 Nature_t + \beta_4 Naturesocem_t$$
$$+ \sum \beta Controls + \varepsilon \quad (5-8)$$

（二）企业环境绩效中介变量效应模型

在模型（4-1）的基础上，引入污染减排的环境绩效（Ceps）变量，从而构建模型（5-9）。根据中介效应理论，模型（4-1）、模型（5-4）和模型（5-9）分别对应中介效应三个检验模型（5-1）、模型（5-2）和模型（5-3），依次形成三个步骤，以考察企业污染减排绩效的中介效应，验证假设 H5-4。

$$Debt_{t+1} = \beta_0 + \beta_1 Socc_t + \beta_2 ceps_t + \sum \beta Controls + \varepsilon \qquad (5-9)$$

第五节　实证结果与分析

一、描述性统计

研究样本变量的描述性统计结果如表 5-2 所示。可见，企业污染减排绩效（Ceps）等级的最小值为 1，最大值为 18，说明样本公司之间的污染减排绩效存在较大差异；同时其平均值和中位数分别为 4.485 和 2，绝大多数样本公司的企业污染减排绩效低于总体样本的平均值，这表明了绝大多数样本公司的污染减排绩效不佳，处于平均水平以下。尽管如此，总体样本公司的平均值大于其中位数，说明有少数公司的污染减排绩效较佳。企业层面践行"工匠精神"（Socc）的平均值和中位数分别为 16.848 和 16.786，两者比较接近，表明在国家环境管制趋严的高压态势下，大多数样本企业层面践行"工匠精神"以专注于环保投资具有趋同性。但是该趋同现象，与企业环境绩效的平均值和中位数较大差异性不匹配。这初步表明，除了企业层面践行的"工匠精神"对企业污染减排绩效有影响外，员工层面践行的"工匠精神"也发挥了积极作用。也就是说，员工积极践行"工匠精神"，释放环保设备治理污染的能力越充分，企业污染减排绩效越好；这也表明，如果员工践行"工匠精神"不积极，没有充分释放环保设备治理污染的能力，会导致企业污染减排绩效不理想。这初步验证了假设H5-2。员工层面践行"工匠精神（Soce）"所开展的工匠活动的等级最小值为1，最大值为6，其标准差也较大，说明样本公司之间的差异较大。同时，其平均值和中位数分别是3.456和1，表明绝大多数样本公司的员工所开展工匠活动低于总样本的平均值，其原因在于以环保为目的工匠活动不产生直接经济效益，多数企业在污染防治中激励员工开展工匠活动的意愿不强。有关环保的员工层面所开展的工匠活动与企业污染减排绩效的各自差异较大，且这种差异具有一定的相似性。这也初步验证了假设H5-2a。样本公司上市地点（Stkcd）的平均值和中位数分别为0.460和0，说明样本公司来自深圳证券交易所较多，行业属性（Pollute）和产权性质（Nature）的中位数大于平均值，说明大多数样本公司来自重污染行业的国有企业。

表5-2   描述性统计结果

Variable	Obs	Mean	Median	Std. Dev.	min	max
Ceps	4 618	4.485	2	4.152	1	18
Socc	4 618	16.848	16.786	2.567	10.817	22.584
Soce	4 618	3.456	1	2.583	1	6
Ccoi	4 618	0.968	1.013	0.260	0.085	2.377
Nature	4 618	0.639	1	0.586	0	1
Stkcd	4 618	0.460	0	0.569	0	1
Roa	4 618	0.052	0.033	0.053	-0.451	0.351
Lev	4 618	0.468	0.510	0.186	0.014	1.344
Growth	4 618	0.183	0.094	0.960	-0.738	33.369
Pollute	4 618	0.687	1	0.465	0	1

二、相关性分析

为了考察变量之间的两两相关性，本书进行了Pearson相关性检验，如表5-3所示。企业污染减排绩效（Ceps）与企业层面的"工匠精神"（Socc）的相关系数为0.326，且在1%的水平上显著的，表明企业层面的

表 5 - 3

相关性分析

	Ceps	Scc	Soce	Ccoi	Stkcd	Roa	Lev	Growth	Pollute	Nature
Ceps	1.000									
Socc	0.326***	1.000								
Soce	0.432***	0.337***	1.000							
Ccoi	0.157***	0.061**	0.057*	1.000						
Stkcd	-0.109***	0.170***	0.043	0.004	1.000					
Roa	0.013	-0.124***	-0.027	0.062**	-0.136***	1.000				
Lev	0.153***	0.364***	0.186***	-0.060	0.206***	-0.456***	1.000			
Growth	-0.029	-0.069	-0.041	-0.050	-0.042	0.161***	0.015	1.000		
Pollute	0.056	0.232***	0.068**	0.064	0.0763**	-0.035	-0.042	-0.001	1.000	
Nature	0.113***	0.230***	0.086***	0.063	0.226**	-0.162***	0.216***	-0.060	0.085***	1.000

注：***、**、* 分别表示在1%、5%、10% 的水平上显著。

"工匠精神"对企业污染减排绩效的提高有正向作用,初步验证了假设 H5-1。企业污染减排绩效(*Ceps*)与员工层面践行的"工匠精神"(*Soce*)的相关系数为0.432,且在1%的水平上显著,表明围绕降耗减排开展的工匠活动促进了企业污染减排绩效的提高,初步验证了假设 H5-2。由此可见,本书解释变量的选取是较为合理的。此外,解释变量与控制变量之间的相关系数绝大多数小于0.5,对应的方差膨胀因子(VIF)小于2,这表明本书构建的回归模型不存在较严重的共线性问题,控制变量的选取也较为合理。

三、回归与分析

本书采用 Stata16 进行回归分析以验证前文提出的假设,结果及分析如下。

(一)"工匠精神"与企业污染减排绩效回归与分析

表5-4中的"工匠精神"作用机理回归模型的结果显示:首先,模型(5-4)至模型(5-6)中的企业层面的"工匠精神"回归系数分别为0.465、0.086和0.085,且均在1%的水平上显著;同时,模型(5-7)至模型(5-8)中的企业层面的"工匠精神"回归系数分别为0.079和0.090,分别在10%和5%的水平上显著,这些均表明企业层面践行的"工匠精神"对企业污染减排绩效有正向作用,验证了假设 H5-1。其次,模型(5-5)在模型(5-4)的基础上,加入了员工层面践行的"工匠精神"变量,该模型的调整后的 R^2 大于模型(5-1),表明模型(5-5)的拟合度优于模型(5-4);同时,模型(5-5)中的员工层面"工匠精神"回归系数为1.236,且在1%的水平上显著,表明员工层面践行的"工匠精神"对企业污染减排绩效有显著的正向促进作用,拟合度的提高和回归系数的显著性均验证了假设 H5-2a。最后,将模型(5-5)中企业层面践行的"工匠精神"和员工层面践行的"工匠精神"分别对中处理(谢宇,2016),并参与交互形成交互项,构建模型(5-6)。模型(5-6)中的调整后的 R^2 大于模型(5-5),表明模型(5-6)的拟合度优于模型(5-5);企业层面践行的"工匠精神"与员工层面践行的"工匠精神"的交互项回归系数为

0.036，在5%的水平上显著，进一步表明两个层面的"工匠精神"产生合力，共同对企业污染减排绩效有显著的正向推动作用，拟合度的提高和回归系数的显著性均验证了假设 H5 - 2b。假设 H5 - 1 至假设 H5 - 2 均得到了验证，即企业层面践行的"工匠精神"与员工层面践行的"工匠精神"均显著提升了污染减排的环境绩效，这表明企业资源在企业经营管理中得到了有效支配，提升了企业资源运行效率，从而诠释了企业性质理论。

产权性质考察模型回归分析。模型（5 - 4）至模型（5 - 8）中产权性质的回归系数均在1%的水平上均显著，且正向影响企业环境绩效，验证了假设 H5 - 3a。模型（5 - 7）中企业层面"工匠精神"与产权性质交互项的回归系数为 0.035，且不显著，这表明在当前环境治理压力下，与非国有企业相比，国有企业发扬企业层面的"工匠精神"所形成环保设备（污染防治的基础）对企业污染减排绩效的影响，没有显著的差异。也就是说，在专注于环保投资方面，国有企业和非国有企业都在努力发扬企业层面的"工匠精神"，以提升自身的污染减排绩效。假设 H5 - 3b 未得到验证，模型（5 - 8）中员工层面的"工匠精神"与产权性质交互项的回归系数为 0.016，且不显著，这表明在当前环境治理压力下，与非国有企业相比，国有企业发扬员工层面的"工匠精神"对企业环境绩效的评优评级的影响，没有显著的差异。也就是说，国有企业和非国有企业对企业污染减排绩效的评优评级的追求具有趋同性，均在发挥各自的优势以提升企业在环保评优评级方面的环境绩效。假设 H5 - 3c 未得到验证，模型（5 - 7）和模型（5 - 8）的回归结果验证了假设 H5 - 3d。这种趋同性的考察结果，进一步验证了企业性质理论。不过，这些回归分析结果是否稳健，有待后续进一步检验。

表 5 - 4   回归结果

变量	模型（5 - 4）	模型（5 - 5）	模型（5 - 6）	模型（5 - 7）	模型（5 - 8）
Socc	0.465 *** (0.042)	0.086 *** (0.023)	0.085 *** (0.024)	0.079 * (0.032)	0.090 ** (0.026)
Nature	0.532 *** (0.061)	0.300 *** (0.063)	0.294 *** (0.073)	0.310 *** (0.071)	0.301 *** (0.068)

续表

变量	模型（5-4）	模型（5-5）	模型（5-6）	模型（5-7）	模型（5-8）
Soce		1.236 *** (0.020)	1.208 *** (0.020)	1.357 *** (0.023)	1.353 *** (0.036)
Soccm × Socem			0.036 ** (0.013)		
Nature × Soccm				0.035 (0.026)	
Nature × Socem					0.016 (0.022)
Ccoi	2.120 *** (0.431)	1.035 *** (0.156)	0.956 *** (0.165)	1.025 *** (0.153)	1.036 *** (0.165)
Stkcd	-1.825 *** (0.118)	-1.3630 *** (0.056)	-1.365 *** (0.048)	-1.354 *** (0.025)	-1.365 *** (0.034)
Roa	5.816 *** (0.764)	3.356 *** (0.545)	3.302 *** (0.540)	3.263 *** (0.505)	3.421 *** (0.536)
Lev	3.161 *** (0.423)	1.031 *** (0.204)	1.069 *** (0.207)	1.030 *** (0.214)	1.031 *** (0.253)
Growth	-0.158 *** (0.026)	-0.059 (0.038)	-0.065 (0.055)	-0.065 (0.059)	-0.079 (0.056)
Pollute	-0.582 ** (0.159)	-0.310 ** (0.137)	-0.310 ** (0.139)	-0.325 * (0.131)	-0.327 ** (0.135)
Year	控制	控制	控制	控制	控制
Industry	控制	控制	控制	控制	控制
_Cons	-7.645 *** (0.823)	-2.858 *** (0.328)	3.285 *** (0.269)	3.342 (0.276)	3.454 (0.265)
N	4 618	4 618	4 618	4 618	4 618
R-sq	0.176	0.508	0.516	0.536	0.535

注：***、**、*分别表示在1%、5%、10%的水平上显著，括号内为标准误差。

（二）基于企业环境绩效的中介效应回归与分析

考察模型（4-1）和模型（5-4）并验证了相应假设后，依据中介效应检验步骤，考察模型（5-9），进一步检验假设 H5-4。即将污染减排绩效引入模型（5-1）中，继而得到模型（5-9）并重新进行回归，回归结果如表 5-5 所示。表 5-5 中回归结果列（1）显示，以债务融资规模的变化值（$DebtAmo_{t+1}$）作为被解释变量，企业污染防治中践行的"工匠精神"（$Socc$）、中介变量污染减排绩效（$Seps$）的回归系数分别为 0.012 和 0.002，且依次在 1% 和 10% 的水平上显著。这些回归系数及其显著性，结合表 5-4 中列（1）报告的模型（4-1）中"工匠精神"（$Socc$）回归系数和显著性，可知中介变量污染减排绩效（$Seps$）发挥了部分中介效应作用，即企业污染防治中践行的"工匠精神"（$Socc$）提升企业债务融资能力，部分是通过中介变量污染减排绩效实现的。

根据表 5-5 中回归结果列（2）显示可知，被解释变量换为债务融资成本变化值（$DebtCo_{t+1}$）后再次回归的系数、显著性，结合表 5-4 中列（2）报告回归结果，分析可知污染减排绩效（$Seps$）的依然发挥了中介效应作用。中介变量更换为污染减排绩效（$Seps$）后，应用模型（5-9）分别对被解释变量债务融资规模的变化值（$DebtAmo_{t+1}$）、债务融资成本变化值（$DebtCo_{t+1}$）先后回归，回归结果如表 5-5 中列（3）和列（4）所列的回归系数和显著性，结合表 4-4 中列（2）报告回归结果，分析可知环境绩效（$Seps$）的依然发挥了中介效应作用，即假设 H5-4 得到验证。更换被解释变量和中介变量后，中介效应作用仍然存在，这表明中介效应是稳健的。

这些回归分析表明，企业层面污染防治中践行的"工匠精神"，不仅促进了污染减排绩效的提升，赢得了绿色环境声誉，而且还通过中介变量污染减排绩效提升了企业债务融资能力，这表明企业污染防治的外部性内部化的过程，具有自身的路径。同时，上述企业环境绩效中介效应的验证，表明在国家生态文明建设的环境中，多个主体守约、共生有着独特的路径和机理，这进一步诠释了共生理论和契约论。

表 5 - 5 　　　　　　　　　中介效应模型回归结果

变量	模型（5-9）被解释变量 $Debt_{t+1}$		模型（5-9）被解释变量 $Debt_{t+1}$	
	(1) 债务融资规模 $DebtAmo_{t+1}$	(2) 债务融资成本 $DebtCo_{t+1}$	(3) 债务融资规模 $DebtAmo_{t+1}$	(4) 债务融资成本 $DebtCo_{t+1}$
$Socc$	0.012*** (0.002)	-0.002*** (0.001)	0.012*** (0.002)	-0.002*** (0.001)
$Seps$	0.002* (0.001)	0.001*** (0.001)		
$Sepr$			0.002** (0.001)	-0.001** (0.001)
Fia	-0.306*** (0.046)	0.001* (0.001)	-0.306*** (0.046)	0.001* (0.001)
$Cash$	0.001*** (0.001)	-0.001*** (0.001)	0.001*** (0.001)	-0.001*** (0.001)
Lev	-0.182*** (0.050)	0.007*** (0.001)	-0.182*** (0.051)	0.008*** (0.001)
$LnSize$	0.010** (0.004)	0.001*** (0.001)	0.011** (0.004)	0.001*** (0.001)
Ce	0.080** (0.023)	-0.001 (0.001)	0.083*** (0.023)	-0.002 (0.001)
$Pollu$	0.035** (0.014)	0.003*** (0.001)	0.034* (0.014)	0.003*** (0.001)
$Stkcd$	0.017* (0.007)	0.001 (0.001)	0.015* (0.007)	0.001 (0.001)
$Contro$	-0.001 (0.001)	-0.001 (0.001)	-0.001 (0.001)	0.001 (0.001)
$Nature$	-0.010 (0.009)	0.001** (0.001)	-0.010 (0.009)	0.001** (0.001)
$Year$	控制	控制	控制	控制
$Industry$	控制	控制	控制	控制

续表

变量	模型（5-9）被解释变量 $Debt_{t+1}$		模型（5-9）被解释变量 $Debt_{t+1}$	
	（1）债务融资规模 $DebtAmo_{t+1}$	（2）债务融资成本 $DebtCo_{t+1}$	（3）债务融资规模 $DebtAmo_{t+1}$	（4）债务融资成本 $DebtCo_{t+1}$
Cons	-0.371 *** (0.100)	0.007 ** (0.002)	-0.393 *** (0.110)	0.011 ** (0.003)
N	4 618	4 618	4 618	4 618
R-sq	0.454	0.138	0.454	0.133

注：***、**、*分别表示在1%、5%、10%的水平上显著。

（三）稳健性检验

1. 更换关键变量的稳健性检验

为了检验前述结论的稳健性，本书改变被解释变量企业"污染减排绩效"的度量方法，将企业污染减排绩效变量改为污染物（SO_2）许可排放量/污染物实际排放量（刘德银，2007）的比值度量（采用表5-1中相应的参数 Cepr），对上述四个假设和模型重新进行了检验，结果如表5-6所示。由表5-6中的回归结果可以看出：首先，模型（5-4）至模型（5-8）中的企业层面"工匠精神"的回归系数均在1%的水平上显著且为正数，表明企业层面"工匠精神"对企业污染减排绩效有正向提升作用，验证了假设H5-1。其次，模型（5-5）在模型（5-4）的基础上，加入了员工层面的"工匠精神"变量，该模型的调整后的 R^2 大于模型（5-4），表明模型（5-5）的拟合度优于模型（5-4）；同时，模型（5-5）中的员工层面的"工匠精神"回归系数为在1%的水平上显著且为正数，表明员工层面践行的"工匠精神"对企业污染减排绩效有正向推动作用，拟合度的提高和回归系数的显著性均验证了假设H5-2a。再次，将模型（5-5）中企业层面践行的"工匠精神"和员工层面践行的"工匠精神"分别对中处理（谢宇，2016），并参与交互形成交互项，构建模型（5-6）。模型（5-6）中的调整后的 R^2 大于模型（5-5），表明模型（5-6）的拟合度优于模型（5-5），企业层面的"工匠精神"与员工层面的"工匠精神"的交互项回归系数在1%的水平上显著且为正数，进一步表明企业层面的"工匠精神"与员工层面的"工匠精神"产生的合力，对企业污染减排绩效有正向促进作用，验证了假设H5-2c。最后，企业污染减排绩效变量改变度量指标后，与之前相比，模型（5-6）、模型（5-7）和模型（5-8）变化时，产权性质回归系数接近于零，且为负数。也就是说，与非国有企业相比，国有企业对污染减排绩效的影响，差异接近于零且不显著，表明假设H5-3a不成立。同时模型（5-7）中企业层面的"工匠精神"与产权性质的交互项的回归系数为接近于零的负数且不显著，这表明在专注于环保投资方面，国有企业和非国有企业都在努力发扬企业层面的"工匠精神"，假设H5-3b不成立。模型（5-8）中员工层面的"工匠精神"与产权性质的交互项的回归系数为-0.086，在5%的水平上显著，假设H5-3c不成立。这意味着，相比国有企业，非国有企业更积极发挥员工层面的"工匠精神"，这也说明国有企业没有充分发扬员工层面的"工匠精神"。同时也从侧面反映出，之前以企业污染减排绩效的评优评级作为变量，产权性质以及其交互项系数都为正，其原因在于国有企业具有天然的政治关联，比非国有企业更有优势，正是这种优势，影响了国有企业员工层面"工匠精神"的发扬，进而影响国有企业污染减排绩效，因此，以污染物许可排放量/污染物实际排放量的比值度量企业环境绩效时，并不比非国有企业好。

表5-6　　　　　　　　回归结果

变量	模型（5-4）	模型（5-5）	模型（5-6）	模型（5-7）	模型（5-8）
$Socc$	0.368*** (0.023)	0.152*** (0.026)	0.160*** (0.030)	0.230*** (0.031)	0.156*** (0.021)
$Nature$	0.138 (0.074)	0.025 (0.056)	-0.0001 (0.065)	-0.0001 (0.065)	-0.001 (0.073)
$Soce$		0.674*** (0.032)	0.683*** (0.021)	0.683*** (0.023)	0.650*** (0.038)
$Soccm \times Socem$			0.026*** (0.006)		

续表

变量	模型（5-4）	模型（5-5）	模型（5-6）	模型（5-7）	模型（5-8）
Nature × Soccm				-0.062 (0.035)	
Nature × Socem					-0.086** (0.040)
Ccoi	0.782** (0.257)	0.347** (0.125)	0.291* (0.126)	0.362** (0.123)	0.380** (0.132)
Stkcd	-0.806*** (0.065)	-0.582*** (0.043)	-0.612*** (0.040)	-0.581*** (0.040)	-0.576*** (0.042)
Roa	3.823*** (0.634)	2.532*** (0.631)	2.504*** (0.625)	2.526*** (0.626)	2.652*** (0.625)
Lev	1.023*** (0.230)	-0.052 (0.146)	-0.010*** (0.168)	-0.050 (0.148)	-0.050 (0.153)
Growth	-0.034 (0.020)	0.003 (0.020)	0.001 (0.021)	0.004 (0.020)	0.006 (0.021)
Pollute	0.168 (0.086)	0.306** (0.086)	0.309 (0.086)	0.312** (0.091)	0.319** (0.086)
Year	控制	控制	控制	控制	控制
Industry	控制	控制	控制	控制	控制
_Cons	-5.428*** (0.246)	-3.081*** (0.217)	2.965*** (0.326)	2.052*** (0.246)	2.021*** (0.250)
N	4 618	4 618	4 618	4 618	4 618
R-sq	0.136	0.361	0.383	0.382	0.380

注：***、**、*分别表示在1%、5%、10%的水平上显著，括号内为标准误差。

2. 内生性检验

（1）基于倾向得分匹配法（PSM）的内生性检验。

为避免内生性问题，本书在构建实证检验模型时，将企业层面践行的专注于环保投资的"工匠精神"变量数据的取值提前一期，企业污染减排绩效等变量数据取值于当期。另外，赫克曼等（Heckman et al.）提出的"反事实"的倾向得分匹配法，可以有效避免"自我选择偏误"问题和内生性问题。据此，为了应用倾向得分匹配法验证开展不同强度的"工匠精神"对企业污染减排绩效影响差异，本书以员工层面的"工匠精神"的平均值为界进行分组，即分为高"工匠精神"组和低"工匠精神"组。分组后的高"工匠精神"组作为实验组，通过倾向得分匹配法（PSM）从低"工匠精神"组中选择对照组，采用前述模型（5-4）进一步验证前面的假设 H5-2b。估计结果如表 5-7 所示。

表 5-7　　　　　　　　　　　样本总体 ATT 效果

变易名称	样本	实验组	控制组	ATT	标准误	T 值
ceps	匹配前	8.028	1.070	6.936 ***	0.012	67.070
	匹配后	7.968	1.056	6.783 ***	0.135	64.073

注：*** 表示在 1% 的水平上显著。

从表 5-7 匹配结果中，可以看到，倾向得分匹配的效果较好，企业污染减排绩效依然有显著差异。这说明"工匠精神"能够提升企业污染减排绩效。

（2）基于工具变量的内生性检验。

上述应用倾向得分匹配法（PSM）检验了内生性的问题，尽管如此，工匠精神与企业污染减排绩效的预期目标之间潜在的反向因果关系，这可能影响本书的研究结论。鉴于此，本章构造了一个工具变量，尝试通过二阶段的估计方法进一步检验内生性。即以企业所驻地级市域内的古建筑和修复重建的古建筑的数量作为工具变量，这些古建筑或修复重建的古建筑体现了古代"工匠精神"，具有外生性，构成了企业驻地的营商环境中的社会"工匠精神"，对域内企业具教化、激励的促进影响作用，有助于推动域内企业在污染防治中践行"工匠精神"。

表 5-8 报告了基于社会"工匠精神"（*Ssoc*）作为工具变量的两阶段回归结果。从表 5-8 列（1）中第一阶段回归结果可知，社会"工匠精

神"（Ssoc）变量的回归系数为 0. 195，且在 1% 水平上显著。这表明当地的社会"工匠精神"促进了域内的企业在污染防治中践行"工匠精神"。第二阶段回归结果显示，在控制内生性问题后，表 5 - 8 列（2）中"工匠精神"的回归系数 6. 917，且在 1% 水平上显著，即"工匠精神"提升了企业污染减排绩效；更换环境变量后，列（3）中"工匠精神"的回归系数 3. 578，且在 1% 水平上显著，"工匠精神"同样提升了污染减排绩效。这些回归数据分析表明，"工匠精神"正向促进了企业污染减排绩效的提升，符合前述所提出的假设。基于社会"工匠精神"工具变量的两阶段回归分析结果表明，研究结论依然是稳健的。

表 5 - 8　　　　基于社会工匠精神（Ssoc）变量的两阶段回归检验

变量	第一阶段回归	第二阶段回归（被解释变量 Cep）	
	（1）被解释变量企业工匠精神（Socc）	（2）污染减排绩效（Ceps）	（3）污染减排绩效（Cepr）
Ssoc	0. 195 *** (0. 016)		
Socc		6. 917 *** (0. 588)	3. 578 *** (0. 313)
Ccoi	0. 543 *** (0. 197)	- 2. 530 *** (1. 384)	- 1. 011 *** (0. 738)
Roa	2. 667 *** (0. 654)	- 15. 659 *** (4. 783)	- 5. 235 ** (2. 613)
Lev	3. 056 *** (0. 241)	- 20. 040 *** (2. 627)	- 10. 400 *** (1. 410)
Growth	- 0. 106 *** (0. 026)	0. 646 ** (0. 176)	0. 352 *** (0. 103)
Stkcd	0. 246 *** (0. 083)	- 3. 137 *** (0. 605)	- 1. 434 *** (0. 326)
Pollu	0. 915 *** (0. 094)	- 6. 509 *** (0. 930)	- 2. 954 *** (0. 480)

续表

变量	第一阶段回归	第二阶段回归（被解释变量 Cep）	
	（1）被解释变量企业工匠精神（Socc）	（2）污染减排绩效（Ceps）	（3）污染减排绩效（Cepr）
Nature	0.553 ** (0.087)	− 3.393 *** (0.687)	− 1.882 *** (0.360)
Year	控制	控制	控制
Industry	控制	控制	控制
Cons	11.811 *** (0.270)	− 91.340 *** (7.915)	− 47.323 ** (4.245)
N	4 618	4 618	4 618
R-sq	0.250		
F 值	88.25		

注：*** 、** 分别表示在1%、5%的水平上显著；括号内为标准误差。

本章的研究以"工匠精神"为切入点，分别研究了企业层面"工匠精神"、员工层面"工匠精神"和二者的交互项对企业环境绩效的影响，以及该影响在国有企业和非国有企业中的差异，"工匠精神"通过企业污染减排绩效提升企业债务融资能力，进一步拓展了环境治理的研究视角，丰富了污染减排绩效影响因素和经济后果的学术文献。这些研究深化了对企业污染防治与环境治理的认识，企业须发扬中国优秀的"工匠精神"传统文化，建设自身美好生态家园。企业层面践行"工匠精神"，专注于环保投资是企业污染减排绩效提升的基础保障，其环境治理能力通过员工层面践行"工匠精神"能够更好地释放出来，取得污染减排绩效，并部分通过其提升企业债务融资能力。企业污染防治中弘扬中国传统"工匠精神"，传承优秀的中华文化，助推文化自信和道路自信，建设美丽中国。

第六章 "工匠精神"、盈利能力 与企业债务融资

第一节 引　言

中国经过 70 多年的发展，特别是改革开放以来 40 多年的发展，取得了巨大的成就。不过，举世瞩目的伟绩背后是资源与环境的巨大代价（刘锡良等，2019），结果是环境污染加重、生态系统不断退化，环境问题已成为制约经济可持续发展的重大问题（张娟等，2019）。如大面积集中暴发雾霾等环境问题（李江龙等，2018），影响了公众的健康和经济的可持续发展。因此，经济高速增长过程中伴随而来的环境污染，不容忽视，已成为社会关注的焦点。环境治理无论是在政府举措、学术研究还是企业环境防治领域，各方都在付出行动，国家也为此制定相应的治理策略。中国环境治理先后经历了"三位一体""四位一体""五位一体"的三个治理阶段，取得了一定成绩。生态环境质量持续好转，出现了稳中向好趋势，但是成效并不稳固，当前环境治理正处于压力叠加、负重前行的关键期和攻坚期，步入了艰难前行的"深水区"。究其原因，这是企业环境污染的外部性和环境管制政策的"双刃剑"特性所致。环境污染的外部性促进了国家环境治理政策的制定与实施，然而地方政府对环境治理政策的实施又具有"双刃剑"的特性。具体来说，一方面，实施环境政策可以促进企业

减少污染物排放，提升区域生态环境质量；另一方面，实施环境管制政策，征收污染型企业的污染费或环境税，增加了企业成本，影响了企业经营绩效（张志强，2018），从而影响区域的财政税收，若污染型企业成本上升、经营效率下降，将被淘汰（张志强，2018）而减少实体企业，这会影响区域稳增长稳就业的目标。可见，环境治理政策引致污染防治困境，其表现为加强环境管制，民生就业不稳；放松管制，生态环境恶化。因此，探究企业污染防治困境的形成原因及其突破方向，并揭示相应政策含义具有重要意义，即考察企业污染防治中所践行的"工匠精神"，能否将环境治理的外部性内部化，如增强盈利能力，并通过其提升企业债务融资能力等，以及地方政府在该外部性内部化的过程中所扮演的角色，以践行新时代的生态文明建设思想，为环境治理注入持续动力，从而促进企业落实环境管制政策，减少污染物排放量，提升区域环境治理效率和质量。

在往昔的企业污染防治探索中，传统的防治思路惯常以企业在环境管制背景下执行环境政策的方式开展污染防治，考察企业的污染防治行为及其绩效。如环境管制强度对企业环保投资的影响，两者之间呈现的"U"型关系（唐国平等，2013），环境管制促进了环保投资对工业废气减排（彭熠等，2013）和工业技术升级（原毅军等，2015），产生了积极的影响作用。如环境管制诱发了企业内生的治理动机（张同斌等，2017）且不会妨碍企业的竞争力（刘悦等，2018）。这些表明，环境管制促进了企业环保投资，激发了污染防治过程中的"工匠精神"（唐国平等，2019），减少了污染排放，推动了生态文明建设。但是，由于环境污染的外部性，我国企业开展环保投资等环境防治的行为，表现得较为被动，因此，广泛存在着环保投资不足的现象（唐国平等，2013），缺乏内在动力。这是环境管制政策未得到充分落实的表现，如环境政策在实施的过程中出现"一年紧一年松"的现象（李江龙等，2018）。这种"一年紧一年松"的管制方式是地方政府环境治理意愿弱化的表现，削弱了企业实施与落实环境政策的意愿，从而导致企业疏于污染防治，形成环境治理困境，不利于生态文明建设。

生态文明建设的重要性，得到了党中央的一直高度的持续重视。2012年11月，党的十八大提出建设美丽中国，指出生态文明是关系人民福祉、关乎民族未来的长远大计，对于中华民族如何持续发展提出了"五位一体"方略。2017年10月，党的十九大提出，建设人与自然和谐共生的现代化，为加快生态文明体制改革、建设美丽中国指明了方向①。2018年5月，全国生态会指出，生态环境是关系党的使命宗旨的重大政治问题，同时也是关系民生的重大社会问题，强调建设一支生态环境保护铁军，以确保完成污染防治攻坚战和生态文明建设目标任务②。2022年10月，党的二十大指出，人与自然和谐共生是中国式现代化的重要内容和社会主义的本质要求③。

生态文明建设的主体是企业，且需要持久坚持而为之。生态文明的建设，以及实施和落实生态文明战略经历了不同的阶段。根据污染防治理论（张同斌等，2017），我国污染防治结构的演化大致分为三个阶段：一是以政府行政手段为主的一元治理阶段；二是政府行政和经济手段并存的二元治理阶段；三是政府、市场与社会多元治理阶段。当前，我国正处在第三阶段的初期，在这个阶段，污染型企业与环保部门之间存在排污博弈（Wang et al.，2003）。这影响企业污染防治的积极性，甚至引致"造假"现象，从而形成企业污染防治困境的状态。该困境的突破，急需找到企业污染防治的持久动力。鉴于此，本章探索企业污染防治中践行"工匠精神"的经济后果，即能否将环境治理的外部性内部化，并形成持久动力，如增强盈利能力，并通过其提升企业债务融资能力、降低债务融资成本，继而探究地方政府、社会道德等在前述外部性内部化的过程中所扮演的角色，以突破污染防治困境，从而推动生态文明建设。

---

① 习近平：决胜全面建成小康社会　夺取新时代中国特色社会主义伟大胜利——在中国共产党第十九次全国代表大会上的报告 [EB/OL]. 新华社，2017-10-27.

② 习近平出席全国生态环境保护大会并发表重要讲话 [EB/OL]. 新华社，2018-05-19.

③ 习近平：高举中国特色社会主义伟大旗帜　为全面建设社会主义现代化国家而团结奋斗——在中国共产党第二十次全国代表大会上的报告 [EB/OL]. 新华社，2022-10-25.

第二节 污染防治困境及其突破

一、环境治理的博弈分析：政府执法机构与污染型企业

污染型企业与环保部门之间存在污染防治的排污博弈（Wang et al.，2003）。对此，应用博弈论有助于污染防治困境的分析。博弈论认为，博弈参与者均是理性个体，谋求自身目标收益（payoff）最大化。污染排放标准等环境管制政策因公开而成为参与者的共同知识，参与者在谋求利益的决策过程中表现为静态博弈。执法机构谋求环境管制背景下的经济目标收益最大化，污染型企业谋求利润目标收益最大化，最终每一位参与者的经济效益的大小均是双方实施策略共同作用的结果。执法者可供选择的策略为抽查和全面检查，污染型企业可供选择的策略为违规排放和达标排放，博弈双方策略－收益矩阵如表 6－1 所示，执法机构不同策略下的收益以 PA_n 表示，污染型企业不同策略下的收益以 PO_n 表示。

表 6－1   博弈双方策略－收益矩阵

执法机构	污染型企业	
	达标排放	违规排放
全面检查	（PA_1，PO_1）	（PA_2，PO_2）
抽查	（PA_3，PO_3）	（PA_4，PO_4）

（一）执法机构策略－收益方案的诠释

在污染型企业实施达标排放策略的情况下，执法机构无论实施全面检查还是抽查策略，社会的最终收益固定为 SP。当实施全面检查策略时，执法机构将付出更多的检查成本，从而引致收益 $PA_3 > PA_1$。可见，抽查是执

法机构面对污染型企业达标排放策略时的最优备选策略。

在污染型企业实施违规排放策略的情况下，社会收益受损，设值为 SP'，可知 $SP' < SP$。当执法机构实施全面检查策略时，处罚企业违规排放，增加企业资金支出，逼走低效率企业，淘汰落后企业，财政收入减少，影响当地经济发展，影响民生就业，此时 $PA_2 < PA_4$。虽然不可避免地有违规排放企业漏网于法外，幸存下来，此时仍然 $PA_2 < PA_1$。当执法机构实施抽查策略时，付出成本较小，部分企业免受检查，减少了非营利性支出，留住了企业，稳财政收入，稳增长稳就业，此时 $PA_2 < PA_4$。

（二）污染型企业策略 – 收益方案的诠释

在执法机构实施全面检查策略的情况下，当污染型企业实施达标排放策略时，则其不会遭受罚款损失，此时 $PO_1 = PO_3$；当其实施违规排放策略时，其将被查挨罚而自身受损，此时 $PO_2 < PO_1$。在执法机构实施抽查策略的情况下，当污染型企业实施达标排放策略时，其将获得 PO_3 的收益。当污染型企业实施违规排放策略时，其将获得超额收益，同时也会考虑其被查的风险，因而有个期望收益，此时的期望收益 $PO_3 < PO_4$。

从上述诠释中发现，执法机构与污染型企业之间博弈的结果是混合策略，表明不存在稳定的纳什均衡，是动态的。博弈双方的最优反应策略是取决于各自对策略的偏好和收益的预期。政府执法机构与污染型企业之间这种不稳定的策略选择将引致机会型的污染治理行为，降低执法效率，引致污染治理低下、环境管制不力、执法威慑不足的困境。

（三）污染治理低下的困境原因分析

威慑理论（Posner，1973）认为，对违规者的查处概率和惩罚力度两者能够产生匹配的威慑效应，只要有一方降低，则直接削弱威慑效应。从查处概率角度来讲，经济发展目标、稳增长促就业、日常执法的负荷、执法资源的稀缺性、全面检查和抽查等查处策略的择机选择性，这些因素均影响管制效果，降低了威慑效应，从而引致污染型企业机会性违规排放，产生环境防治的外部性和困境。从惩罚力度来看，执法机构处罚违规排放企业，其后果是增加成本，甚至关闭停业，这给当地经济发展和民生就业带来不利影响。因此，在当前经济下行压力背景下，执法机构利用自由裁量权对违规行为危害程度、惩罚金额和方式进行界定时，同时还要兼顾地方经济发展目标和民生就业，从而引致选择性执法。这表明经济发展目标和民生就业降低了执法的威慑效应及其引致的环境污染外部性，同样产生当前环境治理困境。

二、引入声誉的动态博弈分析：污染防治困境的突破

经济学认为，声誉能够降低信息不对称，是影响契约履行的重要因素。对此，众多学者先后持续展开了深入研究，如声誉能够在雇佣契约中发挥惩罚和激励的作用（Lazear，1979），在重复博弈中能够促进合作均衡（Kreps & Wilson，1982），在监管中能够协调主体利益和社会福利，以规范行为（Boot & Thakor，1993）。据此，本书引入声誉构建动态博弈模型，诠释污染治理困境的突破方向和良性均衡的形成。

续延前述的博弈过程，通过构建模型以深入分析执法机构与污染型企业之间的互动过程。假设企业在污染防治中践行"工匠精神"有两种类别（Kind），一是积极行为，二是消极行为。积极行为用 $K=1$ 表示，其先验概率为 p；消极行为用 $K=0$ 表示，其先验概率为 $1-p$。污染型企业消极践行"工匠精神"时，可以选择披露其消极行为，也可以选择将其掩盖，污染型企业因掩盖消极行为而获得的效用水平，用 u 表示，$u\in[0,1]$。

在不完全信息博弈中，执法机构事先不了解污染型企业在污染防治中是积极践行"工匠精神"还是消极而为。因此，执法机构只有经过执法检查才能判断污染型企业环境治理是否消极。当执法机构发现企业消极践行"工匠精神"，且掩盖其消极行为时，则企业未来污染防治中消极践行"工匠精神"的效用水平 $u=0$。当企业在污染防治中消极践行"工匠精神"未被发现时，则其效用水平 $u=1$。执法机构对企业执法的力度取决于其执法意愿，介于执法严和执法不严之间，表现为对消极践行"工匠精神"的查处概率和惩罚程度，用 η 表示，$\eta\in[0,1]$，其强弱程度反映了执法机

构的执法意愿。但是，在当前经济下行、稳发展、稳就业的背景下，特定区域的执法机构的执法意愿相对固定，η 为常数，但不同区域不时期之间有差异，即 $\eta_{strong} > \eta_{weak}$。执法机构预期污染型企业掩盖其消极践行"工匠精神"行为，此时的预期效用以 u^d 表示。

企业掩盖行为的单阶段期望效用函数：$\nu = K[(1-\eta)u - u^d]$　（6–1）

函数（6–1）由下列计算而得，$\nu = [(1-\eta)u - u^d] \times 1 + [(1-\eta)u - u^d] \times 0 = K[(1-\eta)u - u^d]$，其中，1 为 $K=1$，0 为 $K=0$。

根据上述效用函数，污染型企业在单阶段的博弈过程中，其消极践行"工匠精神"的最优选择为：$\max\nu(u) = \nu(1) = 1 - u^d = 0$；在重复博弈下的多阶段过程中，污染型企业根据其掩盖消极行为未被查处的效用 $(1-\eta)u_t^d$ 确定各期的 u_t，进而根据式（6–1）力求掩盖消极行为的各期效用最大。污染型企业确定自身效用 u_t 后，执法机构根据 η、u_t、u_t^d 确定预期的有关污染型企业掩盖消极行为的后验概率 p_{t+1}^d，进而影响污染型企业下一期的选择。

假设重复互动博弈各阶段，消极践行"工匠精神"的企业，披露违规信息的概率为 λ_t，执法机构认为消极践行"工匠精神"企业披露有关违规信息的概率为 θ_t，当 $\lambda_t = \theta_t$ 时，表明达到均衡，执法机构认为消极践行"工匠精神"企业的选择具有完全预期。

（1）执法机构的执法意愿影响污染型企业受查的概率和受罚的力度。执法机构在与污染型企业重复博弈动态过程中，当了解污染型企业 t 时期在污染防治中积极践行"工匠精神"与否，从而根据贝叶斯定理，求得执法机构预期污染型企业在 $t+1$ 时期，其积极践行"工匠精神"的后验概率。

若污染型企业在 t 时期实施消极践行"工匠精神"，且不掩盖其行为，执法机构预期污染型企业在 $t+1$ 时期积极践行"工匠精神"的概率：

$$p_{t+1} = p_t(K=1 \,|\, u=1) = \frac{p_t \times 1}{p_t \times 1 + (1-p_t) \times \theta_t} > p_t \qquad (6-2)$$

上述函数式（6–2）中，p_t 是污染型企业在时期 t 积极践行"工匠精神"的概率，1 为污染型企业实施积极行为的概率。式（6–2）中 $p_{t+1} > p_t$ 表明，当污染型企业披露具体污染防治信息，不掩盖其消极行为，则执法机构预期会提升污染型企业积极践行"工匠精神"的概率，即企业环境道德声誉提高。

若污染型企业在 t 时期实施掩盖消极践行"工匠精神"的行为，且被执法机构在执法意愿 η 下查处，执法机构预期污染型企业在 $t+1$ 时期积极践行"工匠精神"的概率：

$$p_{t+1} = (1-\eta) \times p_{t+1}(K=1 \mid u=1) = \frac{(1-\eta) \times p_t}{p_t + (1-p_t) \times \theta_t} \qquad (6-3)$$

上述模型（6-3）显示，当污染型企业掩盖其消极践行"工匠精神"时且被查处，则执法机构预期会认为消极践行"工匠精神"，导致企业环境道德声誉削弱。

若污染型企业在 t 时期实施掩盖其消极践行"工匠精神"的行为，且未被执法机构查获，执法机构预期污染型企业在 $t+1$ 时期积极践行"工匠精神"的概率：

$$p_{t+1} = (1-\eta) \times p_{t+1}(K=1 \mid u=1) = \frac{(1-\eta) \times p_t}{p_t + (1-p_t) \times \theta_t} \qquad (6-4)$$

上述模型函数式（6-4），污染型企业掩盖其消极践行"工匠精神"时，面临被查 $\eta = 1$ 和未查 $\eta = 0$ 两种情形，当 $\eta = 0$ 时，$p_{t+1} = p_{t+1}(k=1 \mid u=1)$；当 $\eta = 1$ 时，$p_{t+1} = 0$，表明执法机构的执法意愿高，提升了查处违规排放的力度。

（2）污染型企业污染防治绩效中积极践行"工匠精神"（p）形成其道德声誉，约束其违规行为，激励其防治污染。污染型企业在重复动态博弈中，其道德声誉在博弈双方前后各期中发挥着重要的角色。

博弈结束的 T 期：博弈互动过程的结束，引致消极践行"工匠精神"的污染型企业放弃维护道德声誉的动力，此时，污染型企业以先验概率 $1-p_T$，选择 $K=0$，$u=0$ 作为其最优策略。通过计算 $u_T^d = (1-p_T) \times 1 + p_T \times 0$，可知执法机构预期污染型企业掩盖其消极践行"工匠精神"的期望效用 $u_T^d = 1-p_T$，污染型企业的期望效用 $\nu = (1-\eta)u_T - u_T^d = p_T - \eta$，求导可得 $\frac{\partial \nu_T}{\partial p_T} = 1$，其值大于 0，表明消极践行"工匠精神"的污染型企业，其总效用是自身声誉的增函数，同时也回答了有些污染型企业为什么在其消极践行"工匠精神"，甚至违规的情况下，还在力求维护、积累环境道德声誉的问题，同时也说明环境道德声誉重要性，可激励企业积极开展污染防治，以提升下一期的道德声誉。

博弈结束的前一期（$T-1$）：若消极践行"工匠精神"的企业，在 $T-1$ 期之前没有掩盖行为，执法机构对污染型企业掩盖行为的期望效用 $u_{T-1}^d = 1 \times (1-p_{T-1}) \times (1-\theta_T)$，模型中 1 为消极践行"工匠精神"的企业掩盖行为的最优效用。下面考察纯策略 $u_t = 0$、1 的两种情况。

若消极践行"工匠精神"企业在 $T-1$ 期选择掩盖行为（$\lambda_{T-1} = 0$，$u_{T-1} = 1$），其效用总和 $\nu_{T-1}(1) + \nu_T(1) = \left[(1-\eta) \times 1 - u_{T-1}^d \right] + [p_T - \eta] =$

$$1 - 2\eta - u_{T-1}^d + \frac{(1-\eta) \times p_{T-1}}{p_{T-1} + (1-p_{T-1}) \times \theta_{T-1}} \qquad (6-5)$$

若消极践行"工匠精神"企业在 $T-1$ 期选择披露行为（$\lambda_{T-1} = 1$，$u_{T-1} = 0$），其效用总和 $\nu_{T-1}(0) + \nu_T(1) = -u_{T-1}^d + p_T - \eta = -\eta - u_{T-1}^d +$

$$\frac{p_{T-1}}{p_{T-1} + (1-p_{T-1}) \times \theta_{T-1}} \qquad (6-6)$$

若式（6-6）大于式（6-5）时，可求得：

$$\eta \geqslant \frac{p_{T-1} + (1-p_{T-1}) \times \theta_{T-1}}{2p_{T-1} + (1-p_{T-1}) \times \theta_{T-1}} \qquad (6-7)$$

若式（6-7）成立，则 $u_{T-1} = 0$ 优于 $u_{T-1} = 1$，这时，污染型企业不掩盖其消极践行"工匠精神"是最优选择。

依据上述的假设，实现均衡时的条件 $\lambda_{T-1} = \theta_{T-1}$，这时执法机构对于掩盖消极践行"工匠精神"的污染型企业的选择具有完全预期。当 $\lambda_{T-1} = 1$ 是消极践行"工匠精神"企业的选择，即只要有消极行为，定会选择掩盖、伪装，则 $\theta_{T-1} = 1$。这时式（6-4）成为 $p_T = (1-\eta) \times p_{T-1}$，将其代入式（6-7）可得 $p_{T-1} \geqslant \frac{1-\eta}{\eta}$，这表明在 $T-1$ 期，执法机构预期污染型企业积极践行"工匠精神"的概率大于 $\frac{1-\eta}{\eta}$，这时污染型企业选择积极践行"工匠精神"的行为，并形成环境道德声誉，为其带来效用。这是因为积极行为优于消极行为，甚至为了积累和维护其声誉，消极践行"工匠精神"的企业掩盖其消极行为伴装成积极行为的守规道德者。这也进一步说明，环境治理时遵规守约中道德声誉越高的污染型企业，污染防治中积极践行"工匠精神"，形成并维护其环境道德声誉，且为其带来效用和经济利益，将污染防治的外部性内部化，从而突破企业污染防治困境。

三、对模型的进一步诠释

第一，环境道德声誉对企业污染防治和政府环境治理均具有重要影响。企业在污染防治中积极践行"工匠精神"，开展环保投资提升污染防治能力，研发环保绿色产品增强竞争力，形成并积累自身遵规守约的环境道德声誉，通过披露而公开、扩散，消费者利用相关环境道德声誉信息，"用钞票投票"，优先购买环境友好型企业产品，从而驱逐消极行为企业，在行业竞争中取得优势，形成竞争力，增强盈利能力。第二，在政府持续管制企业污染防治的过程中，污染型企业初始的环境声誉以及政府环境治理意愿均会威慑企业违规排放。第三，环境声誉机制有效运行的基础是客观、公正地评价企业污染防治成果并将其良好地传递且公开。政府评价企业污染防治成果而形成的环境声誉并传递、公开、扩散，推动市场形成"强政府"的环境治理预期，强化了政府环境治理的威慑。第四，环境声誉隐性激励企业污染防治。如有的地方政府环境治理意愿不强，正是环境治理意愿强的企业积累环境声誉良好契机，引致该区域企业积极开展污染防治，提升企业环境绩效。对政府环境治理而言，环境治理意愿的增强将影响污染型企业违规排放的受查处的概率和挨惩处的力度，削弱企业环境声誉，强化了违规排放的威慑，延伸了环境治理的效应，即声誉作用下的环境治理效应更强。对于污染型企业来说，环境声誉形成内生动力，约束自身的污染行为，减少违规排放的发生，赢得市场认可，从而增强竞争力和盈利能力，突破环境治理困境。

第三节　理论分析与研究假设

一、理论分析

"工匠精神"是企业竞争力的一个重要影响因素（王焯，2016）。这源于"工匠精神"追求道技合一的状态，尤其是在制作产品时追求精益求精。人们在"工匠精神"信念、责任的引导下，精雕细琢产品和追求产品品质，从而把自己的"灵魂"和"心意"倾注于产品的制作过程之中。具体来说，一是工人在工作中对技艺开拓创新。"工匠精神"引领工匠不断传承、钻研和革新技术，通过"体知躬行"和"心传身授"对技艺持续进取和创新，精益求精，达到道技合一，按照较高行业标准操作。二是工匠在工作中的一丝不苟。他们爱岗敬业、尽职尽责，无私奉献地专心、专注于自己的技能并应用在工作中。这些"工匠精神"成为企业主体价值判断和取向的判断标准，形成企业竞争优势的重要来源（王焯，2016）。如"工匠精神"在产品制造过程中应当传承、发掘和培育的技能，能够随时发挥作用，对制造产品显得特别重要（Francesco et al.，2018），有助于产品质量的提升。可见，"坚守"生产和管理的品质，成为企业员工共同的价值理念，也是企业员工的思维方式和准则，为价值链上各环节作用提供良好保障，培育和塑造了品牌，从而形成企业无形的核心竞争力（王焯，2016）。这表明，"工匠精神"是企业的价值优势所在，继而成为持续竞争优势的重要来源。

"工匠精神"作为企业绩效的一种重要影响因素，其源于有着自身特点和使能机理。工匠精神蕴藏着丰富的知识（杨俊青等，2021），其传承和互惠互利的过程中引致知识共享行为。具体来说，一是互惠互利的"工匠精神"致使其知识共享于同事之间。高技能人才在企业实践平台上应用自身知识时，同步在互惠互利的过程中将自身知识传播于同事、他人，从而形成共享知识。二是师徒传承的"工匠精神"促使了知识共享。师傅带徒弟，将知识和技能传承给徒弟，实现知识在师徒之间的共享。三是精益求精的"工匠精神"促进同事之间知识的共享。人们在实践平台中为解决实际问题，大家一起讨论、分享心得、交流经验，如教训、经验和创新性成果，促进了知识在不同个体间的传递，继而同步共享知识。这些知识产生积极影响：首先，企业内部知识的共享避免了知识的流失。知识共享使企业形成、积累的知识留在企业中，不会因员工流动而带走，提高了知识的留存率。其次，知识共享可避免企业中失败案例的再现和重复劳动的出现。共享知识促使失败教训交流，减少了试错成本的重复产生，节省了成本。同时，共享知识缩短了基本的流程了解、熟悉的时间，提高了效率。最后，知识共享促使新概念创造产品。知识共享致使新概念的产生、形成，将成果转化为生产，即应用到技术和创造中生产产品，继而投放市场创造价值（杨俊青等，2021）。可见，"工匠精神"引致的知识共享，是企业管理活动的重要内容（姚艳虹和衡元元，2013），有助于企业不断积累知识资源，从而强化竞争优势（王焯，2016）。

上述分析可知，企业在管理活动中的选择和行动准则，特别是知识、技能的共享，是"工匠精神"使能的表现，可能会影响企业竞争力。这为后续分析"工匠精神"与盈利能力提供了理论分析的视角和研究考察的空间。

二、研究假设

（一）"工匠精神"与盈利能力

1. "工匠精神"提升盈利能力的分析

企业污染防治中践行的"工匠精神"影响自身盈利能力，现有理论研究成果尝试对其展开探讨。这缘于所有的污染型企业无法置身于环境管制之外，涉及到公众对企业开展污染防治所体现的遵规守约的道德性认知，以及研发绿色产品的认同。企业开展污染防治，积极践行"工匠精神"，降低生产浪费，减少污染排放，以使其符合国家管制要求和消除制度冲突，可提升公众对企业合法性的认知，获得合法生存性的资源，从而获得认同，树立绿色形象、提升产品安全性，实现具有差异化的绿色竞争优势（Arend，2014），从而增强持续性的品牌竞争优势（龙成志，2017）。这些为市场运行中的"钞票投票"提供了平台，平台中积极践行"工匠精神"的企业，其盈利能力得到增强。这些研究成果为污染防治中践行的"工匠精神"影响企业盈利能力提供了分析路径架构，即企业"工匠精神"对盈利能力的影响，是通过公众对其守规守约的道德性的认知和绿色品牌的认可来实现的。

合法性认知是新制度学派的重要内容之一。因此，在政府建设美好生态的环境管制中，企业对污染防治的合法性认知显得尤为重要。具体来说，企业污染防治中践行的"工匠精神"，外露其守规守约的道德声誉，这种声誉是在公众对污染治理合法性认知的背景下产生的，并且源于"环境伦理"。环境伦理并非是人与自然的关系，而是由于公众合法性认知的存在。由此看来，若企业生产经营过程中不遵守环境法规，排放污染物破坏环境，对企业声誉产生的负面影响（李虹等，2016），不符合伦理。相反，若污染型企业遵守环境管制的法规，积极践行"工匠精神"，减少污染物排放，则有利于提升企业环境道德声誉，从而产生环境效益，为企业带来经济利益。如企业通过履行环境责任显示其环境意识，能够提升声誉、开拓新市场（Lins et al.，2017），从而增加市场份额、赢得销售。同时，企业环境道德声誉较好，容易获得相关利益者的认同（龙成志，2017），如员工、供应商和客户。这将有助于提升员工满意度（Edmans，2011）、提高员工的生产率（Falck et al.，2007）和降低交易成本（Ghoul et al.，2017），最终形成降本增效、逐顶竞争性的盈利能力。

绿色竞争力品牌是企业长期在污染防治中践行"工匠精神"中形成的，从而外露为品牌声誉。在声誉机制研究成果中，如何诠释声誉一直是学术界探讨的问题。众多学者应用经济学理论，从博弈论的视角定义声誉，认为声誉是各方在长期动态重复博弈中形成和积累的结果（Furubotn，2005；Holmstrom，1999）。理性交易者为了获得长期收益，在重复博弈合作中有积极意愿构建、积累自身的声誉（张维迎，2013）。这表明，声誉是参与者的行为痕迹，是行为的历史，是相关利益者对其的评价。现有研究也印证了这点，如借款者的还款历史形成借款者的声誉（李焰等，2019），拥有"两院院士"、"长江学者"、工作单位为"双一流"等评价称号等，均可作为学术型独立董事的声誉（杜剑等，2019）。可见，声誉能够反映行为主体过去的信息，传递行为主体的品质（Kreps et al.，1982），是他方对其的评价。具体到企业污染防治，也是如此。

众所周知，声誉是主体过去交易或交往等行为中形成和积累的，并且它具有信息含量（李焰等，2019），一是高声誉的主体往往是敢于担责，是久经考验的模范，具有良好品质；二是声誉是他人对主体的外在评价，高声誉表明了其态度和能力。因此声誉的激励机理，在于其所蕴含的信息可以降低信息不对称，通过传递主体的态度、能力等品质以实现激励、约束的治理功能，激励主体自律行为。众多学者从不同视角证实了声誉的激励作用，诸如声誉激励可以提升代理效率（马连福等，2013），增强新创企业能力，实现蝶蛹效应（米运生等，2019），抑制企业盈余管理（管考磊等，2019），完善公司治理，降低股价崩盘概率（杜剑等，2019），最终保护客户等他方利益（Jian et al.，2011）。具体到企业污染防治中践行"工匠精神"所形成和积累的绿色品牌声誉，促使企业开展污染防治技术的研究和绿色型产品的开发，进而绿色工艺的创新（解学梅等，2019），引领污染型企业增强绿色竞争优势，趋向于降本增效的逐顶竞争，为企业获得长期利润、提升盈利能力奠定了基础。据此，在严格的环境管制和公众对美好环境向往的背景下，企业污染防治中践行的"工匠精神"，提高了公众对企业绿色品牌的合法性认知，增加了公众对企业的识别度，从而形成市场声誉并给企业带来的经济利益；同时获得利益相关者的认同，在经营中形成合力，继而提升了效率和降低了成本，最终提升盈利能力。

另外，基于风险报酬见解的财务理论学者指出，企业基于遵守环境管制法规的认知，积极践行污染防治的"工匠精神"，可以通过减少环境污染来降低环境诉讼风险和潜在的罚款、补偿性支出等环境管制成本（何玉等，2017）。同时，平时节能减排和降低污染排放等行动，均表明了企业在持续降低资源消耗、节约成本（何玉等，2017）。根据资源禀赋理论，这些资源和能力有利于提升其竞争力（Hart，1995），从而增强企业的盈利能力。由此看来，企业旨在减少污染物排放而在污染防治中践行的"工匠精神"，其所带来的后续经济利益流入和减少支出，是竞争力的源泉，进而提升企业的盈利能力。

从上述分析可知，企业在污染防治中所践行的"工匠精神"形成的绿色竞争优势，均促进盈利能力的提升。鉴于此，本书提出如下假设：

H6-1：企业在污染防治中积极践行的"工匠精神"，有利于增强其盈利能力。

2. 进一步分析：基于地方政府环境治理意愿的调节作用

（1）政府环境管制及其环境治理意愿。

一般来说，政府环境管制会影响污染型企业的生产效率，其影响方式：一是增加企业成本，二是淘汰低效率企业。如污染防治成本的增加，降低了企业生产效率（刘悦等，2018；Gray & Shadbegian，2003；盛丹等，2019）；由于环境管制，经济发达的长三角和沿海等大部分地区，从2005年开始关闭污染大户企业（盛丹等，2019），淘汰域内的高污染企业（刘悦等，2018；盛丹等，2019），促使污染型企业重新选择经营地（盛丹等，2019；Shadbegian & Gray，2005），将企业迁到环境管制宽松的地方（盛丹等，2019；Gray & Shadbegian，1998）。环境管制的增强，不仅企业受影响，而且劳动者也遭受失业（刘悦等，2018）。失业影响民生，然而党的十九大报告强调就业是民生之本，并且2019年政府工作报告指出，稳增长首要是稳就业。对此，党的二十大进一步指出，实施就业优先战略。由此看来，稳就业是经济增长的重要政绩内容之一，也成为晋升锦标赛中的主要标准。为此，在当前经济下行压力下，地方政府的环境管制存在"逐底"行为（盛巧燕等，2015），甚至"逐底竞争"（薄文广等，2018；刘华军等，2019），放松环境管制标准。各地方政府为了发展域内经济，放松环境治理力度（刘华军等，2019），从而导致环境管制并非百分之百的切实有效（薄文广等，2018），政府选择的环境管制强度，以确保企业能发展、居民有效用（周悦等，2018）为目标。从经济发展、民生就业角度来看，环境管制适度原则（金碚，2009；盛丹等，2019）是一个现实选择。

据此，环境管制强度，不仅取决于环境管制的具体法规，更取决于旨在稳增长、促就业、保民生条件下的政府环境治理意愿。因此，地方政府环境治理意愿，不在于环境管制措施的外在形式和数量，而在于地方政府域内以就业为首要的经济发展程度。

（2）基于地方政府环境治理意愿的调节作用。

国家绿色发展理念的落实和环境质量的提升，取决于地方政府环境治理意愿和企业污染防治（张琦等，2019）。两控（酸雨和二氧化硫）区的长三角和大部分沿海，经济发达，环境管制执行力较好，地方政府环境治理意愿强，倒逼企业污染防治，清剿污染大户，淘汰低效率的高污染企业，提升了环境质量（盛丹等，2019）。然而，这些淘汰的污染型企业转移到了环境管制较松的地区（Gray et al.，1998），即非两控的经济落后地区。也就是说，有的地方政府为了发展本区域经济，其环境治理意愿弱，承接污染型企业（徐现祥等，2015），放松管制导致企业超标排放污染物（郭峰等，2017），以污染为代价拉动 GDP 增长（张琦等，2019），从而影响该区域的企业污染防治。

经济因素影响政策的执行意愿，即政策执行力。如执行政策时额外成本的负担能力与政策的执行力相关（Hering et al.，2014）。具体到环境管制政策，一地区的国有经济比重匹配于该地区政策的环境政策执行力（盛丹等，2019），同时，经济较发达地区，地方政府环境治理意愿强，其环境管制执行就强，引致"逐顶竞争"的环境规制，从而加强企业污染防治监督，促使企业在污染防治中积极践行"工匠精神"，以减少污染物排放。与此形成对比的是，经济欠发达地区，其环境治理意愿较弱，环境管制执行也较弱，导致"逐底竞争"的环境规制（薄文广等，2018），从而出现上海整治 PM2.5 时，安徽只限制 PM10 排放的局面（余懿臻，2017），其结果自然是经济欠发达地区企业，在污染防治中践行"工匠精神"表现为消极。

地方政府环境治理意愿，不仅会导致不同地域内的企业践行"工匠精神"上的差异，而且为评价企业的污染防治行为提供依据，从而产生环境道德声誉上的不同。梳理相关研究成果后，本书深受启发，遵循经济学的研究逻辑，以博弈论为基础，延续戴尔曼德（Diamond，1989）的研究思路，将企业环境道德声誉诠释为，企业污染防治行为留下的痕迹所引致的他方对其的评价和其积累。凯玛勒 - 菲尔吉日（Chemmanur-Fulghieri）模型（1994）认为，声誉的形成和积累，需要前提条件，一是一方能够重复博弈的行为，二是另一方能够视情况采用触发策略应对。若一方强势，另一方弱势，弱势的一方无法采用触发策略应对，两者无法均衡，甚至也无法重复博弈行为。这时就需要引入第三方治理机制，对非合作方进行惩罚。也就是说，当出现非合作方时，声誉的形成和积累离不开惩罚制度的实施（Spence，1973；Cassar et al.，2007）。因此，声誉的形成和积累，不仅需要前述条件，有时也需要制度，即地方政府环境治理。这是缘于声誉是基于重复博弈和制度信任中形成并积累（米运生等，2018）。惩罚是否存在和有效实施，影响声誉的形成和积累。如 P2P 网络借贷平台设有黑名单惩罚制度，曝光失信会员名单致其声誉受损（李焰等，2019），同时也是对守信会员的肯定，提升守信人员的声誉。这表明，企业声誉形成于各利益相关者根据社会信息和社会规范对企业属性和特征的判断（缪荣等，2006）和评价。也就是说，惩罚等制度既是社会制度也是社会信息，为相关利益者提供了判断行为优劣并作出评价的依据。这些信息在各利益相关者之间流动、编码等加工处理，从而成为声誉（缪荣等，2006）。因此，对于企业环境声誉，在其重复污染防治行为中，企业是强势方，而公众是弱势方，无法采用触发策略进行应对，需要引入第三方的环境管制，即地方政府环境治理，对强势方的企业进行管制，对企业污染防治行为进行评价，并且对于污染防治不力的非合作方企业进行惩罚，对污染防治表现积极的合作方给予奖励。政府对污染型企业的污染防治结果进行评价，经过社会公众扩散、认知（缪荣等，2006），意味着基于制度信任条件的企业环境道德声誉形成。在环境治理领域，当前污染防治趋严的背景下，环境管制作为一种惩劣奖优的制度，政府具有较强的环境治理意愿时，将驱动企业从事污染防治，积极践行"工匠精神"，获得较好环境道德声誉，从而有利于提升盈利能力。鉴于此，本书提出如下假设：

H6 - 2：企业污染防治中所践行的"工匠精神"，其对盈利能力的提升，受到地方政府环境治理意愿的调节影响。

3. 进一步分析：基于社会道德的调节作用

道德是一切行为的规范，并引导人的行为。众多国内外学者对道德的作用展开了丰富的研究，从不同视角研讨了道德对主体行为的影响和规范。伦理道德理论认为，积极履行社会责任体现了企业较高的道德水平，管理层受到道德激励而促使企业履行社会责任，减少不道德的行为，比如引导技术创新的价值追求（颜峰等，2010），减少盈余管理（陈冬华等，2017），促使企业生态创新（王霞等，2016），以实现公共价值为导向（梅亮等，2015），从而达到提升企业声誉（唐贵瑶等，2019）的目的。这些均是道德规范激活的利他行为（张晓杰等，2016）。

一般来说，道德激活主体忠诚做正确的事情。这是因为，道德对主体行为的规范，是基于主体利他的结果意识、责任归属的一种激励（张晓杰等，2016），从而激发主体的健康行为。比如结果意识和责任归属越强的主体，减少浪费从而健康生活（Ebreo，2003）、公共交通外出而绿色出行（Bamber，2007）、节约用电而环保居家（Zhang，2013）、不燃烧垃圾以免污染环境（Vanliere & Dunla，1978）。道德规范主体行为的机理，规范激发理论认为，主体遵守道德规范会产生罪恶感和自豪感，这是重要的自我情绪，从而影响主体的行为，不负于他人和社会，忠诚做正确的事。具体到污染型企业，道德同样激活其开展污染防治活动。具体表现为，企业驻地的社会道德激励其遵规守约，产生污染环境的罪恶感和建设美好生态的自豪感之自我情绪。这些自我情绪形成履行社会责任的归属感、产生环境道德的结果意识，在污染防治中积极践行"工匠精神"，专注于环保投资，提升企业污染防治能力，减少污染排放，以规范自身的污染防治行为，从而形成自身的遵规守约的环境道德声誉。

企业驻地社会道德规范不仅激发企业专注于环保投资的"工匠精神"，同样也激发企业不断创新技术的"工匠精神"，并且体现为利他的公共价值。这得到了相关研究的验证。如技术创新研究是人们知识应用的延伸，同时也是对公众利益和道德的反应（梅亮等，2015），也就是说，行为主体的结果与公众利益相匹配才符合道德的要求。这表明了道德对技术创新有着一定程度的规范（Gianni & Goujon，2014）作用。技术创新是把双刃剑，兼有收益和危害双重结果（Jonas，1984）。在伦理的要求下，企业的技术创新需要符合道德的规范，以满足社会需求（Van den Hoven，2013），不负于公众期望。这表明，社会道德作为一种非正式制度，具有正式制度的特点，能够优化整合技术创新过程中的发散性价值（Correlje & Groenewegen，2009），从而引向公共价值，突破污染防治困境。社会道德的这种优化整合作用，在污染型企业中，主要表现为组织研发绿色产品、绿色工艺、环保技术等，即促使企业在污染防治中积极践行"工匠精神"，专注于降耗减排技术的研发，向外界提供良好的社会形象，以致形成自身环境道德声誉，提升绿色品牌竞争力，从而增强盈利能力。基于前述分析，提出如下假设：

H6-3：社会道德在企业践行的"工匠精神"与盈利能力之间，起正向调节作用，即社会道德水平越高，越能促进"工匠精神"对盈利能力的提升。

（二）盈利能力中介于"工匠精神"与企业债务融资之间

收入、现金流等影响银行的风险承担（项后军等，2018；Borio et al.，2012）并引致其融资意愿，而盈利能力正是企业收入、现金流的决定性因素。因此，盈利能力是债权人研判借款企业违约与否的一个重要因素（HO et al.，1993）。显然，企业违约、违规的风险，将影响债权人对企业偿债能力的评估（姚立杰等，2018）。债权人会特别关注并识别企业盈利能力等方面的风险，做出有利于自身的信贷决策（申香华，2014）。企业遵从环境管制，积极履行环境责任，降低违规风险，提升环境绩效，有助于获得良好声誉。正是由于公众对美好环境的向往所引发的环境道德声誉给企业带来了经济效益，进而增强盈利能力，从而降低企业违规风险和经营风险（祝继高等，2015）和提升企业债务融资力（蒋腾等，2018）。

声誉理论认为，无论是股东还是债权人，都非常关注企业的盈利能力，并以此作为对企业融资要价的重要依据（蒋琰，2009；周楷唐等，2017）。这是因为债权人借款予企业后，面临较大的不确定性，为了自身的利益特别关注企业的偿债能力，从而依赖企业盈利能力方面的会计信息质量（黎来芳等，2018），以此作为决策的基础。显然，面对盈利能力强的企业，银行等债权人形成自身的低风险预期，从而诱发了债务融资的意愿和风险要价。因此，债权人（银行）能够应用这些会计信息，识别借款企业的盈利质量并据此收取贷款利息，对盈利质量好的企业将给予低贷款利率"奖励"，而对盈余质量差的企业给予高贷款利率"惩罚"（姚立杰等，2009；范少君等，2018）。由此看来，盈利能力等会计信息质量越好的企业，被债权人研判的未来现金流量的可信度高（周楷唐等，2017）。可见，声誉较好的企业，可获得融资方面的优势（Bharath et al.，2008）。这表明，盈利能力能够提升企业债务融资能力。

综合上述的理论分析可知，债权人关心的盈利能力在"工匠精神"对债务融资影响中具有中介效应作用。这种企业盈利能力的中介作用机理是，环境管理能力强的企业，其获得较好的环境道德，从而在竞争中获得相对优势（吴红军等，2017），能够在市场中赢得公众认可和良好声誉，未来现金流量的不确定性降低，提升企业的盈利能力，降低了环境风险和经营风险，提升了偿债能力，这些均有助于债权人对企业未来环境风险和现金流量等偿债能力的研判所形成良好的预期，从而有利于提升企业债务融资能力。鉴于上述分析，本书提出如下假设：

H6-4：企业污染防治中践行的"工匠精神"对债务融资能力的提升作用是以盈利能力为中介。

综上所述，声誉和法律是驱动市场主体有序行为的两个基本机制（张维迎，2013），地方政府依其环境管制对企业污染防治展开督查和评价，促使企业开展污染防治，提升和释放企业的防治能力，积极践行"工匠精神"，从而形成企业环境道德声誉，提升盈利能力。这表明，盈利能力在企业污染防治时所践行的"工匠精神"作用于企业债务融资能力中，发挥了中介效应作用。为了考察盈利能力的中介效应，借鉴有关学者的中介效应模型和步骤（温忠麟等，2018；邹洋等，2018；崔雯雯等，2019），具体如下：

$$Y = cX + e_1 \qquad (6-8)$$

$$M = aX + e_2 \qquad\qquad (6-9)$$

$$Y = c'X + bM + e_3 \qquad\qquad (6-10)$$

第一步，考察模型（6-8）回归系数 c。如果 c 显著，进行下一个步骤，否则停止。第二步，在第一步通过考察的基础上，顺次考察模型（6-9）的回归系数 a 以及模型（6-10）的回归系数 b。如果均显著，说明中介效应存在；第三步，考察模型（6-10）的回归系数 c'。如果其显著，表明直接效应存在，同时中介效应也存在；若其不显著，则表明只存在中介效应。根据上述中介效应理论，本书构建如下企业盈利能力中介效应模型（见图6-1），以示企业盈利能力中介效应机理。

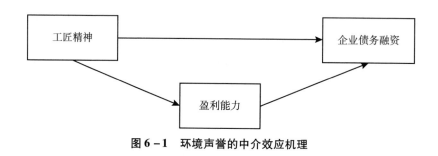

图6-1　环境声誉的中介效应机理

第四节　研究设计

一、样本选取与数据来源

党的十八大、党的十九大、党的二十大先后提出生态文明建设，要求提高污染排放标准，加强污染防治，以建设美丽中国，实现人与自然和谐共生。这释放了政府环境管制趋严的强烈信号，可预期企业污染防治压力将增大，环保投资等污染防治资金支出会增加，有的企业因污染防治不达标而淘汰出局。同时，环境管制趋严期间的挑战也不容忽视，国务院总理多次在政府工作报告中指出，我国发展不平衡不充分、经济下行压力较大、增长内生动力不足，需要稳增长、促就业、促民生。其结果是，地方政府对经济稳增长促就业的期盼，又会影响其环境管制的愿望。因此，本书选择环境管制趋严和稳增长促就业重叠的窗口期，选取 2010～2018 年沪深两市污染型上市公司作为研究对象，以形成有效的研究场景，同时对样本公司进行了如下处理：（1）剔除相关数据缺失不全的企业；（2）剔除被证券交易所特殊处理（ST）的企业；（3）剔除变量值极端的企业，即对连续型变量在 1% 和 99% 的水平上采用 Winsorize 缩尾处理，最终获得 4 618 个样本观测值。本书的企业污染防治数据来自巨潮官方网站的年度报告、社会责任报告、环境报告等资料，手工从中搜集、整理、核实而获得；财务数据来源于国泰安（CSMAR）数据库；地方政府宏观数据来源于《中国城市统计年鉴》。

二、变量界定与度量

（一）被解释变量

模型（6-9）中的被解释变量 M，为中介模型中的中介变量，以企业盈利能力（Roa）作为代理变量。本书采用众多学者（周楷唐等，2017；张琦等，2019）的普遍做法，以总资产净利润率来度量企业盈利能力。污染防治中积极践行"工匠精神"的企业，得到公众的认可，享有较好的环境道德声誉，具有较好的绿色品牌竞争力，促进了企业盈利能力的提升。同时，盈利能力强的企业，未来现金流量的不确定性较低，债务契约违规风险较低，有能力偿还债务，有助于提升债务融资能力。

（二）解释变量

1. 企业层面的"工匠精神"

"工匠精神"属于意识形态类，难以直接衡量。不过，马克思主义哲学理论认为，意识指导实践，实践是意识外在的客观表现。具体到企业层面污染防治中践行的"工匠精神"，其外在的客观表现是持续专注于环保投资的资本支出。因此,本书以意识形态类的"工匠精神"所表现于外的客观活动作为代理变量,即环保投资的资本支出活动。这是因为,"工匠精神"的资本化(郭会斌等,2018),实质上就是企业层面践行"工匠精神"所外露的持续专注于环保投资的资本支出活动。于是,企业层面践行专注、精益求精的"工匠精神"越积极,引进的环境友好型技术越先进,购建的环保设备也就越多,相关的资本支出也越多。据此,企业层面污染防治中践行的"工匠精神",采用年度环保投资度量。具体做法是,从年度报告披露的在建工程附注信息中,手工摘取当年度已完工且转入固定资产的环保在建工程的数据。一般来说,环保投资购置的环保设备,形成的是节能降耗、治理污染、减少污染物排放等的污染防治能力。由此看来,环保投资的规模的大小,代表了污染防治能力的强弱。不过,规模趋同而行业不同的企业,他们要达到趋同的污染防治的能力水平,其对环保投资的要求也会有较大差异。如重污染行业的环保投入要远远大于非重污染行业。鉴于此,本书以环保投资额的自然对数作为企业层面"工匠精神"的衡量指标。

2. 地方政府环境治理意愿

执行政策时额外成本的负担能力与政策的执行力相关(Hering et al.,2014),具体到国家环境治理政策也是如此。经济发展落后地区,当地政府为了稳增长稳就业,通过弱化环境管制以降低企业环境守规成本,争夺资本的流入(杨海生等,2008),采取"逐底竞争"(张华,2016)的环境治理策略,从而倾向于牺牲环境为代价吸引外商直接投资(Ljungwang et al.,2005)。然而,经济发达的长三角和沿海等大部分地区,从2005年开始关闭污染大户企业(盛丹等,2019),淘汰域内的高污染企业(刘悦等,2018;盛丹等,2019)。这表明,国家绿色发展理念的落实和环境质量的提升,取决于地方的经济发展程度。也就是说,地方政府执行情况和地方政府环境治理意愿由经济发展程度决定了,而不在于环境管制措施、企业违规约谈、受罚案例的公布数量。

上述分析可知,在当前经济下行压力大、增长内生动力不足的背景下,稳增长促就业等民生问题是摆在首位的。因此,地方政府落实环境治理政策时，得考虑就业民生问题。由此看来，地方政府环境治理力度和意愿不在于环境规制举措的外在形式和数量，主要取决于地方政府域内以稳增长、保就业、促民生为首要目标的经济发展程度。这种以经济行为作为意愿等意识形态的代理变量，学者们也展开了相关研究，如将地方财政收入与财政支出之差等经济指标作为政府放权意愿的代理变量（蔡龙贵等，2018）。这一逻辑思路给本书提供了启发并得到借鉴，即以地方（地级）政府域内的经济发展程度作为地方政府环境治理意愿的代理变量。具体计算方法是，以地方政府域内的上年度人均GDP，作为地方政府环境治理意愿的代理变量。

3. 社会道德

社会道德是人的行为规范，促进人遵守社会公序良俗，以做出利他或至少不伤害他人的行为。同样的道理，社会道德也规范企业。这是因为，企业是相关利益者的契约体，由众多的人组成，而社会道德作为维护社会系统健康运行的非正式制度，从而左右着企业主体行为，督促企业做出利他或至少不伤害他人的行动。由此看来，社会道德是个体遵守社会规范、恪守社会秩序及效力社会的表现，每个个体的类似表现组成了社会群体的共同表现，从而影响个体行为。于是，本书借鉴有关文献的做法，采用各地区的驾驶员遵守交通法规的情况作为社会道德的代理变量（王夫乐，2019）。这是源于遵规守法是社会道德表现的重要内容。相关学者也验证了这一点，具备良好驾驶习惯的驾驶员，遵守交通法规，其同情心较强（Jana et al.，2013），同时道德水平也高（王夫乐，2019）。基于以上研究成果，社会道德变量的度量，具体做法是，采用单位路程中每个驾驶员每次驾驶的车辆所发生的交通事故的次数，衡量社会道德变量。在构造驾驶员人均交通事故次数计算社会道德水平变量时，忽略高速公路所对应的一级公路里程和交通事故中极其微小的行人违规等因素。忽略的原因是数据适当性和可得性，如地级市域内的高速公路上外地车辆过境较多，当地车辆大多在二级公路的通勤道路上行走。鉴于此，本书引入二级公路里程、汽车拥有量、驾驶员人数及交通事故次数等中国地级市统计年鉴公示的数据，最终采用每个地级市域内的每公里的公路上，每辆车在每个驾驶员手上发生的交通事故的次数，计算企业所驻地域内的社会道德水平。因此，社会道德的具体计算公式可表述为，交通事故次数/（二级公路里程×驾驶员数量×汽车拥有量），该指标的比值越大，表明企业所驻地级市的域内驾驶员，驾驶车辆时发生的交通事故率较高，说明当地的社会道德水平也就较低。为了便于理解和解读，本书在实际应用该指标时取其倒数，即倒数值越大，社会道德水平越高。

（三）控制变量

为了降低其他变量的遗漏引致模型估计结果产生的误差，本书在借鉴相关文献（潘施琴等，2019；温素彬等，2017）的基础上，引入以下必要的控制变量。

固定资产。企业固定资产多为生产性、专用性资产，是形成盈利能力物质基础，固定资产较多，产能越强，从而影响企业盈利能力；若固定资产较少，无法满足生产需求时，则难以供应市场需求。该变量取值于固定资产净额/期初资产的比。

营业收入现金含量。企业开展生产经营活动，需要足量的流动资金，以支持必要支出，因此，需要充裕的资金支持。该变量以销售商品、提供劳务收到的现金/营业收入的比值度量，以消除企业间规模差异引致的影响。

财务杠杆。企业为了生产经营，采购原材料、能源动力、技术研发、产品营销等活动，定会占用、消耗相应的资金，继而引致资金短缺而增加借款。因此，反映财务杠杆的资产负债率对企业盈利能力将产生影响。

经营效率。企业的发展体现为经营效率的提升，同时也意味着销量的增加，而对应的成本下降。据此，经营效率的提升会影响企业盈利能力。该变量采用当期营业成本与营业收入之比度量。

行业属性。与其他行业相比，重污染行业的污染排放较大，影响企业环境绩效。为了区分其差异性，该变量度量方法是，重污染行业为1，否则为0。

公司上市地点。沪深两市对公司环境信息披露的要求存在一定的差异，这会引致企业产生不同的污染防治预期，从而影响企业环境绩效。该变量度量方法是，上交所为 1，深交所为 0。

另外，本书还控制了年度和行业效应。各变量的简要说明如表 6 - 2 所示。

表 6 - 2 　　　　　　　　　　　　变量简要说明

项目	变量名	变量定义
被解释变量	Roa	盈利能力：总资产净利润率
解释变量	Socc	企业层面"工匠精神"：环保投额对数
	Wgeg	政府环境治理意愿：人均 GDP
	Somo	社会道德：交通违规数/（汽车量×驾驶量×二级公路里程）比值的倒数
	Soccm	企业层面"工匠精神"：环保投额对数（对中处理后）
	Wgegm	政府环境治理意愿：人均 GDP（对中处理后）
	Somom	社会道德：交通违规数/（汽车量×驾驶量×二级公路里程）比值的倒数（对中处理后）
	$Soccm \times Wgegm$	企业层面"工匠精神"与政府环境治理意愿的交互项（对中处理后）
	$Soccm \times Somom$	企业层面"工匠精神"与社会道德的交互项（对中处理后）
控制变量	Fia	固定资产：固定资产净额/期初资产
	Cash	（经营活动的现金净流量－投资活动的现金净流量）/平均总资产
	Ce	经营效率：营业成本/营业收入
	Lev	财务杠杆：资产负债率
	Contro	实际控制人拥有上市公司控制权比例 100%
	LnSize	企业规模：总资产对数
	Stkcdw	上市地点：上海上市为 1，深圳上市为 0
	Nature	国有企业为 1，非国有企业为 0
	Pollu	重污染企业为 1，非重污染企业 0
	Year	年度
	Industry	行业

三、模型设计

(一)"工匠精神"影响盈利能力的模型

为了考察前述提出的假设以探索"工匠精神"对企业盈利能力的影响及其调节作用机制,在前述理论分析的基础上,本书借鉴现有研究成果(潘施琴等,2019;温素彬等,2017),先后构建如下模型。

首先,构建基础模型(6-11),回归并检验假设 H6-1。此基本模型主要考察企业层面"工匠精神"对盈利能力的影响。这是因为,相比于员工层面的"工匠精神",企业层面践行的"工匠精神",具体表现为做好污染防治,专注于环保投资,形成环保设备,从而构成企业污染防治能力的主力,其蕴含了污染防治技术,并且该技术效应是污染物排放量减少的最主要原因(Kim,2015),也最为外界容易获得与信任的信息。也就是说,企业层面践行"工匠精神",专注于环保投资,形成污染防治能力,也是企业提升环境道德声誉,形成环境品牌竞争力的主力。因此,基本模型主要考察企业层面"工匠精神"对企业盈利能力的影响。

$$Roa_t = \gamma_0 + \gamma_1 Socc_{t-1} + \sum \gamma Controls + \varepsilon \qquad (6-11)$$

其次,在基础模型(6-11)回归的基础上,为了进一步探究地方政府环境治理意愿在"工匠精神"与盈利能力之间的调节促进作用,将地方政府环境治理意愿变量引入模型(6-11),形成模型(6-12),并在此基础上引入交互项,从而产生模型(6-13),以期深入分析交互影响,以期验证假设 H6-2。

$$Roa_t = \gamma_0 + \gamma_1 Socc_{t-1} + \gamma_2 Wgeg_{t-1} + \sum \gamma Controls + \varepsilon \qquad (6-12)$$

$$Roa_t = \gamma_0 + \gamma_1 Soccm_{t-1} + \gamma_2 Wgegm_{t-1} + \gamma_3 Soccm \times Wgegm_{t-1} +$$
$$\sum \gamma Controls + \varepsilon \qquad (6-13)$$

最后,在基础模型(6-11)回归的基础上,为了进一步考察社会道德的调节促进作用,将社会公德变量引入模型(6-11),形成模型(6-14),

并在此基础上引入交互项，以深入分析交互影响，从而产生模型（6-15），以期检验假设 H6-3。

$$Roa_t = \gamma_0 + \gamma_1 Socc_{t-1} + \gamma_2 Somo_{t-1} + \sum \gamma controls + \varepsilon \quad (6-14)$$

$$Roa_t = \gamma_0 + \gamma_1 Soccm_{t-1} + \gamma_2 Somom_{t-1} + \gamma_3 Soccm \times somom_{t-1}$$
$$+ \sum \gamma controls + \varepsilon \quad (6-15)$$

在构建模型（6-13）和模型（6-15）时，为了避免当中的交互项和参与交互的变量产生共线性问题，对相应变量进行对中处理（谢宇，2016），即求出变量与其平均值的差，生成新的变量，同时将其参与交互形成交互项。具体做法是，模型中参与交互的变量，如企业层面"工匠精神"（Socc）、政府环境治理意愿（Wgeg）和社会道德（Somo）先对中处理，分别产生对应的新变量 Soccm、Wgegm 和 Somom，然后再参与交互生成交互项 Soccm × Wgegm 和 Soccm × Somom 并引入上述模型中。

（二）企业盈利能力中介变量效应模型

在模型（4-1）的基础上，引入盈利能力（Roa）变量，从而构建模型（6-16）。根据中介效应理论，模型（4-1）、模型（6-11）和模型（6-16）分别对应前述中介效应检验步骤和模型（6-8）、模型（6-9）、模型（6-10），依次形成三个检验步骤，以考察盈利能力的中介效应，以期验证假设 H6-4。

$$Debt_{t+1} = \beta_0 + \beta_1 Socc_t + \beta_2 Ceps_t + \sum \beta Controls + \varepsilon \quad (6-16)$$

第五节 实证分析

一、描述性统计

研究样本变量数据的描述性统计结果如表6-3所示，表中具体列示了变量数据的基本统计特征。由表可知，企业盈利能力（Roa）的最小值为

-0.451，最大值为0.351，标准差为0.063，表明样本企业之间的盈利能力（Roa）差异较大，具有较强的异质性。其平均值为0.042，中位数0.033，两者较为接近。这说明，企业盈利能力（Roa）强与弱的样本企业，各占总体的比重接近半数。由此可知，大多数样本企业盈利能力（Roa）尚可，表明在样本总体中，较低的企业盈利能力（Roa）的样本企业不占绝对多数，大多数企业的盈利能力（Roa）不错。

表6-3显示，"工匠精神"（Socc）变量的最大值为22.584，最小值为10.817，标准差为2.567，这说明污染防治中的"工匠精神"在样本企业之间有着较大差异，具有较强的异质性。统计特征数据还显示，"工匠精神"（Socc）的中位数为16.786，与其平均值16.848较接近，即积极践行"工匠精神"的样本企业在样本总体中占半数。这表明在环境管制趋严的情况下，大多数样本企业在污染防治中积极践行"工匠精神"。结合前述盈利能力（Roa）的统计特征可以得知，大多数企业积极践行的"工匠精神"与大多数企业较强的盈利能力（Roa）与相匹配，即污染防治中积极践行"工匠精神"的企业，其盈利能力（Roa）也较强，不愿践行"工匠精神"的企业，陷入难盈利的境遇。这表明企业污染防治中"工匠精神"较强，增强了其盈利能力（Roa）。初步验证了假设H6-1。

表6-3显示，地方政府环境治理意愿（Wgeg）的最大值为0.999，最小值为0.010，标准差为0.052，这说明地方政府环境治理意愿在样本企业所驻地域之间有着较大差异，具有较强的异质性。同时，数据统计特征还显示，地方政府环境治理意愿（Wgeg）的中位数为0.070，与其平均值0.078较接近，即在样本企业所驻地域的地方政府中，具有较强环境治理意愿的地方政府，占总体的半数。这表明，在环境污染问题的导向下，大多数样本企业驻地的政府环境治理意愿较强，即大多数样本企业所驻地域的政府，积极管制企业的污染防治。结合上述盈利能力（Roa）和"工匠精神"（Socc）的统计特征可以得知，地方政府环境治理意愿（Wgeg）变量的统计特征与前两者较为匹配，即地方政府环境治理意愿较强，当地企业"工匠精神"对盈利能力的提升作用也较强。初步验证了假设H6-2。

社会道德（Somo）的最大值为2.835，最小值为0.012，标准差为

0.109，这说明社会道德在样本企业所驻地域之间，有着较大差异，具有较强的异质性。同时，数据统计特征还显示，社会道德（Somo）的中位数为0.175，接近平均值0.192，即在样本企业的驻地中，具有良好社会道德的地域，占总体的比例接近半数。这表明，在企业污染防治过程中，大多数样本企业所驻地域的社会道德水平较高，接近于平均水平。即大多数样本企业所驻地域，具有良好的社会道德。结合上述盈利能力（Roa）和"工匠精神"（Socc）的统计特征可以得知，社会道德（Somo）与前两者较为匹配。这表明社会道德水平越高，当地企业的"工匠精神"对盈利能力的提升作用也较强。初步验证了假设 H6 - 3。

表 6 - 3   描述性统计结果

Variable	Obs	Mean	Median	Std. Dev.	min	max
Roa	4 618	0.042	0.033	0.063	− 0.451	0.351
Socc	4 618	16.848	16.786	2.567	10.817	22.584
Somo	4 618	0.192	0.175	0.109	0.012	2.835
Wgeg	4 618	0.078	0.070	0.052	0.010	0.999
Fia	4 618	0.351	0.305	0.537	0.004	19.975
Cash	4 618	0.126	0.118	0.112	− 0.965	0.774
lev	4 618	0.477	0.491	0.193	0.013	1.659
LnSize	4 618	23.168	23.090	1.379	19.740	27.596
Ce	4 618	0.761	0.802	0.173	− 0.209	2.021
Contro	4 618	40.763	41.18	16.012	2.34	82.51
Pollu	4 618	0.697	1	0.459	0	1
Stkcd	4 618	0.469	0	0.499	0	1
Nature	4 618	0.629	1	0.483	0	1
Industry	4 618	3.822	3	1.762	1	8

二、相关性分析

表 6 - 4 列示了研究样本各变量之间的相关性分析结果，以考察变量之间的两两相关性。首先，"工匠精神"（Socc）与盈利能力（Roa）的相关

表6－4　相关性分析

	Roa	Socc	Somo	Wgeg	Fia	Cash	Lev	LnSize	Ce	Contro	Pollu	Stkcdw	Nature	Industry
Roc	1.000													
Socc	0.054***	1.000												
Somo	0.003**	0.036*	1.000											
Wgeg	0.020***	0.006	0.469***	1.000										
Fia	0.002**	0.075**	-0.045**	-0.045**	1.000									
Cash	0.369***	0.055**	-0.003	-0.041*	0.135***	1.000								
Lev	-0.293***	0.309***	-0.017	0.029	0.093*	-0.149***	1.000							
LnSize	0.002***	0.616***	0.118***	0.099***	0.037*	-0.007	0.404***	1.000						
Ce	-0.153	0.166***	0.005	0.008	0.042*	-0.277***	0.362***	0.107***	1.000					
Contro	-0.033	0.197***	-0.036*	-0.004	0.024	-0.024	0.048**	0.246***	0.096***	1.000				
Pollu	0.010**	0.227***	-0.124***	-0.160***	0.098***	0.030	-0.058***	0.001	-0.075***	0.078***	1.000			
Stkcd	-0.100**	0.181***	-0.070***	-0.013	0.017	-0.105***	0.264***	0.184***	0.165***	0.179***	0.078***	1.000		
Nature	-0.164***	0.227***	0.021	-0.030	-0.011	-0.086***	0.172***	0.347***	0.151***	0.372***	0.095***	0.204***	1.000	
Industry	0.147***	-0.083**	-0.017	0.012	0.042*	0.114***	-0.076***	-0.147***	-0.188***	0.006	0.067***	0.005	-0.002	1.000

注：***、**、*分别表示在1%、5%、10%的水平上显著。

系数为 0.054，且均在 1% 水平上显著，表明企业污染防治中践行的"工匠精神"（*Socc*）有力增强了企业的盈利能力（*Roa*），即有助于盈利能力的提升。初步验证了假设 H6 - 1。其次，地方政府环境治理意愿（*Wgeg*）与盈利能力（*Roa*）的相关系数为 0.020，且在 1% 水平上显著，表明地方政府环境治理意愿（*Wgeg*）有助于提升企业盈利能力，即能够起调节作用。初步验证了假设 H6 - 2。最后，社会道德（*Somo*）与盈利能力（*Roa*）的相关系数为 0.003，且在 1% 水平上显著，表明社会道德（*Somo*）有利于增强企业盈利能力（*Roa*），即能够起调节作用。初步验证了假设 H6 - 3。另外，解释变量、控制变量之间的相关系数大多数显著，并且绝大多数小于 0.5，相应的方差膨胀因子（VIF）小于 2。由此可见，根据上述描述统计和相关性分析可知，本书解释变量和控制变量的选取较为合理，应用其构建的回归模型不存在较严重的共线性问题，分析结果也初步验证了本书提出的假设，这为下面的回归分析提供了基础。

三、回归与分析

本书应用 Stata16 对上述模型分别回归，结果如表 6 - 5、表 6 - 6、表 6 - 7 所示，并对其分析，检验前文提出的假设。

（一）"工匠精神"与企业盈利能力回归与分析

1. "工匠精神"与企业盈利能力的基础回归

模型（6 - 11）回归结果如表 6 - 5 中列（1）所示，具体报告了企业在污染防治中践行的"工匠精神"（*Socc*），对企业盈利能力（*Roa*）的影响。企业的"工匠精神"对盈利能力的回归系数为 0.002，且在 1% 的水平上显著。这表明企业在污染防治中践行的"工匠精神"对企业盈利能力有正向促进作用，即提升了企业盈利能力，验证了假设 H6 - 1。同时也说明，污染型企业履行环境责任，积极践行"工匠精神"，节能减排，形成了自身的环境道德、绿色品牌形象，提升了竞争力，带来了经济利益，从而使得污染防治的外部性实现内部化，助力环境治理困境的突破。

2. 进一步回归分析：基于地方政府环境治理意愿的调节作用

在假设 H6 - 1 通过检验后，根据模型（6 - 12）和模型（6 - 13），回归分析以考察假设 H6 - 2。表 6 - 5 中列（2）所示的模型（6 - 12）的回归结果，即在模型（6 - 11）的基础上引入地方政府环境治理意愿（$Wgeg$）后形成的模型回归结果。表 6 - 5 中列（2）列示了企业"工匠精神"（$Socc$）和地方政府环境治理意愿（$Wgeg$）的回归系数，分别为 0.002 和 0.046，均为正数且依次在 1% 和 5% 的水平上显著，而且调整后的 R^2 为 0.273，大于之前表 6 - 5 模型（6 - 11）中列（1）中的 0.271，拟合优度得到了提升。这些均初步验证了假设 H6 - 2，即地方政府环境治理意愿在"工匠精神"影响企业债务融资的过程中，具有正向调节促进作用。

为了深入考察地方政府环境治理意愿的调节作用，将模型（6 - 12）中的企业层面践行的"工匠精神"（$Socc$）和地方政府环境治理意愿（$Wgeg$）分别对中处理（谢宇，2016），从而依次形成新的企业层面践行的"工匠精神"（$Soccm$）和地方政府环境治理意愿（$Wgegm$）变量，并参与交互形成交互项 $Soccm \times Wgegm$，以构建模型（6 - 13），回归结果如表 6 - 5 列（3）所示。表 6 - 5 列（3）列示的模型（6 - 13）的调整后的 R^2 为 0.274，大于列（1）列示的模型（6 - 11）中的 0.271，表明模型（6 - 13）的拟合度优于模型（6 - 11）；同时，企业层面的"工匠精神"、地方政府环境治理意愿、企业层面的"工匠精神"与地方政府环境治理意愿的交互项，各自的回归系数分别为 0.002、0.037 和 0.016，均为正数且依次在 1%、10% 和 10% 的水平上显著。这些正向显著性和拟合优度的提升，进一步表明地方政府环境治理意愿在"工匠精神"提升企业债务融资能力的过程中，有着显著的正向调节促进作用，假设 H6 - 2 得到了验证。同时也说明，地方政府环境治理意愿助推了"工匠精神"对盈利能力的提升作用，进一步促进了企业污染防治的外部性内部化的实现，推进了环境治理困境的突破。

3. 进一步回归分析：基于社会道德的调节作用

在假设 H6 - 1 通过检验后，根据模型（6 - 14）和模型（6 - 15），回归分析以考察假设 II6 - 3。表 6 - 5 中列（4）列示的模型（6 - 14）的回归结果，即在模型（6 - 11）的基础上引入社会道德（$Somo$）后形成的模型回归结果。表6-5中列（4）列示了企业"工匠精神"（*Socc*）和社会道德（*Somo*）对盈利能力（*Roa*）的回归系数，分别为0.002和0.043，均为正数且依次在1%和5%的水平上显著，而且调整后的R^2为0.276，大于之前表6-5列（1）中模型（6-11）的0.271，拟合优度得到了提升。这些均初步验证了假设H6-2，即社会道德在"工匠精神"影响企业债务融资的过程中，具有正向调节促进作用。

为了深入考察社会道德的调节作用，将模型（6-14）中的企业层面"工匠精神"（*Socc*）和社会道德（*Somo*）分别对中处理（谢宇，2016），从而依次形成新的企业"工匠精神"（*Soccm*）和社会道德（*Somom*）变量，并参与交互形成交互项*Soccm × Somom*，从而形成模型（6-15），其回归结果如表6-5列（5）所示。表6-5列（5）列示的模型（6-15）的调整后的R^2为0.278，大于列（1）中列示的模型（6-11）0.271，表明模型（6-15）的拟合度优于模型（6-11）；同时，企业层面"工匠精神"、社会道德、企业层面"工匠精神"与地方政府环境治理意愿的交互项，各自的回归系数分别为0.002、0.042和0.015，均为正数且依次在1%、5%和10%的水平上显著。这些正向显著性和拟合优度的提升，进一步表明社会道德（*Somom*）在"工匠精神"提升企业债务融资能力的过程中，有着显著的正向调节促进作用，假设H6-2得到了验证。同时也说明，社会道德（*Somom*）助推了"工匠精神"对盈利能力的提升作用，进一步促进了企业污染防治的外部性内部化的实现，推进了环境治理困境的突破。

表6-5　　　　　　　　　　　　　模型回归结果

变量	基本回归模型	基于地方政府环境治理意愿（*Wgeg*）调节效应		基于社会道德（*Somo*）调节效应	
	（1）盈利能力 Roa	（2）盈利能力 Roa	（3）盈利能力 Roa	（4）盈利能力 Roa	（5）盈利能力 Roa
Socc	0.002 *** (0.007)	0.002 *** (0.001)		0.002 *** (0.001)	
Wgeg		0.046 ** (0.014)			

续表

变量	基本回归模型	基于地方政府环境治理意愿（Wgeg）调节效应		基于社会道德（Somo）调节效应	
	(1) 盈利能力 Roa	(2) 盈利能力 Roa	(3) 盈利能力 Roa	(4) 盈利能力 Roa	(5) 盈利能力 Roa
Soccm			0.002 *** (0.001)		0.002 *** (0.001)
Wgegm			0.037 * (0.019)		
Soccm × Wgegm			0.016 * (0.008)		
Somo				0.043 ** (0.013)	
Somom					0.042 ** (0.017)
Soccm × Somom					0.015 * (0.007)
Fia	0.003 * (0.001)	0.003 * (0.001)	0.003 (0.001)	0.002 * (0.002)	0.004 * (0.001)
Cash	−0.001 * (0.001)	−0.002 (0.001)	0.001 * (0.035)	−0.001 (0.001)	0.001 * (0.035)
Lev	−0.011 *** (0.052)	−0.061 *** (0.012)	−0.060 ** (0.012)	−0.061 *** (0.012)	−0.061 *** (0.012)
LnSize	0.004 * (0.002)	0.004 * (0.002)	0.004 * (0.002)	0.004 ** (0.002)	0.004 * (0.002)
Ce	−0.122 *** (0.011)	−0.123 *** (0.011)	−0.123 *** (0.011)	−0.124 *** (0.012)	−0.123 *** (0.012)
Pollu	−0.003 ** (0.004)	−0.002 *** (0.004)	−0.002 ** (0.004)	0.003 (0.004)	−0.002 (0.004)
Stkcd	0.007 * (0.003)	0.007 * (0.003)	0.007 * (0.003)	0.006 * (0.004)	0.007 * (0.004)

续表

变量	基本回归模型	基于地方政府环境治理意愿（*Wgeg*）调节效应		基于社会道德（*Somo*）调节效应	
	（1）盈利能力 Roa	（2）盈利能力 Roa	（3）盈利能力 Roa	（4）盈利能力 Roa	（5）盈利能力 Roa
Contro	0.001 (0.001)	−0.001 (0.001)	−0.001 (0.001)	0.001 (0.001)	−0.001 (0.001)
Nature	−0.011 *** (0.002)	−0.011 *** (0.002)	−0.011 *** (0.002)	0.012 ** (0.002)	−0.012 *** (0.003)
Year	控制	控制	控制	控制	控制
Industry	控制	控制	控制	控制	控制
Cons	0.021 (0.045)	0.021 (0.045)	0.062 (0.049)	0.016 (0.045)	0.060 (0.049)
N	4 618	4 618	4 618	4 618	4 618
R-sq	0.271	0.273	0.274	0.276	0.278

注：***、**、*分别表示在1%、5%、10%的水平上显著；括号内为标准误差。

（二）基于盈利能力的中介效应回归与分析

考察模型（4−1）和模型（6−11）并验证了相应假设后，依据中介效应检验步骤，考究模型（6−16），进一步检验假设 H6−4。即将盈利能力引入模型（4−1）中，继而得到模型（6−16）并重新进行回归，回归结果如表6−6所示。表6−6中回归结果列（1）显示，以债务融资规模的变化值（$DebtAmo_{t+1}$）作为被解释变量，企业污染防治中践行的"工匠精神"（*Socc*）、中介变量盈利能力（*Roa*）的回归系数分别为 0.012 和 0.219，且依次在1%和5%的水平上显著。这些回归系数及其显著性，结合表4−4中列（1）报告的模型（4−1）中"工匠精神"（*Socc*）回归系数和显著性，根据中介效应理论可知，中介变量盈利能力（*Roa*）发挥了部分中介效应作用，即企业污染防治中践行的"工匠精神"（*Socc*）提升企业债务融资能力，部分是通过中介变量盈利能力（*Roa*）实现的。根据表6−6中回归结果列（2）的显示可知，被解释变量换为债务融资成本变化值（$DebtCo_{t+1}$）后再次回归的系数、显著性，结合表 4 - 4 中列（2）的报告回归结果，分析可知盈利能力（Roa）的依然发挥了中介效应作用。更换被解释变量后，中介效应作用仍然存在，这表明中介效应是稳健的。

这些回归分析结果显示，企业污染防治的外部性内部化机理，具有"蝶蛹"效应。也就是说，企业层面污染防治中践行的"工匠精神"，不仅促进了盈利能力的增强，带来了经济利益，而且还通过中介变量盈利能力提升了企业债务融资能力，扩大了债务融资规模和降低了债务融资成本，引致了第二次经济利益的产生，从而有力地推动了环境治理困境的突破。同时，上述企业盈利能力中介效应的验证，表明在国家环境管制趋严的场境中，多个主体守约、共生有着独特的路径和机理，这进一步诠释了共生理论和契约论。

表 6 - 6 中介效应模型回归结果

变量	（1）债务融资规模 DebtAmo	（2）债务融资成本 DebtCo
$Socc_{t-1}$	0.012 *** (0.002)	− 0.001 *** (0.001)
Roa	0.219 ** (0.084)	− 0.011 ** (0.004)
$Cash$	0.001 *** (0.001)	0.001 *** (0.001)
Lev	0.155 ** (0.050)	0.006 *** (0.001)
$LnSize$	0.010 * (0.004)	0.001 *** (0.001)
Ce	0.104 *** (0.024)	− 0.002 (0.001)
$Pollu$	0.036 ** (0.014)	0.003 *** (0.001)
$Stkcd$	0.014 * (0.007)	0.001 * (0.001)

续表

变量	(1) 债务融资规模 *DebtAmo*	(2) 债务融资成本 *DebtCo*
Contro	0.001 (0.001)	−0.001 (0.001)
Nature	−0.007 (0.010)	0.001 ** (0.001)
Fia	−0.306 *** (0.046)	0.001 ** (0.001)
Year	控制	控制
Industry	控制	控制
Cons	−0.404 *** (0.112)	0.017 *** (0.003)
N	4 618	4 618
R-sq	0.456	0.121

注：***、**、* 分别表示在1%、5%、10%的水平上显著；括号内为标准误差。

（三）稳健性检验

1. 基于模型（6-11）的稳健性检验

本书在构建模型（6-11）时，为了缓解内生性问题，做了相应处理和检验，一是将"工匠精神"变量的数据提前一期。模型中盈利能力等其他变量数据取值于当期，以研究"工匠精神"对企业盈利能力的影响。二是增加新变量。在模型（6-11）中，分别引入地方政府环境治理意愿（*Wgeg*）、社会道德（*Somo*）变量等新变量，依次形成模型（6-12）、模型（6-13）和模型（6-14）、模型（6-15）并回归，由前述回归结果可知，其结论与模型（6-11）相一致，这相互验证了各自的稳健性。三是构造一个工具变量。尝试通过二阶段的估计方法进一步检验模型（6-11）中的内生性。具体来说，手工搜集并整理企业驻地（地级市）域内的古建筑和修复重建的古建筑的数量，并将其作为工具变量。如赵州桥、岳阳楼、鹳雀楼、浔阳楼、多胜楼等，这些原生态的古建筑或修复重建的古建筑蕴含了古代"工匠精神"，具有外生性，构成了企业驻地的营商环境中的社会"工匠精神"，对域内企业具教化、激励等影响作用，有助于推动域内企业在污染防治中践行"工匠精神"，研发绿色产品、绿色工艺、降耗减排等，提升环境品牌声誉，增强企业市场竞争力。表6-7报告了基于社会"工匠精神"（Ssoc）作为工具变量的两阶段回归结果。从表6-7列（1）中第一阶段回归结果可知，社会工匠精神（Ssoc）变量的回归系数为0.067，且在1%水平上显著。这表明社会"工匠精神"促进了域内的企业在污染防治中践行"工匠精神"，有助于提升企业环境品牌竞争力。第二阶段回归结果显示，在控制内生性问题后，表6-7列（2）中"工匠精神"的回归系数0.025，且在1%水平上显著，即"工匠精神"提升了企业盈利能力。这些数据分析显示，"工匠精神"正向促进了企业盈利能力的提升，符合前述所提出的假设，这就排除了"工匠精神"与企业盈利能力的预期目标之间潜在的反向因果关系。鉴于此，基于社会"工匠精神"工具变量的两阶段回归分析结果表明，模型（6-11）是稳健的。上述分析表明，"工匠精神"正向促进了企业债务融资能力的提升，符合前述所提出的假设，研究结论是严谨的。

2. 基于模型（6-16）的稳健性检验

本书在构建模型（6-16）时，为了缓解内生性问题，做了相应处理和检验，一是因变量滞后一期。将企业债务融资能力变量数据的取值滞后一期。模型中盈利能力、"工匠精神"等其他变量数据取值于当期，以研究盈利能力、"工匠精神"对企业债务融资能力的影响。二是变换因变量的度量方法。模型（6-16）的被解释变量"企业债务融资能力"，改变其度量方法，采用债务融资成本变化值（$DebtCo_{t+1}$）度量重新回归，回归结果如表6-6中列（2）所示，回归结果表明，研究结论是严谨稳健的。这些表明模型（6-16）是稳健的，其研究结论具有严谨性。三是基础模型（4-1）的内生性检验奠定了基础。在第四章构造了一个工具变量，尝试通过二阶段的估计方法进一步检验了内生性，验证了模型（4-1）的稳健性。在此基础上引入盈利能力（Roa）变量而形成的模型（6-16），基础模型（4-1）的稳健性为模型（6-13）的稳健性奠定了基础。四是新增变量后的稳健性。在基础模型（4-1）中增加新变量盈利能力（*Roa*），从而形成新模型（6-16），由表6-5中列（1）可知，新模型（6-16）的回归结果与基础模型（4-1）是一致的，这相互验证了各自的稳健性。

表6-7　　基于社会工匠精神（*Ssoc*）变量的两阶段回归检验

变量	第一阶段回归	第二阶段回归
	（1）被解释变量企业工匠精神（*Socc*）	（2）被解释变量 Roa_{t+1}
Ssoc	0.067 *** (0.014)	
Socc		0.025 *** (0.008)
Cash	1.581 *** (0.304)	0.049 *** (0.083)
Lev	0.522 ** (0.209)	-0.071 *** (0.011)
Ln*Size*	0.819 *** (0.030)	-0.017 ** (0.007)
Ce	1.462 *** (0.218)	-0.157 *** (0.015)
Pollu	1.014 *** (0.081)	-0.030 *** (0.009)
Stkcd	0.146 ** (0.071)	0.004 (0.003)
Contro	0.004 * (0.002)	-0.001 (0.001)
Nature	-0.136 (0.083)	0.008 ** (0.003)
Fia	-0.007 (0.107)	-0.002 (0.003)

续表

变量	第一阶段回归	第二阶段回归
	(1) 被解释变量企业工匠精神（*Socc*）	(2) 被解释变量 Roa_{t+1}
Year	控制	控制
Industry	控制	控制
Cons	− 5.199 *** (0.669)	0.188 *** (0.052)
N	4 618	4 618
R-sq	0.460	
F 值	85.21	

注：***、**、* 分别表示在 1%、5%、10% 的水平上显著；括号内为标准误差。

　　本章的研究以"工匠精神"为切入点，分别研究了企业"工匠精神"对盈利能力的影响及地方政府环境治理意愿、社会"工匠精神"在影响中的调节作用，并且"工匠精神"通过盈利能力提升了企业债务融资能力，即盈利能力在"工匠精神"提升企业债务融资能力的过程中，起到了中介效应作用，进一步拓展了环境治理经济后果的研究视角，延伸了企业污染防治外部性内部化的研究视野，丰富了环境绩效影响因素和经济后果的学术文献。

　　这些研究深化了对企业污染防治与环境治理的认识，揭示了企业污染防治外部性内部化的机理及其"蝶蛹"效应。具体来说，企业开展污染防治，不仅可以建设美好生态家园，而且还形成企业环境道德声誉，增强市场竞争力，以致提升盈利能力和带来经济利益，并通过盈利能力增强债务融资能力，从而产生第二次经济利益。也就是说，企业发扬中国优秀的"工匠精神"传统文化，企业在污染防治中积极践行"工匠精神"，不仅形成企业污染防治能力，而且能够给企业带来经济利益。这表明，企业污染防治中弘扬中国传统的"工匠精神"，传承优秀的中华文化，既成为了生态文明建设的主力，也增强了物质文明建设的力量，助推文化自信和道路自信。

第七章　研究结论、启示与建议

本章共三个部分：一是研究结论。在理论分析与实证检验的基础上，先归纳总结企业污染防治中践行的"工匠精神"对债务融资产生的影响，其次归纳地方政府环境治理意愿和社会道德在前述影响中的调节作用机理，最后归纳污染减排和盈利能力等环境绩效在前述影响路径中的中介作用。这些研究得出了一些重要的结论，具有一定的理论性和现实性，丰富了污染防治的研究文献。二是研究启示。本书理论和实证分析了企业污染防治中践行的"工匠精神"，对债务融资能力的提升作用及影响机理，以及污染减排和盈利能力等环境绩效在前述影响路径中的中介作用。这对于当前制定环境治理政策和建设生态文明具有积极的启示。三是研究建议。本书通过研究，发现污染防治中积极的"工匠精神"具有正向良好的经济后果并有其自身的路径，实现了环境治理的外部性内部化，这明示了培育和发挥"工匠精神"的重要性，以及明晰了如何形成和维护环境声誉等的意义，均有利于提出政策建议。

第一节　研究结论与创新

环境污染和环境治理均具有外部性，前者是企业污染排放无须直接对外付费，后者是企业污染防治无法从外部获得直接的经济利益。因此，污染型企业作为环境治理的主体，其在污染防治中缺乏动力，同时政府作为环境管制的主体，需兼顾民生就业和经济发展，无法一刀切式的关停污染型企业，这些因素导致环境治理陷入困境。现有研究（唐国平等，2013）表明，无论在经济发达地区，还是经济欠发达地区，污染型企业缺乏污染防治的动力，导致环保投资不足，严重影响了企业的污染防治能力。由此看来，寻找环境治理困境的突破路径，其前提是将企业污染防治的外部性内部化以及厘清相关因素在内部化过程中的角色作用。企业开展污染防治活动，降耗减排，一方面是企业在环境治理趋严的背景下合法性生存和发展的需要，另一方面又是国家生态文明建设的需要。因此，企业在污染防治中持续积极作为，就得将污染防治的外部性内部化，助其注入持久动力以求环境治理困境的突破。在现有污染防治的相关文献基础上，本书结合中国当前生态文明建设的需要，以中国污染型上市公司为研究对象，人工收集污染防治数据，考察了企业在污染防治中所践行的"工匠精神"对债务融资的影响及其作用机理，以及污染减排、盈利能力等环境绩效在前述影响路径中的中介效应，具体探究企业污染防治的外部性如何内部化以及厘清相关因素在内部化过程中的角色作用。结果发现如下。

一、研究结论

本书通过三部分研究的结论表明，首先，污染防治中践行的"工匠精神"，对企业债务融资能力产生了提升作用的影响，并且在其提升作用的影响中，地方政府环境治理意愿、社会道德各自均扮演着调节作用；其次，在其提升作用的影响中，污染减排类的环境绩效起中介作用；最后，在其提升作用的影响中，盈利能力类的环境绩效起中介作用。具体结论如下。

（一）"工匠精神"提升了企业债务融资能力

这一部分以"工匠精神"为切入点，分别研究了污染防治中的"工匠精神"对企业债务融资能力的提升作用，以及地方政府环境治理意愿和社会道德均在前述提升作用的影响中分别起调节作用。

    本部分主要从道德风险的角度考察企业污染防治中践行的"工匠精神"对债务融资能力的影响。众所周知，开展污染防治是企业履行社会责任的重要内容。2018年10月新修订的《中华人民共和国公司法》中第五条规定，公司从事经营活动必须承担社会责任，以遵守社会公德、商业道德。因此，在环境管制趋严的背景下，企业污染防治中积极践行的"工匠精神"，向外界传递了做好做优污染防治、遵规守约的良好道德水平，有利于降低道德风险，提升债务融资能力。企业污染防治中积极践行的"工匠精神"，能够体现企业的道德，这是由"工匠精神"在历史演进中形成并蕴含的特质所决定的。"工匠精神"是经过古代孕育并持续发展而成优秀的传统精神文化。随着时代的演进和发展，"工匠精神"的特质和内涵也越来越丰富。在近代工业时期，"工匠精神"也与时俱进，是主体在工作过程中所体现的持续专注、爱岗敬业、守岗精业、精益求精、尚好尚优的高尚道德风范。正是这种追求，为社会发展进步提供了动力，推动了工匠技艺持续发展、完善，成长为现代的科学，推动着社会演进，同时也外露了工匠的道德水准。具体到污染型企业，在污染防治中践行的"工匠精神"，具体表现为持续专注于环保投资、污染减排新技术的购置，精益求精于污染防治技术、绿色工艺、绿色产品的研发，即在污染防治中表现为愿干和能干、节能减排、保护环境，从而形成遵规守约的道德，并构成其重要内容。本部分通过实证分析表明，企业污染防治中积极践行的"工匠精神"，向外界传递了利他或至少不伤害他人、遵规守约的较高道德水平，从而提升了企业债务融资能力，即扩大了债务融资规模和降低了债务融资成本，为企业带来了经济利益，从而实现企业污染防治的外部性内部化。

    除了上述的考察外，还引入了地方政府环境治理意愿和社会道德等外部因素，本部分进一步检验了各自在前述污染防治的外部性内部化过程中的调节作用，以作深入分析。一般来说，国家环境政策的落实与实施，是通过地方政府具体督促企业执行来实现。因此，地方政府环境治理意愿，对企业污染防治中践行"工匠精神"的行为产生重要影响。我国各地发展不充分、不平衡，地方政府落实中央环境政策时，会因自身经济实力而引致其强弱不同的环境治理意愿，从而不同地域环境风险具有异质性，影响污染型企业的债务融资能力。因此，不同地域的政府，其环境治理意愿有异，这最终表现在污染型企业违规排放的受查处的概率和挨惩处的力度等差异上。另外，当前经济下行压力背景下，需要稳增长稳就业，若严格执行环境治理政策，关停重污染企业，将影响就业和民生。如果放松管制，将会影响企业污染防治中践行"工匠精神"的积极性。因此，地方政府环境治理意愿在"工匠精神"影响债务融资过程中起调节作用。其次，社会道德是行为主体的行为规范，也形成了企业驻地营商环境的重要内容，教化、规范企业的污染行为，激励企业在污染防治中积极践行"工匠精神"，遵规守约且做好做优污染防治活动。社会道德中这些良好教化和激励的作用，其在"工匠精神"影响债务融资过程中同样起调节作用。本部分通过实证分析显示，地方政府环境治理意愿和社会道德分别在"工匠精神"影响企业债务融资的过程中，均具有正向调节促进作用，即均促进了"工匠精神"提升债务融资能力的影响作用。本部分进一步拓展了环境治理的研究视角，为突破环境治理困境、完善污染防治管理体制提供了有益的参考与借鉴。本部分的研究丰富了企业环境治理经济后果的研究，探明了企业污染防治困境的突破方向和方式。

（二）污染减排类的环境绩效中介于"工匠精神"与债务融资之间

现有研究分析了环境信息披露的经济后果，将所披露的环境信息视为同质性，即只考察环境信息是否披露、披露多少等直接对经济后果的影响。上一部分分析表明，企业污染防治行为中蕴含丰富的信息，从而对企业债务融资产生不同的影响。所以，本部分深入挖掘并收集污染型企业所披露的环境信息，从中介效应的角度，以进一步考察污染减排在企业污染防治中践行的"工匠精神"影响债务融资能力过程中的中介效应。为此，根据中介效应理论，分下列三个步骤来考察前述中介效应。第一步，为上一部分考察的"工匠精神"对企业债务融资的影响。第二步，探究企业污染防治中践行的"工匠精神"，对企业污染减排类的环境绩效的作用；第三步，考究污染减排类的环境绩效之中介效应。本部分主要关注后两个步骤，结果发现如下。

　　首先，企业污染防治中践行的"工匠精神"促进了企业污染减排。本部分通过实证回归分析表明，企业层面践行的"工匠精神"，持续专注于环保投资、污染减排新技术的购置，形成污染防治的主力，具体表现为污染防治设备，有力地促进了污染减排类的环境绩效的提升。这是因为，企业污染防治中所践行的"工匠精神"，具体表现为持续专注于污染减排新技术的购置、环保投资，形成环保基础设施，增强了污染防治能力，从而提升了企业污染减排类的环境绩效。另外，企业开展污染防治，通过组织员工来落实与实施，导致员工层面践行"工匠精神"，即专注于污染防治技术的应用与创新，如一线员工小改小革、提出金点子，科技人员研发绿色工艺、绿色技术、绿色产品，释放和提升污染防治设备的防治能力，提升了其污染减排的效率。实证分析表明，企业层面和员工层面"工匠精神"均提升了污染减排类的环境绩效，并且产生交互作用，共同促进了企业污染减排效率的提升。进一步分析还发现，企业污染防治中的"工匠精神"对污染减排的环境绩效的提升，在国有企业和非国有企业之间没有显著的异质性，但是相比于非国有企业，国有企业因自身的政治关联优势，在环境评优评级中能获得较好评价。本书尝试性地研究了污染防治中的"工匠精神"对企业污染减排类的环境绩效的影响，丰富了污染防治的文献。

　　其次，污染减排类的环境绩效，在"工匠精神"影响企业债务融资能力的作用中，发挥了中介效应。众所周知，污染型企业在严格的环境管制下，面临着环境诉讼的风险，增加了未来现金流量的不确定性和投资者对企业环境责任的敏感性。也就是说，从投资者的角度来看，其投资于企业的资本，随即也承担了企业污染环境的责任风险，对此索要较高的风险溢价。由此看来，污染减排类的环境绩效是影响企业债务融资的关键因素之一。这是因为，企业污染防治中践行的"工匠精神"，其所促进的污染减排，该类的环境绩效之好坏，衡量了企业环境风险的大小，体现其偿债能力，从而具有债务融资方面的经济后果，即企业污染减排类的环境绩效影响其债务融资有着自身独特的作用。实证分析表明，污染减排类的环境绩效在"工匠精神"影响债务融资的过程中，起着中介效应作用，即"工匠精神"提升企业债务融资能力的影响作用，部分是通过污染减排类的环境绩效实现的。

本部分基于中介效应理论，立足我国绿色金融、绿色发展的背景，以"融资难""融资贵"的污染型企业为研究样本，探究了污染减排类的环境绩效在"工匠精神"对企业债务融资能力的影响过程中具有中介效应等作用机制，进一步延展了污染防治的研究视角，丰富了企业污染防治经济后果研究的学术文献。

（三）盈利能力类的环境绩效中介于"工匠精神"与债务融资之间

上述部分研究了污染减排类的环境绩效在"工匠精神"与债务融资之间路径中的作用，本部分进一步研究第二条路径，即盈利能力在"工匠精神"与债务融资之间路径中的作用。为此，本部分深入挖掘并收集污染型企业披露的环境信息，从中介效应的角度，以进一步考察盈利能力在企业污染防治中践行的"工匠精神"影响债务融资能力作用中的中介效应。根据中介效应理论，本部分分三个步骤来验证，第一步为上述第一部分的考察，后两个步骤是本部分所关注的，一是研究企业污染防治中践行的"工匠精神"对盈利能力的影响；二是检验盈利能力的中介效应。结果如下：

首先，企业污染防治中践行的"工匠精神"提升了盈利能力类的环境绩效。实证分析表明，企业在污染防治中践行的"工匠精神"正向促进了盈利能力的提升。这是因为，企业污染防治中践行的"工匠精神"，如专注于研发绿色工艺、绿色产品、降耗减排技术等，趋向于降耗增效的逐顶竞争，为企业获得长期利润提供了动力，从而提升了盈利能力。在考察了企业污染防治中践行的"工匠精神"对盈利能力的促进作用后，又引入地方政府环境治理意愿和社会道德等外部因素，以进一步分析两个外部因素各自在前述促进提升中的调节作用。实证分析表明，地方政府环境治理意愿和社会道德，各自均在"工匠精神"提升企业盈利能力的过程中，具有正向调节促进作用。也就是说，"工匠精神"促进盈利能力过程中，受到了地方政府环境治理意愿和社会道德等外部因素的影响。其中地方政府环境治理意愿可以促进其对污染型企业违规排放查处的概率和惩处的力度，以促使企业在污染防治中践行"工匠精神"的行为，使得企业赢得遵规守法的道德声誉，以增强竞争力。另外，社会道德构成企业驻地营商环境的重要内容，教化并激励企业做好做优污染防治活动，如研发降耗减排技术、绿色工艺、绿色产品，降耗增效提升盈利能力。本书研究污染防治中的"工匠精神"对企业盈利能力的影响及其当中的调节作用，丰富了污染防治的文献。

其次，检验了盈利能力的中介效应。前述部分研究了企业污染防治中践行的"工匠精神"促进了企业盈利能力的提升。众所周知，盈利能力的强弱体现其企业偿债能力的大小，是影响企业债务融资的关键因素之一，其具有相应的经济后果。相关学者也认为，盈利能力等会计信息质量越好的企业，债权人预期企业未来现金流量越大（周楷唐等，2017），其声誉较好，于是企业融资能力也较强（Bharath et al.，2008）。实证分析也表明，盈利能力在"工匠精神"影响企业债务融资能力过程中，起着中介效应作用，即"工匠精神"提升企业债务融资能力的影响作用，部分是通过盈利能力实现的。

二、研究创新与局限

（一）研究创新

本书的创新之处主要有两个方面。一是研究视角的创新。本书创新性地从"工匠精神"、社会道德等优秀传统文化角度，研究污染防治的经济后果问题。二是研究内容的创新。本书创新性地考察了污染防治外部性内部化的机理和路径，从而突破环境治理的困境。也就是说，本书首次揭示了污染防治中践行的"工匠精神"对企业债务融资能力的提升作用，并进一步考察了在该提升作用中受到多个因素的影响作用。这为环境治理的外部性内部化提供了路径，为污染防治困境突破提供了方向和方式，丰富了相关文献。具体来说有以下几方面。

一是揭示了企业污染防治给企业带来了经济利益。"工匠精神"对企业债务融资能力的提升作用，并为企业提供污染防治的持久精神动力，以实现环境治理外部性的内部化和污染防治困境的突破。首先，污染防治中的"工匠精神"，体现了利他或不伤害他人的道德，是企业债务融资的重要影响因素之一，同时也在企业污染防治中发挥着独特的作用，丰富了污染防治的学术文献；其次，有利于建设美丽的生态环境，弘扬中国"工匠精神"的优秀传统文化，以提升文化自信、道路自信。

二是揭示了地方政府环境治理意愿和社会道德的调节作用。两者均在"工匠精神"提升企业债务融资能力的过程中，发挥了正向调节作用。污染防治困境的突破是个系统工程，企业环境治理外部性的内部化，除了需政府通过管制以督促企业开展污染活动外，还需要培育社会道德和"工匠精神"，以助推环境治理困境的突破。

三是揭示了两类环境绩效在污染防治外部性内部化的过程中，发挥了中介作用。首先，污染减排类的环境绩效，在污染防治的外部性内部化过程中，具有中介作用。"工匠精神"对企业污染减排具有促进作用，并通过污染减排类的环境绩效提升了企业债务融资能力。污染减排是企业环境绩效之一，也是企业形成环境声誉重要因素，是突破污染防治困境的重要方向。这为环境绩效评价的公平性之重要，提供了经验证据，以避免"重鞭打快牛""出力不讨好"的现象。其次，盈利能力类的环境绩效，在污染防治的外部性内部化的过程中，具有中介作用。"工匠精神"对盈利能力具有增强作用，并通过盈利能力类的环境绩效提升企业债务融资能力。在"工匠精神"提升盈利能力过程中，地方政府环境治理意愿和社会道德各自发挥了调节作用，促进了污染型企业降耗增效。这些均为环境治理外部性内部化和污染型企业高质量发展提供了经验证据和有益借鉴。

（二）研究局限

一是考察的因素范围有限。在研究企业污染防治中践行的"工匠精神"对企业债务融资影响时，只考虑了地方政府环境治理意愿、社会道德等外部因素和污染减排、盈利能力等内部因素，以及这些因素分别在影响当中的角色作用。其实在该影响当中的发挥角色作用的因素是多方面的，其他因素未考虑进来，如绿色金融政策、企业管理层等，是本书的研究局限之一，也是今后进一步研究的方向。

二是考察因素耦合方式有限。在考察污染防治中的"工匠精神"对企业环境绩效影响时，发现企业层面"工匠精神"与员工层面"工匠精神"的匹配和耦合，是企业污染防治与环境治理能力的形成、发挥、挖掘、提升的关键，但是二者如何匹配和耦合，以切实提高企业环境绩效，是本书的研究局限之一，也是需要进一步研究的方向。政府环境管制性的正式制度和企业微观环境声誉、"工匠精神"、社会道德等非正式制度，是导致并激励企业污染防治的关键，两者如何匹配和耦合，以切实建设美丽生态环境，是本书研究的局限，也是未来进一步研究的方向。这些均为以后的研究提供较大的学术研究空间。

三是考察的经济后果有限。关于企业污染防治的经济后果，除了本书所研究的债务融资之经济后果外，也会产生其他重要的经济后果，如企业高质量发展，这对稳增长稳就业、实现中国梦极为重要，这是值得研究的重要课题。虽然企业污染防治及其后果的研究很丰富，但仍然有很多未知的新课题供学术探讨。随着未来经济高质量发展的要求，学术界将会面对新的问题和现象需要研究。当前大数据快速的发展，数据挖掘技术的进步，学者们可获取更精细的新数据。这些均为企业污染防治的未来研究，提供有价值的课题线索和研讨的可行性。

第二节　研究启示与政策建议

一、研究启示

本书的研究得出的重要启示是，企业污染防治的外部性是可以内部分化的，并且其内部化的过程中有着自身的运行机制。具体如下：

其一，本书的研究深化了绿色发展、绿色金融的认识，企业环境声誉、

"工匠精神"、社会道德、政府环境治理在绿色发展、绿色金融运行过程中发挥着重要作用,为构建污染防治困境突破的系统性机制提供有益借鉴。

其二,本书的研究深化了对企业污染防治非正式制度的认识,即企业须发扬中国优秀的"工匠精神"、社会道德等传统文化,建设自身美好生态家园。社会道德促进企业践行"工匠精神",专注于环保投资,增强企业环境绩效的基础保障,从而提升降耗减排和盈利能力,进而增强债务融资能力。

其三,本书的研究深化了企业污染防治外部性内部化的机制认识。企业在地方政府环境治理和社会道德的促进下,积极开展污染防治,以提升降耗减排和盈利能力,从而获得债务融资方面的好处。

二、政策建议

根据上述的研究结论和启示,本书的政策建议如下:(1)健全绿色金融运行机制。政府需进一步完善绿色金融,以绿色发展为载体,促进绿色金融运行机制的形成,突出企业污染防治实绩,引导资本流向环境绩效良好的企业,促进资源优化配置,助推环境治理外部性内部化。(2)科学主导企业污染防治行为。政府应进一步强化对企业环境治理的激励与监管,发挥文化隐性的软实力作用,督促企业发扬污染防治的"工匠精神",并专注于环保投资,以形成环境治理的物质基础,并释放其污染防治能力;弘扬中国传统"工匠精神"和社会道德,传承优秀的中华文化,促使企业形成污染防治的内生动力。(3)完善政府环境治理评价机制。完善政府污染减排绩效评优评级机制,客观、公平、公正评价企业的污染减排绩效,不带有偏好,提升污染减排绩效评优评级与其污染防治实绩的匹配度,助推企业环境声誉的形成、维护和运行,以突破污染防治困境,提升企业污染防治的积极性和信心,从而促进社会资源合理配置,让资源配置于环境绩效真正优良的企业,以实现市场利益主体良性互动,助推绿色发展。(4)因地制宜,精准施策。国家制定的坏境治理政策要与地方经济发展水平相匹配,接地气式地加强实地调研,不能一刀切。在当前经济下行压力的背景下，地方执行和落实国家政策，均以稳增长、促就业、保民生为主旨，即政策的落实取决于当地的经济发展水平。各地落实环境治理政策，要求与当地经济发展水平相匹配，须吸取类似于 2019 年猪肉价格上涨的经验教训，即各地因环境治理而关停大批生猪生产基地，削弱了生猪供应能力，当生猪疫病来临时，抗风险能力下降，市场供不应求，引致当前猪肉上涨，影响人们生活。（5）积极培育中国传统文化。传统文化作为一种非正式制度，具有自律机制的作用。"工匠精神"、道德等传统文化，均影响企业污染防治的社会价值取向，有利于形成、完善和落实污染防治的正式制度，即非正式制度进一步促进了正式制度的落实。由此，政府主管部门面对当前环境状况和未来美好生态环境目标时，积极培育并激发企业污染防治的传统文化，引导企业形成正确的生态价值取向，发挥企业污染防治主体的作用，积极开展污染防治，落实国家环境治理政策，建设美丽中国，助推道路自信和文化自信。

参 考 文 献

[1] 柏拉图．理想国 [M]．郭斌和，张竹明，译．北京：商务印书馆，1986：26.

[2] 薄文广，等．地方政府竞争与环境规制异质性：逐底竞争还是逐顶竞争？[J]．中国软科学，2018 (11)：76 - 93.

[3] 蔡贵龙，郑国坚，马新啸，卢锐．国有企业的政府放权意愿与混合所有制改革 [J]．经济研究，2018 (9)：99 - 114.

[4] 蔡秀玲，余熙．德日工匠精神形成的制度基础及其启示 [J]．亚太经济，2016 (5)：99 - 105.

[5] 曹洪军，陈好孟．不确定环境下我国绿色信贷交易行为的博弈分析 [J]．金融理论与实践，2010 (2)：17 - 22.

[6] 陈承，等．国企高管薪酬与企业社会责任 [J]．中国软科学，2019 (6)：129 - 137.

[7] 陈东，陈爱贞．GVC 嵌入、政治关联与环保投资：来自中国民营企业的证据 [J]．山西财经大学学报，2018，40 (2)：69 - 83.

[8] 陈东，邢霖．环境规制、党组织嵌入与企业环保投资：基于2018年全国民营企业抽样调查的分析 [J]．福建论坛（人文社会科学版），2022 (11)：37 - 50.

[9] 陈汉文，周中胜．内部控制质量与企业债务融资成本 [J]．南开管理评论，2014，17 (3)：103 - 111.

[10] 陈华文．失去了工匠精神还谈什么制造业强国：读《匠人》[N]．上海证券报，2015 - 10 - 22.

[11] 陈守明，郝建超．证券市场对企业环境污染行为的惩戒效应研

究 [J]. 科研管理, 2017, 38 (4): 495 – 500.

[12] 崔雯雯, 张立民. 国家审计与公众参与: 基于政府信息公开的中介效应研究 [J]. 审计与经济研究, 2019 (6): 13 – 20.

[13] 崔艳娟, 李延喜, 陈克兢. 外部治理环境对盈余质量的影响: 自然资源禀赋是"诅咒"吗? [J]. 南开管理评论. 2018, 21 (2): 172 – 181.

[14] 戴菊贵, 金莉莉. 如何破解联保贷款中的"搭便车"问题: 基于博弈模型的分析 [J]. 金融监管研究, 2019 (7): 100 – 114.

[15] 邓慧慧, 杨露鑫. 雾霾治理、地方竞争与工业绿色转型 [J]. 中国工业经济, 2019 (10): 118 – 135.

[16] 邓晓红, 宋晓谕, 祁元, 等. 区域高环境风险行业生态补偿对象及补偿标准分析 [J]. 中国人口·资源与环境, 2019, 29 (2): 34 – 42.

[17] 杜健勋. 论环境风险治理转型 [J]. 中国人口·资源与环境, 2019, 29 (10): 37 – 42.

[18] 方杰, 温忠麟. 三类多层中介效应分析方法比较 [J]. 心理科学, 2018, 41 (4): 962 – 967.

[19] 方阳春, 陈超颖. 包容型人才开发模式对员工工匠精神的影响 [J]. 科研管理, 2018, 39 (3): 154 – 159.

[20] 方颖, 郭俊杰: 中国环境信息披露政策是否有效: 基于资本市场反应的研究 [J]. 经济研究, 2018 (10): 158 – 174.

[21] 福奇. 工匠精神: 缔造伟大传奇的重要力量 [M]. 陈劲, 译. 杭州: 浙江人民出版社, 2014: 23 – 34.

[22] 高宏霞, 朱海燕, 孟樊俊. 环境信息披露质量影响债务融资成本吗? [J]. 南京审计大学学报, 2018 (6): 20 – 27.

[23] 高中华. 工匠精神对员工主动性行为的影响机制研究 [J]. 管理学报, 2022, 19 (6): 851 – 860.

[24] 高中华, 赵晨, 付悦. 工匠精神的概念、边界及研究展望 [J]. 经济管理, 2020, 42 (6): 192 – 208.

[25] 管考磊, 张蕊. 企业声誉与盈余管理 [J]. 会计研究, 2019

(1)：59 - 64.

[26] 郭峰，石庆玲. 官员更替、合谋震慑与空气质量的临时性改善 [J]. 经济研究，2017 (7)：155 - 168.

[27] 郭会斌，等. 工匠精神的资本化机制 [J]. 南开管理评论，2018，21 (2)：95 - 106.

[28] 何凌云，祝婧然，边丹册. 我国环保投资对环保产业发展的影响研究：基于全国和区域样本数据的经验分析 [J]. 软科学，2013，27 (1)：37 - 41.

[29] 贺正楚，彭花. 新生代技术工人工匠精神现状及影响因素 [J]. 湖南社会科学，2018 (2)：85 - 92.

[30] 胡彩娟. 排污权交易市场协同发展制度指标体系研究 [J]. 中国人口·资源与环境，2018，28 (4)：155 - 162.

[31] 胡珺，宋献中，王红建. 非正式制度、家乡认同与企业环境治理 [J]. 管理世界，2017 (3)：76 - 93.

[32] 胡珺，汤泰劼，宋献中. 企业环境治理的驱动机制研究 [J]. 南开管理评论，2019，22 (2)：89 - 103.

[33] 黄清子，张立，王振振. 丝绸之路经济带环保投资效应研究 [J]. 中国人口·资源与环境. 2016，26 (3)：89 - 99.

[34] 黄速建，等. 论国有企业高质量发展 [J]. 中国工业经济，2018 (10)：19 - 40.

[35] J. D. 贝尔纳. 科学的社会功能 [M]. 陈体芳，译. 桂林：广西师范大学出版社，2003.

[36] 姜英兵，崔广慧. 企业环境责任承担能够提升企业价值吗？[J]. 证券市场导报，2019 (8)：24 - 34.

[37] 姜楠. 环保财政支出有助于实现经济和环境双赢吗？[J]. 中南财经政法大学学报，2018，226 (1)：95 - 103.

[38] 蒋开东，詹国彬. 共生理论视角下高校协同创新模式与路径研究 [J]. 科研管理，2020，41 (4)：123 - 130.

[39] 蒋腾，张永冀，赵晓丽. 经济政策不确定性与企业债务融资

[J]. 管理评论, 2018, 30 (3): 29 - 39.

[40] 蒋琰. 权益成本、债务成本与公司治理: 影响差异性研究 [J]. 管理世界, 2009 (11): 144 - 155.

[41] 颉茂华, 刘向伟, 白牡丹. 环保投资效率实证与政策建议 [J]. 中国人口·资源与环境. 2010, 20 (4): 100 - 105.

[42] 金碚. 经济走势、政策调控及其对企业竞争力的影响 [J]. 中国工业经济, 2014, 312 (3): 5 - 17.

[43] 金碚. 资源环境管制与工业竞争力关系前理论研究 [J]. 中国工业经济, 2009, 252 (3): 5 - 17.

[44] 孔泾源. 中国经济生活中的非正式制度安排 [J]. 经济研究, 1992 (7): 70 - 80.

[45] 雷振华. 基于企业属性视角企业社会责任评价指数构建探讨 [J]. 求索, 2013 (7): 48 - 50.

[46] 黎来芳, 张伟华, 陆琪睿. 会计信息质量对民营企业债务融资方式的影响研究 [J]. 会计研究, 2018 (4): 66 - 72.

[47] 李钢, 刘鹏. 钢铁行业环境管制标准提升对企业行为与环境绩效的影响 [J]. 中国人口·资源与环境, 2015, 25 (12): 8 - 14.

[48] 李国平, 韦晓茜. 企业社会责任内涵、度量与经济后果: 基于国外企业社会责任理论的研究综述 [J]. 会计研究, 2014 (8): 33 - 39.

[49] 李虹, 娄雯, 田马飞. 企业环保投资、环境管制与股权资本成本: 来自重污染行业上市公司的经验证据 [J]. 审计与经济研究, 2016 (2): 71 - 79.

[50] 李欢, 李丹, 王丹. 客户效应与上市公司债务融资能力 [J]. 金融研究, 2018, 456 (6): 138 - 153.

[51] 李江龙, 徐斌. "诅咒" 还是 "福音": 资源丰裕程度如何影响中国绿色经济增长? [J]. 经济研究, 2018 (9): 151 - 165.

[52] 李金华, 等. 供应链社会责任治理机制、企业社会责任与合作伙伴关系 [J]. 管理评论, 2019, 31 (10): 242 - 254.

[53] 李井林, 等. 董事会性别多元化、企业社会责任与企业技术创

新 [J]. 科学学与科学技术管理, 2019, 40 (5): 34－50.

[54] 李磊, 王天宇. 城市空气污染与人才流动 [J/OL]. 经济学报, 2023－03－06.

[55] 李宁, 王芳. 共生理论视角下农村环境治理: 挑战与创新 [J]. 现代经济探讨, 2019 (3): 86－92.

[56] 李强, 冯波. 企业会 "低调" 披露环境信息吗?: 竞争压力下企业环保投资与环境信息披露质量关系研究 [J]. 中南财经政法大学学报, 2015, 211 (4): 141－148.

[57] 李晓博, 栗继祖. 工匠精神融入企业人力资源管理的路径研究 [J]. 山西财经大学报, 2018, 40 (S1): 21－23.

[58] 李晓西. 绿色金融盈利性与公益性关系分析 [J]. 金融论坛, 2017 (5): 3－11.

[59] 李新春, 等. 家族治理的现代转型: 家族涉入与治理制度的共生演进 [J]. 南开管理评论, 2018, 21 (2): 160－171.

[60] 李焰, 等. 声誉的信息含量 [J]. 管理评论, 2019, 31 (4): 3－18.

[61] 梁赛, 王亚菲, 徐明, 张天柱. 环境投入产出分析在产业生态学中的应用 [J]. 生态学报. 2016, 36 (22): 7217－7227.

[62] 刘常建, 许为宾, 蔡兰, 等. 环保压力与重污染企业的银行贷款契约 [J]. 中国人口·资源与环境, 2019, 29 (12): 121－130.

[63] 刘超. 海底可燃冰开发环境风险多元共治之论证与路径展开 [J]. 中国人口·资源与环境, 2017 (8).

[64] 刘锡良, 文书洋. 中国的金融机构应当承担环境责任吗? [J]. 经济研究, 2019 (3): 38－52.

[65] 刘德银. 企业环境绩效综合评价探讨 [J]. 理论与改革, 2007 (1): 106－108.

[66] 刘媛媛, 黄正源, 刘晓璇. 环境规制、高管薪酬激励与企业环保投资: 来自2015年《环境保护法》实施的证据 [J]. 会计研究, 2021 (5): 175－192.

[67] 刘悦，周默涵．环境规制是否会妨碍企业竞争力：基于异质性企业的理论分析 [J]．世界经济，2018 (4)：150 – 165.

[68] 刘志彪．工匠精神、工匠制度和工匠文化 [J]．青年记者，2016 (16)：9 – 10.

[69] 龙成志．企业环境责任承担战略对品牌可持续性的提升效应研究 [J]．广东财经大学学报，2017 (6)：82 – 94.

[70] 鲁政委，方琦．金融监管与绿色金融发展：实践与研究综述 [J]．金融监管研究，2018 (11)：1 – 12.

[71] 陆铭，李爽．社会资本、非正式制度与经济发展 [J]．管理世界，2008 (9)：161 – 165.

[72] 陆正飞，祝继高，孙便霞．盈余管理、会计信息与银行债务契约 [J]．管理世界，2008 (3)：151 – 160.

[73] 吕明晗，等．货币政策与企业环保投资行为 [J]．经济管理，2019 (11)：55 – 70.

[74] 马克思，恩格斯．马克思恩格斯选集：第 1 卷 [M]．北京：人民出版社，1995：68.

[75] 米运生，等．关联博弈、声誉积累与新创企业的破茧成蝶：观察民间金融经济功能的新视角 [J]．中国工业经济，2018 (8)：155 – 173.

[76] 倪娟，孔令文．环境信息披露、银行信贷决策与债务融资成本 [J]．经济评论，2016 (1)：147 – 156.

[77] 倪娟，孔令文．环境信息披露、银行信贷决策与债务融资成本 [J]．经济评论，2016，197 (1)：147 – 155.

[78] 牛津英语词源辞典 [M]．上海：上海外语教育出版社，2000.

[79] 彭花，贺正楚，张雪琳．企业家精神和工匠精神对企业创新绩效的影响 [J]．中国软科学，2022 (3)：112 – 123.

[80] 彭花，杨确．工匠精神和企业声誉对企业创新绩效的影响 [J]．湖南科技大学学报（社会科学版），2022，25 (5)：116 – 124.

[81] 乔时，姚唐，王宁，等．"外察"与"内省"：环境威胁引发的绿色消费意愿研究：基于道德情绪的双路径模型 [J/OL]．南开管理评论，

2023 – 06 – 26.

[82] 邱士雷，王子龙，刘帅，等．非期望产出约束下环境规制对环境绩效的异质性效应研究 [J]．中国人口·资源与环境，2018，28 (12)：40 – 51.

[83] 曲卫华，颜志军．环境污染、经济增长与医疗卫生服务对公共健康的影响分析：基于中国省际面板数据的研究 [J]．中国管理科学，2015，23 (7)：166 – 175.

[84] 冉冉．中国地方环境政治：政策与执行之间的距离 [M]．北京：中央编译出版社，2015.

[85] 沈红波，谢越，陈峥嵘．企业的环境保护、社会责任及其市场效应：基于紫金矿业环境污染事件的案例研究 [J]．中国工业经济，2012 (1)：141 – 151.

[86] 沈洪涛，游家兴，刘江宏．再融资环保核查、环境信息披露与权益资本成本 [J]．金融研究，2010 (12)：159 – 172.

[87] 沈洪涛，周艳坤．环境执法监督与企业环境绩效：来自环保约谈的准自然实验证据 [J]．南开管理评论，2017，20 (6)：73 – 86.

[88] 沈一兵．从环境风险到社会危机的演化机理及其治理对策：以我国十起典型环境群体性事件为例 [J]．华东理工大学学报（社会科学版），2015 (6).

[89] 盛丹，张国峰．两控区环境管制与企业全要素生产率增长 [J]．管理世界，2019 (2)：24 – 42.

[90] 盛明泉，汪顺，张春强．"雾霾"与企业融资：来自重污染类上市公司的经验证据 [J]．经济评论，2017，207 (5)：28 – 39.

[91] 盛巧燕，周勤．地方政府存在环境"逐底"行为吗?：来自环保部"环评"数据的实证检验 [J]．产业经济研究，2015.

[92] 宋建波，李丹妮．企业环境责任与环境绩效理论研究及实践启示 [J]．中国人民大学学报，2013 (3)：80 – 85.

[93] 宋晔，牛宇帆．道德自觉·文化认同·共同理想 [J]．教育研究，2018 (8)：36 – 42.

[94] 唐贵瑶, 等. 道德型领导对企业声誉的影响: 一个有调节的中介模型 [J]. 管理评论, 2019, 31 (12): 170 – 179.

[95] 唐国平, 李龙会. 企业环保投资结构及其分布特征研究 [J]. 审计与经济研究, 2013 (4): 94 – 103.

[96] 唐国平, 李龙会, 吴德军. 环境管制、行业属性与企业环保投资 [J]. 会计研究, 2013 (6): 83 – 96.

[97] 唐国平, 万仁新. "工匠精神" 提升了企业环境绩效吗 [J]. 山西财经大学学报, 2019, 41 (5): 81 – 93.

[98] 唐晓华, 徐雷. 大企业竞争力的 "双能力" 理论: 一个基本的分析框架 [J]. 中国工业经济, 2011, 282 (9): 88 – 97.

[99] 田双双, 冯波, 李强. 重污染行业上市公司管理层权力与企业环保投资的关系 [J]. 财会月刊, 2015 (18): 48 – 51.

[100] 王兵, 刘光天. 节能减排与中国绿色经济增长: 基于全要素生产率的视角 [J]. 中国工业经济, 2015, 326 (5): 57 – 68.

[101] 王焯. "工匠精神": 老字号核心竞争力的企业人类学研究 [J]. 广西民族大学学报 (哲学社会科学版), 2016, 38 (6): 101 – 106.

[102] 王芳. 合作与制衡: 环境风险的复合型治理初论 [J]. 学习与实践, 2016 (5).

[103] 王夫乐. 社会道德与债务融资 [J]. 中央财经大学学报, 2019 (9): 46 – 58.

[104] 王康仕, 孙旭然, 王凤荣. 绿色金融发展、债务期限结构与绿色企业投资 [J]. 金融论坛, 2019, 283 (7): 9 – 19.

[105] 王晓颖, 肖忠意, 廖元和. 上市公司履行企业社会责任水平与银行债务融资能力的提升 [J]. 改革, 2018, 293 (7): 108 – 115.

[106] 王雅莉, 侯林岐, 朱金鹤. 文明城市创建如何 "催生" 企业 "道德血液"?: 基于企业社会责任视角的分析 [J]. 财经研究, 2022, 48 (6): 64 – 78.

[107] 王云, 李延喜, 马壮, 宋金波. 媒体关注、环境规制与企业环保投资 [J]. 南开管理评论, 2017, 20 (6): 83 – 94.

[108] 温素彬,周鎏鎏.企业碳信息披露对财务绩效的影响机理 [J].管理评论,2017,29 (11):183-194.

[109] 文书洋,刘锡良.金融错配、环境污染与可持续增长 [J].经济与管理研究,2019,40 (3):3-20.

[110] 吴红军,刘啟仁,吴世农.公司环保信息披露与融资约束 [J].世界经济,2017 (5):124-145.

[111] 吴德军,黄丹丹.高管特征与公司环境绩效 [J].中南财经政法大学学报,2013 (5):109-114.

[112] 吴德军,唐国平.环境会计与企业社会责任研究:中国会计学会环境会计专业委员会 2011 年年会综述 [J].会计研究,2012 (1):93-96.

[113] 武恒光,王守海.债券市场参与者关注公司环境信息吗? [J].会计研究,2016 (9):68-74.

[114] 肖红军,李伟阳,胡叶琳.真命题还是伪命题:企业社会责任检验的新思路 [J].中国工业经济,2015 (2):102-114.

[115] 肖群忠,刘永春.工匠精神及其当代价值 [J].湖南社会科学,2015 (6):6-10.

[116] 谢宇.回归分析 [M].北京:社会科学文献出版社,2016:246-247.

[117] 徐光华,陈良华,王兰芳.战略绩效评价模式:企业社会责任嵌入性研究 [J].管理世界,2007 (11):166-167.

[118] 徐光华,赵雯蔚,黄亚楠.基于 DEA 的企业减排投入与产出绩效评价研究 [J].审计与经济研究,2014 (1):103-110.

[119] 许家林、孟凡利,等.环境会计 [M].上海:上海财经大学出版社,2004.

[120] 亚里士多德.尼各马可伦理学 [M].廖申白,译.北京:商务印书馆,2003:17.

[121] 杨俊青,李欣悦,边洁.企业工匠精神、知识共享对企业创新绩效的影响 [J].经济问题,2021 (3):69-77.

[122] 杨瑞龙，等．产业政策的有效性边界 [J]．管理世界，2019 (10)：82 - 94.

[123] 姚立杰，付方佳，程小可．企业避税、债务融资能力和债务成本 [J]．中国软科学，2018 (10)：117 - 134.

[124] 姚立杰，罗玫，夏冬林．公司治理与银行借款融资 [J]．会计研究，2010 (8)：55 - 61.

[125] 姚艳虹，衡元元．知识员工创新绩效的结构及测度研究 [J]．管理学报，2013，10 (1)：97 - 102.

[126] 叶陈刚，王孜，武剑锋．公司治理、政治关联与环境绩效 [J]．当代经济管理，2016，38 (2)：19 - 25.

[127] 叶陈刚，王孜，武剑锋，等．外部治理、环境信息披露与股权融资成本 [J]．南开管理评论，2015，18 (5)：85 - 96

[128] 伊志宏，杨圣之，陈钦源．分析师能降低股价同步性吗 [J]．中国工业经济，2019 (1)：156 - 173.

[129] 衣凤鹏，徐二明，张晗．股权集中度与领导结构对连锁董事与企业社会责任关系的调节作用研究 [J]．管理学报，2018 (9)：1359 - 1369

[130] 余红辉．中国环境治理困境的挑战与策略分析 [J]．管理评论，2019，31 (1)：39 - 46.

[131] 余晶晶，何德旭，仝菲菲．竞争、资本监管与商业银行效率优化 [J]．中国工业经济，2019 (8)：24 - 40.

[132] 袁纯清．共生理论：兼论小型经济 [M]．北京：经济科学出版社，1998.

[133] 袁纯清．金融共生理论与城市商业银行改革 [M]．北京：商务印书馆，2002.

[134] 曾伟强，李延喜，等．行业竞争是外部治理机制还是外部诱导因素：基于中国上市公司盈余管理的经验证据 [J]．南开管理评论，2016，19 (4)：75 - 86.

[135] 曾煜，陈旦．供给侧改革背景下绿色信贷的制度创新 [J]．江

西社会科学, 2016 (4): 48 - 52.

[136] 翟华云, 刘亚伟. 环境司法专门化促进了企业环境治理吗?
[J]. 中国人口·资源与环境, 2019, 29 (6): 138 - 147.

[137] 张娟, 耿弘, 徐功文, 等. 环境规制对绿色技术创新的影响研
究 [J]. 中国人口·资源与环境, 2019, 29 (1): 168 - 176.

[138] 张丽琨, 等. 会计稳健性、高管团队特征与债务成本关系研究
[J]. 南方经济, 2016 (9): 91 - 106.

[139] 张培培. 互联网时代工匠精神回归的内在逻辑 [J]. 浙江社会
科学, 2017 (1): 75 - 81.

[140] 张鹏飞. 环境污染对医疗保险支出的影响及其机制研究 [J].
现代经济探讨, 2019 (10): 28 - 37.

[141] 张平淡, 等. 环境法治、环保投资与治污减排 [J]. 山西财经
大学学报, 2019, 41 (4): 17 - 30.

[142] 张平淡, 袁浩铭, 杜雯翠. 我国工业领域环保投资效率及其影
响因素分析 [J]. 大连理工大学学报 (社会科学版), 2016, 37 (1): 6 -
10.

[143] 张琦, 等. 地区环境治理压力、高管经历与企业环保投资 [J].
经济研究, 2019 (6): 183 - 197.

[144] 张同斌, 张琦, 范庆泉. 政府环境规制下的企业治理动机与公
众参与外部性研究 [J]. 中国人口·资源与环境, 2017, 27 (2): 36 - 43.

[145] 张维迎. 博弈与社会 [M]. 北京: 北京大学出版社, 2013.

[146] 张旭, 樊耘, 黄敏萍, 等. 基于自我决定理论的组织承诺形成
机制模型构建: 以自主需求成为主导需求为背景 [J]. 南开管理评论,
2013 (6): 59 - 69.

[147] 张璇, 林友威, 张红霞. 基于中国上市公司样本的企业社会责任
与企业市场价值关系的实证研究 [J]. 管理学报, 2019, 16 (7): 1088 -
1096.

[148] 张兆国, 等. 企业环境管理体系认证有效吗 [J]. 管理世界,
2019, 22 (4): 123 - 134.

[149] 张志强. 环境管制、价格传递与中国制造业企业污染费负担 [J]. 产业经济研究, 2018, 95 (4): 65 - 73.

[150] 章琳一. 高管晋升锦标赛激励与企业社会责任: 来自上市公司的证据 [J]. 当代财经, 2019 (10): 130 - 139.

[151] 赵国宇, 魏帅军. 多个大股东治理与企业社会责任 [J]. 经济与管理评论, 2021, 37 (5): 150 - 160.

[152] 赵军, 吴玫玫, 钱光人, 等. 基于利益相关者的企业环境绩效驱动机制及实证 [J]. 中国环境科学, 2011, 31 (11): 1931 - 1936.

[153] 郑石明, 吴桃龙. 中国环境风险治理转型: 动力机制与推进策略 [J]. 中国地质大学学报 (社会科学版), 2019, 19 (1): 11 - 21.

[154] 郑思齐, 万广华, 孙伟增, 等. 公众诉求与城市环境治理 [J]. 管理世界, 2013 (6): 72 - 84.

[155] 郑小碧. "工匠精神" 如何促进社会福利提升? [J]. 经济与管理研究, 2019, 40 (6): 3 - 15.

[156] 郑馨, 周先波, 张麟. 社会规范与创业: 基于 62 个国家创业数据的分析 [J]. 经济研究, 2017 (11): 59 - 71.

[157] 周楷唐, 麻志明, 吴联生. 高管学术经历与公司债务融资成本 [J]. 经济研究, 2017 (7): 169 - 181.

[158] 周原冰. 试论道德的内部结构 [J]. 中国社会科学, 1984 (6): 99 - 108.

[159] 朱丽娜, 张正元, 高皓. 企业绿色绩效的行业落差与环保投资 [J]. 财经研究, 2022, 48 (7): 94 - 108.

[160] 朱乃平, 朱丽, 孔玉生, 等. 技术创新投入、社会责任承担对财务绩效的协同影响研究 [J]. 会计研究, 2014 (2): 57 - 63.

[161] 祝继高, 等. "一带一路" 倡议下中央企业履行社会责任研究 [J]. 中国工业经济, 2019 (9): 174 - 191.

[162] 祝继高, 韩非池, 陆正飞. 产业政策、银行关联与企业债务融资: 基于 A 股上市公司的实证研究. 金融研究, 2015 (3): 176 - 191.

[163] 庄西真. 多维视角下的工匠精神: 内涵剖析与解读 [J]. 中国

高教研究，2017（5）：92-96.

[164] 邹洋，叶金珍，李博文. 政府研发补贴对企业创新产出的影响 [J]. 山西财经大学学报，2018，41（1）：17-26.

[165] Ahmdajina, V. Symbiosis: An Introduction To Biological Association [M]. Englana: University Press Of New England, 1986.

[166] Alexander R. The Biology of Moral Systems [J]. University of Toronto Law Journal, 1987, 39 (3): 318

[167] Allen F, Qian J, Qian M. Law, finance, and economic growth in China [J]. Journal of Financial Economics, 2005, 77 (1): 57-116.

[168] Arend R J. Social and environmental performance at SMEs: Considering motivations, capabilities, and instrumentalism [J]. Journal of Business Ethics, 2014, 125 (4): 541-561.

[169] Arouri, M H, G M Caporale, C Rault, R Sova, and A Sova. Environmental Regulation and Competitiveness: Evidence from Romania [J]. Ecological Economics, 2012 (81): 130-139.

[170] Azzone, G & Manzini, R. Measuring strate-gic environmental performance [J]. Business Strategy and the Environment, 1994, 3 (1): 1-14.

[171] Benn S, Dunphy D, Martin A. Governance of environmental risk: New approaches to managing stakeholder involvement [J]. Journal of Environmental Management, 2009, 90 (4): 1567-1575.

[172] Boubakri N, Cosset J, Saffar W. The Impact of Political Connections on Firm's Operating Performance and Financing Decisions [J]. The Journal of Financial Research, 2012, 35 (3): 397-423.

[173] Bowen H R, Gond J P, Bowen P G. Social Responsibilities of the Businessman [J]. American Catholic Sociological Review, 2013, 15 (1): 266.

[174] Carroll, A. Corporate Social Responsibility-Evolution of a Definitional Construction [J]. Business and Society, 1999, 38 (3): 268-295.

[175] Chen, L, D A Lesmond, and J Wei. Corporate Yield Spreads and

Bond Liquidity [J]. Journal of Finance, 2007, 62 (1): 119 – 149.

[176] Cherry, T L, Kallbekken, S, Kroll, S. The Acceptability of Effi-ciency-enhancing Environm ental Taxes, Clarkson, P M, Y L Gordon, D Richardson, and H P Vasvari. Revisiting the Relation between Environmental Performance and Environmental Disclosure: An Empirical Analysis [J]. Ac-counting, Organizations and Society, 2008, 33 (4): 303 – 327.

[177] Coase, Ronald H. The Nature of the Firm [J]. Economica, 1937, 4 (16): 386 – 405.

[178] Cormier D, Magnan M. The Revisited Contribution of Environmental Reporting to Investors' Valuation of a Firm's Earnings: An International Perspec-tive [J]. Ecological Economics, 2007, 62 (3): 613 – 626.

[179] Cornell B, Shapiro A. Corporate Stakeholders and Corporate Fi-nance [J]. Financial Management, 1987, 16 (1): 5 – 14.

[180] Dam L, Heijdra B J. The environmental and macroeconomic effects of socially responsible investment [J]. Journal of Economic Dynamics and Con-trol, 2011, 35 (9): 1424 – 1434

[181] Dawkins, C, Fraas, J W. Com ing Clean: The Im pact of Envi-ronmental Perform ance and Visibility on Corporate Clim ate Change Disclosure [J]. Journal of Business Ethics, 2011, 100 (2): 303 – 322.

[182] Deci E L, A H Olafsen, and R M Ryan. Self-Determination Theory in Work Organizations: The State of a Science [J]. Annual Review of Organiza-tional Psychology and Organizational Behavior, 2017, 4 (1): 19 – 43.

[183] Dhaliwal, D S, O Z Li, A Tsang, and Y G Yang. Voluntary Non-financial Disclosure and the Cost of Equity Capital: The Initiation of Corporate Social Responsibility Reporting [J]. The Accounting Review, 2011, 86 (1): 59 – 100.

[184] Dobler M, Lajili K, Zéghal D. Environmental performance, envi-ronmental risk and risk management [J]. Business Strategy and the Environ-ment, 2014, 23 (1): 1 – 17.

［185］Dong, Q M, S Y Wen, and X L Liu. "Credit Allocation, Pollution, and Sustainable Growth: Theory and Evidence from China" ［EB/OL］. Emerging Markets Finance and Trade, Published Online, 2019.

［186］Dowd K. Moral Hazard and the Financial Crisis ［J］. Cato Journal, 2013, 29 (1): 141 - 166.

［187］Francesco M. , Giampaolo C, Barbara C. Competences mapping as a tool to increase sustainability of manufacturing enterprises ［J］. Procedia Manufacturing, 2018, 21 (3): 806 - 813.

［188］Frese M, D Fay, and T Hilburger, et al. The Concept of Personal Initiative: Operationalization, Reliability and Validity in Two German Samples ［J］. Journal of Occupational and Organizational Psychology, 1997, 70 (2): 139 - 161.

［189］Fritsche, I, Häfner, K. The Malicious Effects of Existential Threat on Motivation to Protectthe Natural Environment and the Role of Environmental Identity as a Moderator. Environment & Behavior, 2012, 44 (4): 570 - 590.

［190］Gatev, E, and P E Strahan. Liquidity Risk and Syndicate Structure ［J］. Journal of Financial Economics, 2009, 93 (3): 490 - 504.

［191］Goss A, Roberts G S. The Impact of Corporate Social Responsibility on the Cost of Bank Loans ［J］. Journal of Banking & Finance, 2011, 35 (7): 1794 - 1810.

［192］Gray, W B, and M E Deily. Compliance and Enforcement: Air Pollution Regulation in the U. S. Steel Industry ［J］. Journal of Environmental Economics and Management, 1996, 31 (1): 96 - 111.

［193］Guo, P. Financial Policy Innovation for Social Change: A Case Study of China's Green Credit Policy ［J］. International Review of Sociology: Revue Internationale de Sociologie, 2014 (24): 69 - 76.

［194］Hansen D R, Mowen M M. Management Accounting: The Cornerstone for Business Decisions ［M］. Thomson South and Western, 2006.

［195］Harvey, B. Ethical Banking: The Case of the Cooperative Bank

［J］. Journal of Business Ethics, 1995, 14 (12): 1005 - 1013.

［196］ Hasenkamp H. Innovation Through Craftsmanship ［J］. Management and Marketing, 2013 (5): 46 - 65.

［197］ Hassel L, Nyquist S, Nilsson H. The Value Relevance of Environmental Performance ［J］. European Accounting Review, 2005, 14 (1): 41 - 61.

［198］ Heinkel, R, A Kraus, and J Zechner. The Effect of Green Investment on Corporate Behavior ［J］. Journal of Financial and Quantitative Analysis, 2001, 36 (4): 431 - 449.

［199］ He, L Y, and Liu, L. Stand by or Follow? Responsibility Diffusion Effects and Green Credit ［J］. Emerging Markets Finance and Trade, 2018, 54 (8): 1740 - 1761.

［200］ Ioannis Ioannou, Shelley Xin Li, and George Serafeim. The Effect of Target Difficulty on Target Completion: The Case of Reducing Carbon Emissions ［J］. The Accounting Review, 2016, 91 (5): 1467 - 1492.

［201］ Jamali, D. The Case for Strategic Corporate Social Responsibility in Developing Countries ［J］. Business and Society Review, 2007, 112 (1): 1 - 27.

［202］ Jappelli, T, M Pagano, and M Bianco. Courts and Banks: Effects of Judicial Enforcement on Credit Markets ［J］. Journal of Money, Credit & Banking, 2005, 37 (2): 223 - 244.

［203］ Kazuo H. Keeping the Essence of the Manufacturing Spirit ［J］. Journal of Economic Literature, 2002, 45 (1): 1 - 15.

［204］ Ki-Hyun Kim, Kyung-Hwa Sul, Jan E Szulejko, et al. Progress in the reduction of carbon monoxide levels in major urban areas in Korea ［J］. Environmental Pollution, 2015 (207): 420 - 428.

［205］ Klassen, R D & McLaughlin, C P. Impact of environmental management on firm performance ［J］. Management Science, 1996, 42 (8).

［206］ Klock, M S, and W F Maxwell. Does Corporate Governance Matter to Bondholders? [J]. Journal of Financial & Quantitative Analysis, 2005, 40 (4): 693 –719.

[207] Konar, S & Cohen, M A. Does the market value environmental performance? [J]. The Review of Economics and Statistics, 2001, 83 (2): 281 –289.

[208] Laeven, L, G Majnoni. Does Judicial Efficiency Lower the Cost of Credit? [J]. Journal of Banking and Finance, 2005, 29 (7): 1791 –1812.

[209] Lee, M. A Review of the Theory of Corporate Social Responsibility: Its Evolutionary Path and the Road Ahead [J]. International Journal of Management Review, 2008, 10 (1): 53 –73.

[210] Leontief W. Quantitative input and output relations in the economic systems of the United States [J]. The review of economic statistics, 1936, 18 (3): 105 –125.

[211] Lins K V, Servaes H, Tamayo A. Social Capital, Trust, and Firm Performance: The Value of Corporate Social Responsibility During the Financial Crisis [J]. The Journal of Finance, 2017 (4): 1785 –1823.

[212] Longstaff, F A, S Mithal, and E Neis. Corporate Yield Spreads: Default Risk or Liquidity? New Evidence from the Credit Default Swap Market [J]. Journal of Finance, 2005, 60 (5): 2213 –2253.

[213] Luken R, Rompaey F V. Drivers for barriers to environmentally sound technology adoption by manufacturing plants in nine developing countries [J]. Journal of Cleaner Production, 2008, 16 (1): 67 –77.

[214] Mathews M R. Twenty-fiveyears of social and environmental accounting research [J]. Accounting, Auditing & Accounta-bility Journal, 1997, 10 (4): 481 –531.

[215] Mckinnon R I, Pill H. Credible Economic Liberalizations and Over-borrowing [J]. The American Economic Review, 1997, 87 (2): 189 –193.

[216] Menguc, B, Seigyoung, A, Lucie, O. The Interactive Effect of Internal and External Factors on a Proactive Environm ental Strategy and Its In-

fluence on a Firms Perform ance [J]. Journal of Business Ethics, 2010, 94 (2): 279 – 298.

[217] Miller, M H. Debt and Taxes [J]. Journal of Finance, 1977, 32 (2): 261 – 275.

[218] Mills C W. White Collar: The American Middle Classes [M]. Oxford University Press, 2002.

[219] Morrison E W, and C C Phelps. Taking Charge at Work: Extrarole Efforts to Initiate Workplace Change [J]. Academy of Management Journal, 1999, 42 (4): 403 – 419.

[220] Myers, S C, and Majluf, N S. Corporate Financing and Investment Decisions When Firms Have Information that Investors Do Not Have [J]. Journal of Financial Economics, 1984, 13 (2): 187 – 221.

[221] Orsato, R J. Competitive Environmental Strate-gies: When Does It Pay to be Green? [J]. California Management Review, 2006, 48 (2): 127 – 143.

[222] Paanakker H L. Values of Public Craftsmanship: The Mismatch Between Street-Level Ideals and Institutional Facilitation in thePrison Sector [J]. American Review of Public Administration, 2019, 49 (8): 884 – 896.

[223] Patlen. Corporate Responses to Political Cost: An Examination of the Relation between Environmental Disclosure and Earnings management [J]. Journal of Accounting and Public Policy, 2000 (13): 83 – 94.

[224] Peter M. Clarkson, Yue Li, Matthew Pinnuck and Gordon D. Richardson. The Valuation Relevance of Greenhouse Gas Emissions under the European Union Carbon Emissions Trading Scheme [J]. European Accounting Review, 2015, 24 (3): 551 – 580.

[225] Platteau J-P. Institutions, Social Norms, and Economic Development [M]. The Netherlands: Harwood Academic Publishers, 2000, 87 (279): 645 – 646

[226] Porter, M, and M Kramer. Creating Shared Value: How to Rein-

vent Capitalism and Unleash A Wave of Innovation and Growth [J]. Harvard Business Review, 2011 (89): 1 – 17.

[227] Porter M E. and Kramer M R. Strategy and Society: The Link Between Competitive Advantage and Corporate Social Respon-sibility [J]. Harvard business review, 2006, 84 (12): 78 – 92.

[228] Renn O, Pia-Johanna Schweizer. Inclusive risk governance: concepts and application to environmental policy making [J]. Environmental Policy and Governance, 2009, 19 (3).

[229] Schwartz, M, and A Carroll. Corporate Social Responsibility: A Three-Domain Approach [J]. Business Ethics Quarterly, 2003, 13 (4): 503 – 530.

[230] Scott S G, and R A Bruce. Determinants of Innovative Behavior: A Path Model of Individual Innovation in the Workplace [J]. Academy of Management Journal, 1994, 37 (3): 580 – 607.

[231] Sharfman M, Fernando C. Enviromental risk management and the cost of capital [J]. Strategic Management Journal, 2010 (1): 1 – 6.

[232] Sharma, A P. Consumers' Purchase Behaviour and Green Marketing: A Synthesis, Reviewand Agenda. International Journal of Consumer Studies, 2021, 45 (6): 1217 – 1238.

[233] Shleifer, A, Vishny, R. Politicians and Firms [J]. The Quarterly Journal of Economics, 1994, 94 (3): 995 – 1025.

[234] Soundarrajan, P, and Vivek, N. Green Finance for Sustainable Green Economic Growth in India [J]. Agricultural Economics, 2016 (62): 35 – 44.

[235] Subsidies and Regulation: An Experim ental Investigation [J]. Environm ental Science & Policy, 2012, 16 (2): 90 – 96.

[236] Suchman M C. Managing Legitimacy: Strategicand Institutional Approaches [J]. Academy of Management Review, 1995, 20 (3): 571 – 610.

[237] Tabellini G. The Scope of Cooperation: Values and Incentives [J].

Quarterly Journal of Economics, 2008, 123 (3): 905 – 950.

[238] Thomas, B. Testing the Porter Hypothesis: The Effects of Environmental Investments on Efficiency in Swedish Industry [J]. National Institute of Economic Research, 2013 (1): 43 – 56.

[239] Thorlindsson T, V Halldorsson, and I D Sigfusdottir. The Sociological Theory of Craftsmanship: An Empirical Test in Sport andEducation [J]. Sociological Research Online, 2018, 23 (1): 114 – 135.

[240] Trivers R L. The Evolution of Reciprocal Altriusm [J]. Quarterly Review of Biology, 1971, 46 (1): 35 – 57.

[241] Van Beurden, P, and T Gossling. The Worth of Values-A Literature Review on the Relation between Corporate Social and Financial Performance [J]. Journal of Business Ethics, 2008, 82 (2): 407 – 424.

[242] Weber, O, R W Scholz. Michalik G. Incorporating Sustainability into Credit Management [J]. Business Strategy and the Environment, 2010, 19 (1): 39 – 50.

[243] Yeon-Bok K, Tae H, Kim J D. The effect of carbon risk on the cost of equity capital [J]. Journal of Cleaner Production, 2015, 15 (93): 279 – 287.

[244] Young A A. Increasing returns and economic progress [J]. The Economic Journal, 1928, 38 (152): 527 – 542.